Découvrez l'histoire par les archives de presse

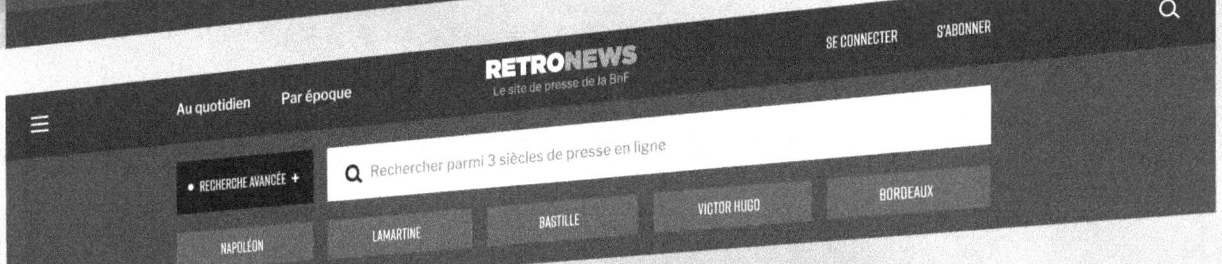

RETRONEWS

Le site de presse de la BnF

www.retronews.fr

BULLETIN TRIMESTRIEL

DES

ANTIQUITÉS AFRICAINES

TOME III — QUATRIÈME ANNÉE

1885

MACON, IMPRIMERIE ET LITHOGRAPHIE PROTAT FRÈRES

SOCIÉTÉ DE GÉOGRAPHIE ET D'ARCHÉOLOGIE
DE LA PROVINCE D'ORAN

BULLETIN TRIMESTRIEL

DES

ANTIQUITÉS
AFRICAINES

PUBLIÉ

Sous la direction de M. Julien POINSSOT

ET LE PATRONAGE DE MM.

L. RENIER, E. RENAN, CH. ROBERT, E. DESJARDINS, CH. TISSOT, CHABOUILLET,
V. DURUY, HÉRON DE VILLEFOSSE, POULLE, ETC.

TOME TROISIÈME

QUATRIÈME ANNÉE (1885)

PARIS
A. PICARD, 82, RUE BONAPARTE

ORAN
J. ALLESSI, BOULEVARD OUDINOT.

SAINT-LEU

(*PORTUS MAGNUS*)

LA PETITE MOSAÏQUE DE LA FERME ROBERT

Dans un des derniers numéros du *Bulletin des Antiquités africaines* (VIII, p. 117). M. Demaeght signalait les mosaïques découvertes en 1862 à la ferme Robert. La plus petite, dont nous donnons le dessin ci-contre, représente sans aucun doute un triomphe bachique, ainsi que l'indiquent les deux panthères qui traînent le char et le cortège qui l'accompagne. Il est beaucoup plus difficile de dire quels sont les acteurs principaux de la scène. Je crois qu'il faut y reconnaître *Liber et Libera* en compagnie de l'*Amour*. La déesse qui occupe la place principale, et dont ce petit tableau nous offre, pour ainsi dire, l'apothéose, conduit elle-même le char de la main gauche tandis qu'elle tient une lance dans la main droite. Cette lance est le signe distinctif de Liber pater ; l'Amour à qui tout cède l'en a dépouillé, et Libera apparaît ici avec l'arme de son époux, de même que sur les monuments antiques, Omphale triomphante est représentée avec la massue d'Hercule.

Macrobe, dans le premier livre des Saturnales[1], cherchant à démontrer que tous les dieux se rapportent au Soleil, expose que Liber pater et Mars ont un caractère commun et qu'on les considère souvent comme le même dieu. « Chez les Lacédémoniens, « dit-il, la *statue de Liber est représentée avec une pique* et non « point avec un thyrse. Mais quand même il tient ce thyrse,

---

1. *Saturnal.*, l. I, c. XIX... Colitur etiam apud Lacedaemonios simulacrum Liberi patris hasta insigne non thyrso. Sed et cum thyrsum tenet, quid aliud quam latens telum gerit, cujus mucro hedera lambente protegitur ?

« qu'est-ce que ce thyrse, sinon une lance déguisée dont le fer
« est couvert par le lierre qui l'entortille? » Et un peu plus loin
il ajoute : « Ce qui prouve encore que Liber pater est le dieu de
« la guerre, c'est qu'on le regarde comme le premier inventeur
« de la cérémonie du *triomphe*[1]. »

Ce texte sert de commentaire à notre mosaïque où nous voyons
en effet la suite du dieu armée de piques au lieu de thyrses.
A gauche, un jeune bacchant couronné de fleurs et de feuillages
tient une syrinx, tandis qu'à droite une bacchante, à moitié nue,
joue du tympanum sur le passage du char.

Dans une inscription d'Aumale, Liber et Libera sont qualifiés
dii sancti conservatores domo[rum et rer]um[2] : il est naturel
de trouver la représentation de ces deux protecteurs à l'intérieur
d'une riche villa.

Dans un autre texte, malheureusement incomplet, trouvé à
Sétif[3], qui se rapporte aussi au culte de ces divinités, il est question d'une statue d'argent de la déesse. Les dernières lignes de
l'inscription de Sétif mentionnent un char, *carpentum*, dont on
se servait dans les cérémonies du culte. Le char qui occupe le
centre de la mosaïque de Saint-Leu est également un *carpentum*.
Un petit fragment, qui n'a pas encore été entièrement utilisé,
permet de compléter les dernières lignes du texte de Sétif :

. . . .

RVM·A·P·CCXLVIIII· ET AD DEDICATI*onem* . . . .
CARPENTI CAPISTELLIS ET STROBILIS VE*rucul*ATIS EXORNATVM DONO
DEDIDERVNT·VNDE PVLCHERRIMI FACT *i mem* ORIAM SvBIECTIS OMNI
VM NOMINIB·CONSECRATIS TEMPLI TIT*ulis ae*TERNITAS LOQVERETVR

Je donne ces dernières lignes d'après la copie que j'ai prise
moi-même à Sétif, en 1877, sur la pierre originale. Le mot
VE*rucul*ATIS me paraît fournir un complément certain ; les piques
représentées sur notre mosaïque en sont comme le commentaire.

A. HÉRON DE VILLEFOSSE.

1. Hinc etiam Liber pater bellorum potens probatur, quod eum primum
ediderunt auctorem triumphi.

2. *C. I. L.*, t. VIII, n° 9016.

3. *C. I. L.*, t. VIII, n° 8457.

2 m. 25.

SAINT-LEU. — PORTUS-MAGNUS. (La petite mosaïque.)

INSCRIPTIONS INÉDITES

DE LA PROVINCE D'ORAN

ARBAL (*Ad Regias*).

N° 672. Sur une pierre de 0ᵐ 53 de largeur, sur 0ᵐ 37, récemment découverte à Arbal par M. l'abbé Pollaci.

////////////// SANCTO SILV
ANO /// IS ARAMAM A SO
LO DED//ATAISTAN SILV
MBRI DONATANI DISP OPE
RA CVLTO/// N PRO CCC

.... *Sancto Silvano .... is ara ma(r) m(orea) a solo dedicata ·i(n)stantia Sil(ii) Umbri(i) Donat[i]ani disp(unctoris) opera c ulto.... an(no) pro(vinciae) 300 (339 P. C.).*

N° 673. Sur un cippe de 1ᵐ 60 de hauteur.

D · M · S ·
IVNIVS O
GE /// EQ AL
AE PA// VIX
ANNIS
XXIIII ⚥
AVR CAIO
L A M A
TER FECI
T
PR CCC
XVI

D(iis) m(anibus) s(acrum). Iunius Oge... eques Alae pa(rtho-rum) vix(it) annis xxiv Aur(elia) Caiola mater fecit (Anno Pr(ovinciae) 316. (355 P. Chr.)

HADJAR ROUM (*Altava*).

N° 674. Fragment découvert par M. Sabatier, avocat-avoué à Tlemcen, sur la propriété Secourgeon, à 1,500 mètres à l'ouest de Hadjar Roum (Altava), près de Lamoricière.

> *Imp. Caes. M. Clodio*
> *Pupieno Maximo po*
> NTIFICI *maximo pio*
> FELICI *aug. tri*
> BVNICIAE POT *est*
> COS BIS PROC *et imp.*
> CAESARI DEC*io*
> CALVINO B *albino*
> *pio f*ELICI *aug.*

Cette inscription est dédiée à Pupien et à Balbin, qui furent égorgés par les prétoriens, après un règne de trois mois en 237 de J.-C.

N° 675. 4° Sur une borne milliaire trouvée par M. Sabatier, à 1,500 mètres d'Hadjar Roum, dans la propriété Secourgeon, à un mètre à peine de celle publiée au Bulletin IX, sous le n° 580.

> CAES · *M. Julio Phi*
> LIPPO INV (*icto pio fel*)
> AVG · PONTIFI(*ci max.*)
> TRIBVNITIAE POTES*tatis*
> PP MILIARIA NOVA POS
> VIT PER LVCIVM CATILLIVM
> LIVIANVM PROCVRATO
> REM SVVM
> AB ALTAVA POMAR
> M Ī
> · A. P. CCV   (244 p. Ch.)

Cette inscription est des plus intéressantes. Elle nous apprend qu'en l'an 244 de J.-C., la première du règne de Philippe, la Maurétanie Césarienne avait pour gouverneur Lucius Catillius Livianus, un descendant peut-être des deux L. Catillius Severus, dont l'un était consul en 120 et l'autre en l'an 235 de J.-C. De toutes les bornes milliaires trouvées en Algérie, aucune autre ne porte la date provinciale. Enfin c'est la seule où le nom d'Altava figure en toutes lettres. L'identification des ruines d'Hadjar Roum avec l'antique Altava est donc aujourd'hui établie de la façon la plus irréfragable.

BOU TLÉLIS (*Burgum....*)

M. Chapuis, maire de Bou Tlélis, m'ayant fait connaître qu'une pierre portant des inscriptions avait été découverte par ses ouvriers au Condiat Sidi Lakdar, colline située à 1,500 mètres au nord du village de Bou Tlélis, je me suis rendu sur les lieux pour l'examiner.

La pierre, privée de sa partie droite, porte en outre une entaille large et profonde qui a fait disparaître plusieurs lettres.

Dans son état actuel, elle mesure $0^m 55$ de hauteur, et $0^m 50$ de largeur. Les lettres ont $0^m 04$.

N° 676.

```
IMP · CAES    M ·
AVRELIO ////    ///////
////// PIO·FEL    EAVG
T· P· P· P· PO    NTI
BVRGW    H    STITV
PER·T FLAV    VM
SEREN W    POS
```

Imp(eratore) caes(are) M(arco) Aurelio [*Maximiano*] *pio fel(ice) aug(usto) t(ribunitiae) p(otestatis) p(atri) p(atriae) pontif(ici)* [*maximo*] *Burgum h[o]s titu(los) per T(itum) Fla[vi]um Serenum pos(uit).*

Titus Flavius Serenus est connu, il figure au *Corpus* t. VIII, n° 9002, dans une inscription trouvée à Dellys[1], avec le titre

1. Voici ce texte important tel qu'il est publié au Corpus :

```
T · FL · SERENO a co
GNITIONIBus aug.
VTRVBIQVE · Praesi
DI · OPTIMO · PAtrono
INCOMPARABili
IVLII · SABINVS · a mi
LITIIs
PONTIANVS · ex de
CVRIONE · Adiutor
ET STRATOR
EIVS
```

Notre excellent collaborateur et ami M. Demaeght adopte l'opinion de de « praeses utrubique », gouverneur des Maurétanies Césarienne et Sitifienne. Or c'est sous le règne de Dioclétien et de Maximien, après l'expédition de ce dernier contre les Quinquagentiens, que la Maurétanie Césarienne a été partagée en deux provinces. Dès lors il est facile de rétablir le troisième nom de l'empereur, martelé sur notre inscription, c'est celui de Maximien, MAXIMIANO.

En conséquence, le *Burgum* dont ce texte rappelle la fondation, et dont malheureusement les premières lettres du nom ont disparu dans l'entaille, a été créé en 286 après J.-C.

L'inscription de Dellys ne fait pas connaître sous quel règne Titus Flavius Serenus était gouverneur des deux Maurétanies Césarienne et Sitifienne, nous savons maintenant que c'était sous le règne de Dioclétien et de Maximien.

L. DEMAEGHT.

Wilmanns qui fait rapporter le mot *utrubique* à *praeses* qui le suit et non aux mots *a cognitionibus* qui le précèdent, comme le veulent MM. L. Rénier et Mommsen. Le titre de *a cognitionibus*, donné à un chevalier romain, désigne un assesseur du tribunal de l'empereur, un membre de ce conseil suprême dont l'empereur était le chef, mais dont il déléguait d'habitude la présidence à un personnage qui portait le titre de *judex sacrarum cognitionum* ou de *judex vice sacra cognoscens*. A partir de la fin du IIe siècle, les préfets de la ville portent toujours ce titre. Bien qu'il n'en soit pas de même des préfets du prétoire, on sait que les empereurs leur déléguaient souvent une partie de leurs attributions judiciaires. Les assesseurs du tribunal impérial pouvaient donc être qualifiés de conseillers du préfet de la ville et du préfet du prétoire, ce qui expliquerait le titre de *a cognitionibus Augusti utrubique*, que notre inscription serait du reste la seule à faire connaître. Ces doubles fonctions sont plus explicitement indiquées par une inscription de Pesaro qu'on trouvera dans Orelli Henzen, sous le n° 6549. On y voit un chevalier du même rang de Serenus « ex sacra jussione adhibitus in consilium praefecti (praetorio) item urbi », c'est-à-dire, d'après L. Rénier, assesseur du tribunal de l'empereur, au civil et au criminel.

Enfin, d'après M. Cuq, Flavius Serenus aurait été attaché au conseil de deux Augustes associés à l'empire; c'est ce que lui semble indiquer le mot *utrubique*. On choisira entre ces trois hypothèses; il est bien fâcheux que l'inscription de Bou Tlélis ne puisse trancher cette question intéressante.

J. P.

TUNISIE

TABARCA (THABARCA). — Vue de l'île.

(Dessin de M. Cuisinier, d'après une photographie.)

MOSAÏQUES CHRÉTIENNES

DE TABARKA

Tabarka, l'ancienne *Thabraca*[1], fut une des principales villes épiscopales de l'Eglise d'Afrique.

Nous connaissons par les conciles de Carthage le nom de trois de ses évêques. En 256, *Victoricus* assista au Concile tenu par saint Cyprien ; *Donatianus*, à celui de 398, et *Rusticianus*, à celui de 411. Ce dernier vivait encore en 416, car son nom se retrouve le troisième dans la souscription d'une lettre des évêques de la Proconsulaire, adressée en cette année au Pape Innocent Ier.

Victor de Vite[2] rapporte que, sous Genséric, Tabarka possédait deux monastères, l'un d'hommes, l'autre de femmes. A cette époque, le premier avait à sa tête un abbé du nom d'André (*nobilis Pastor Andreas*). Les SS. *Martinianus* et *Saturianus* et leurs deux compagnons de martyre y séjournèrent quelque temps avant d'en être arrachés violemment par un Vandale sans pitié dont ils avaient été les esclaves. Ils furent condamnés à un lointain exil dans le désert et plus tard à une mort cruelle. L'Eglise d'Afrique célèbre leur fête le 16 octobre, en même temps que celle de sainte Maxime, vierge chrétienne, à qui les glorieux martyrs d'abord païens ou ariens devaient leur conversion. Elle s'était retirée dans le second monastère de Tabarka. *Illa vero haud procul monasterium incoluit puellarum.* Victor de Vite, qui l'avait connue, ajoute qu'elle en devint l'abbesse : « *quæ nunc superest virgo, mater multarum virginum, nobis etiam nequaquam ignota.* »

---

1. C'est avec cette orthographe que ce nom se lit sur les colonnes milliaires de la voie romaine qui conduisait de Chemtou à Tabarka. *Revue archéol.,* avril 1881.

2. *De la Persécution Vandale*, liv. I, ch. x.

Jusqu'à ces dernières années, Tabarka, ville principale du pays des Khoumirs, était fermée aux explorateurs. Bien peu d'Européens s'y étaient hasardés avant l'occupation française. Mais, depuis, les ruines ont été explorées. Plusieurs officiers y ont fait des découvertes intéressantes. Voici en peu de mots celles qui concernent l'archéologie chrétienne.

Dès le mois de mai 1881, M. R. Cagnat trouvait à Tabarka une pierre portant le monogramme du Christ sous la forme constantinienne accosté de l'*alpha* et de l'*oméga*[1]. M. Biar, maréchal des logis au 13e d'artillerie, a exhumé, en 1883, une inscription qui commence par ces mots : MEMORIA MARTV-RVM[3], et une épitaphe grecque ornée du monogramme du Christ. M. Rebora a publié ces inscriptions dans le numéro d'avril 1884 du *Bulletin des antiquités africaines*, avec de précieuses notes de M. l'abbé Duchesne. Il y a joint, avec des remarques du même savant, le *fac-simile* de deux belles mosaïques, provenant de tombeaux chrétiens. Une découverte récente me permet d'en faire connaître aujourd'hui deux autres, dont le dessin habilement exécuté par M. A. Colombani, maréchal des logis, a été adressé par le R. P. Patrice, aumônier militaire de Tabarka, à S. Em. le cardinal Lavigerie. Ces deux mosaïques funéraires ont comme dimensions celles des dalles ordinaires de nos cimetières actuels. Chacune est encadrée d'une bordure.

La première représente une jeune femme debout, les mains ouvertes et étendues dans l'attitude de la prière. Ses yeux semblent levés vers le ciel, et sa bouche est entr'ouverte. Elle porte au cou un collier formé de cubes rouges, et elle est vêtue d'une longue tunique sur le devant de laquelle retombent jus-qu'en bas deux bandes d'étoffe jaune. Une autre bande plus étroite et blanche, passée autour du cou, a ses deux extrémités qui reposent sur la poitrine et se terminent par une pierre rouge et une triple frange. Cette figure est accompagnée de quatre colombes[3] affrontées deux à deux près de la tête et des pieds.

1. *Explorations épigraphiques et archéologiques en Tunisie*, 1er fascicule, page 3.

2. *Bulletin de l'Académie d'Hippone*, n° 19, p. 35.

3. Une de ces colombes a disparu par la destruction d'une partie de la mosaïque.

TUNISIE.

TABARCA. — Mosaïque chrétienne découverte en 1884.

(D'après un croquis de M. Colombani.)

TUNISIE.

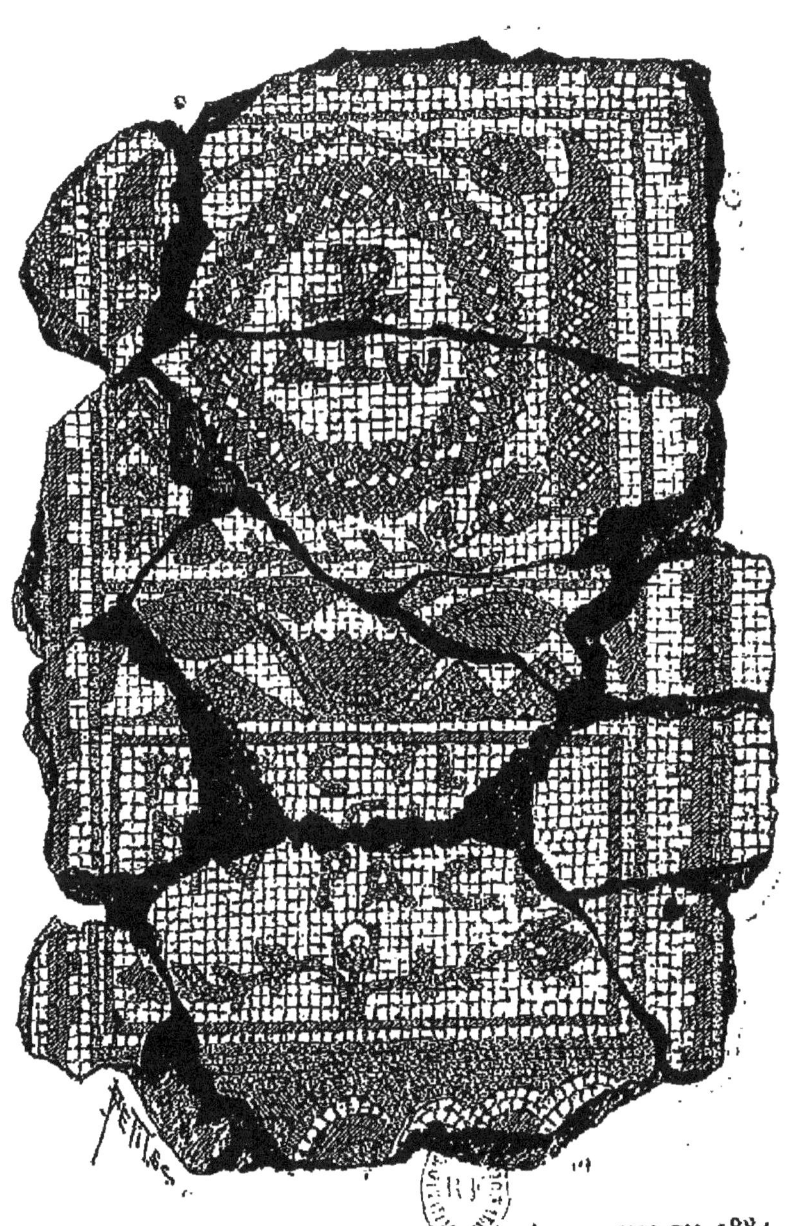

TABARCA. — Mosaïque chrétienne découverte en 1884.

(D'après un croquis de M. Colombani.)

Au dessous, une tige porte un bouton de fleur rouge, d'une rose sans doute, et deux rameaux qui s'étendent symétriquement à droite et à gauche. De chaque côté, on voit une torche enflammée qui est fixée sur un trépied.

Enfin, au dessus de la tête, on lit, en lettres rouges, dans un cadre jaune à queue d'aronde, l'inscription suivante :

CRESCONI

A INNOCEN

SINPPACE

α | ω

Cresconia était peut-être une des vierges du monastère de Tabarka. Mais il ne faudrait pas voir, dans la figure qu'offre cette mosaïque, l'intention de représenter *Cresconia* sous ses propres traits. C'est là un de ces types d'*orantes*, si fréquents dans les peintures des Catacombes, pour symboliser l'âme bienheureuse dans la gloire du Paradis.

Les quatre colombes, les flambeaux, la verdure et les fleurs rouges, comme dans la mosaïque de même provenance, publiée par M. Rebora, rappellent involontairement l'idée du ciel, telle que nous la trouvons exprimée dans les actes du martyre de sainte Perpétue et de sainte Félicité. On y reconnaît, en effet, dans les torches allumées, la *lux immensa* et le lieu resplendissant de lumière qui y reviennent plusieurs fois, et surtout dans les arbustes et les fleurs rouges, le *viridarium arbores habens rosae*[1]. Peut-être même pourrait-on voir, dans les quatre colombes, une allusion aux quatre anges que saint Sature vit en songe emporter dans le ciel son âme et celle de ses compagnons. Les colombes, en effet, semblent s'envoler en enlevant l'orante. L'une d'elles lui saisit même le pied entre ses pattes.

Rien d'étonnant que l'artiste qui a exécuté cette mosaïque se

___

1. Parmi les mosaïques funéraires de Carthage, il en est une dont je n'ai malheureusement retrouvé qu'une partie, et sur laquelle sont figurés, dans la même intention, un bouquet de roses, un agneau et un paon, symbole de l'immortalité. Le dessin de cette mosaïque a été publié dans le *Bulletin des Missions catholiques*, numéro du 3 août 1883, p. 369. Plusieurs objets de notre collection chrétienne portent la figure d'orantes entre des arbustes. On pourrait citer une lampe chrétienne, un disque de verre, une pierre tumulaire, etc.......

soit inspiré des actes des glorieux martyrs de Carthage; car ces actes étaient en vénération parmi les fidèles de l'Eglise d'Afrique qui aimaient à en entendre la lecture dans leurs réunions.

Une particularité, observée déjà dans les catacombes de Rome, est à *noter* dans le vêtement de *l'orante;* ce sont les deux bandes jaunes qui décorent le devant de la tunique. Cet ornement est le *clavus* antique, et les vêtements qui le portaient s'appelaient *vestes clavatae.* Le *clavus* à double bande était primitivement réservé à l'ordre équestre, mais l'usage de le porter s'introduisit parmi les gens du peuple. Il devint même commun aux deux sexes. Nous savons par S. Jérôme que le *clavus* n'était point interdit aux vierges chrétiennes.

Dans le principe, les bandes d'étoffe qui composaient cet ornement étaient de couleur de pourpre. Tertullien en fait mention dans son traité du *Pallium.*

Mais plus tard on représenta les personnages considérables avec le *clavus* d'or. C'est ainsi que N.-S. Jésus-Christ est figuré dans une mosaïque de Ravenne, exécutée vers l'an 400, époque qui me semble précéder de peu d'années celle des mosaïques funéraires de Tabarka. Aussi voyons-nous que dans la tunique de *l'orante*, les bandes du *clavus* sont formées de pierres jaunes, sans doute pour figurer l'or. Cette distinction convenait d'ailleurs à la personnification de l'âme jouissant du bonheur éternel dans le Paradis.

Le second *clavus* blanc, qui pend sur la poitrine de *l'orante*, a déjà été signalé dans des représentations analogues [1].

Quant au nom de CRESCONIA, il n'est point surprenant de le voir paraître en Numidie où il était surtout répandu sous sa forme masculine.

La formule INNOCENS IN PACE, quoique beaucoup moins fréquente que celle de FIDELIS IN PACE, s'est cependant rencontrée plusieurs fois déjà, ainsi que cette autre qui lui est synonyme INNOX [2] et INNOXA IN PACE. L'épigraphie chrétienne de Carthage en offre des exemples.

---

1. *Dictionnaire des antiquités chrétiennes,* de l'abbé Martigny, art. *Clavus.*

2. Cette expression ne rappelle-t-elle pas cette phrase de l'Apologétique de Tertullien : *Oditur ergo in hominibus* INNOCUIS *etiam nomen* INNOCUUM (liv. I, ch. III)?

Enfin, la croix monogrammatique qui accompagne l'inscription, et qui est accostée de l'*alpha* et de l'*oméga*, me paraît convenir au ve siècle.

La seconde mosaïque, d'une ornementation fort riche, est brisée en 12 morceaux. Elle est divisée en deux compartiments. Le cadre supérieur renferme le monogramme rectiligne accosté de l'*alpha* et de l'*oméga*, et entouré d'une couronne multicolore. A droite et à gauche, on voit une torche ornementée et allumée, placée sur un trépied. Au dessus et au dessous est une branche de rosier fleurie. Dans le cadre inférieur, une tige qui, dans le dessin que j'ai sous les yeux, porte trois fleurs, une blanche et deux rouges, accompagne l'inscription en partie détruite.

Je crois cependant pouvoir la rétablir ainsi :

N° 678 P (*ro*) CVL (*a i*)
N (*no*) C (*ens i*)
N PACE.

Inutile de faire remarquer que les symboles qui décorent cette mosaïque sont inspirés par la même pensée qui a présidé à l'ornementation de la précédente.

Le sol de Tabarka, qui nous fournit de si beaux souvenirs chrétiens, réserve encore, nous l'espérons, d'heureuses surprises à ceux qui étudient ses ruines.

Saint-Louis de Carthage, 4 janvier 1885.

A.-L. DELATTRE,

Missionnaire d'Alger.

SCEAUX DE BAGUES

TROUVÉS A CARTHAGE

N° 679. Sur un chaton de bague acquis par M. Guiénot [1] :

DATIV
VS · NIC
OLAIS

N° 680. Sur un chaton d'un beau travail, où est gravée la tête d'Antinoüs :

ΑΝΘΟΥ

N° 681. Sceau d'une bague de cuivre portant au milieu une croix latine accostée des sigles **A** et **Ⲱ** :

VIC(*tori*)NV(*s*)

N° 682. Sur une cornaline :

CRIS
PVS

N° 683. Sceau d'une bague d'or (collection de M. Marchand) :

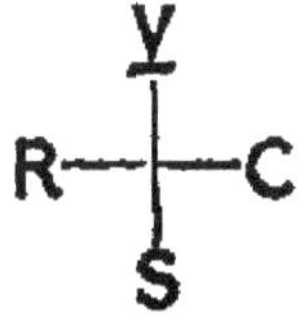

Je crois reconnaître dans ce monogramme le nom de *Rusticus*.

N° 684. Sur une améthyste :

AEP

1. Cette inscription a été publiée dans les *Signacula ex aere* du VIIIe volume du *Corpus*, n° 10481, 2.

N° 685. Sceau circulaire d'une bague de cuivre ; diamètre, 11 mill. :

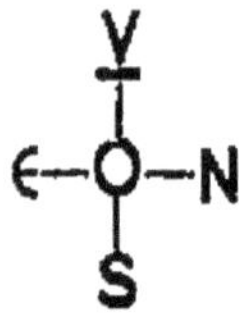

N° 686. Sceau de cuivre carré ; 9 mill. de côté :

Les deux premières lettres de la seconde ligne sont liées.

A.-L. DELATTRE,

Missionnaire d'Alger.

UN SARCOPHAGE ANTIQUE

DE CONSTANTINE

Le 2 décembre 1847, lors de mon voyage dans le Zab et dans l'oued R'ir, je vis, en passant à Constantine, un sarcophage antique revêtu de bas-reliefs fort curieux, bien que d'une exécution assez grossière.

Il était adossé à la face extérieure du rempart de la ville, non loin de la porte Vallée et servait d'abreuvoir. A mon retour, il avait disparu. Je l'ai depuis cherché en vain, place Négrier, au square Vallée, à la Mairie, à tous les endroits enfin où l'on a successivement déposé les monuments antiques trouvés dans le pays. Sans doute il aura eu le sort de tant d'autres objets précieux dont nous regrettons la perte. Le dessin reproduit ci-dessous, que je pris alors et dont je puis garantir l'exactitude, est peut-être le seul souvenir qui en reste.

Ce sarcophage, d'une hauteur de 0ᵐ 58 et long de 2ᵐ 12, avait reçu une riche décoration sur sa face extérieure.

En haut, quatre bucranes ornés de bandelettes étaient réunis par trois guirlandes encadrant trois masques tragiques présentés de profil.

En bas, courait un ornement composé de six dauphins affrontés, reliés par des motifs variés.

Sur chacun des côtés, qui sont larges de 0ᵐ64, on voit une tête en ronde bosse entourée d'une épaisse chevelure et accostée de deux cornes d'abondance.

L'ensemble de cette ornementation, malgré l'imperfection du travail, était, on le voit, loin de manquer d'élégance.

L. PIESSE.

VOYAGE ARCHÉOLOGIQUE

EN TUNISIE

Exécuté en 1882-1883,
sur l'ordre de S. E. le Ministre de l'instruction publique,

Par M. J. POINSSOT.

LES ROUTES DE CARTHAGE A SICCA VENERIA
ET DE CARTHAGE A THÉVESTE

La grande route de Carthage à Sicca Veneria qui se prolongeait ensuite vers Cirta, Sitifis, Caesarea, Tingis, peut être considérée comme l'artère principale du réseau routier de l'Afrique romaine. Sur cette route venaient se greffer de nombreux embranchements qui conduisaient à Hadrumète, à Thysdrus, à Capsa, à Théveste, à Lambèse, à Hippo Regius et à toutes les plus importantes cités des provinces africaines. L'affluence des voyageurs, des courriers, des transports de toute sorte, devait y être énorme. Elle était jalonnée de nombreuses stations dont on voit encore les vestiges, mais parmi lesquelles on est souvent embarrassé pour reconnaître d'une façon certaine celles dont les itinéraires officiels nous ont conservé les noms.

Comme elle reliait à la capitale, Sicca Veneria, l'une des plus importantes villes du territoire punique, ville dont la splendeur remonte à la plus haute antiquité et date presque des origines de l'empire carthaginois, il est hors de doute qu'elle n'ait été ouverte bien longtemps avant la conquête Romaine.

On peut aussi supposer que, dès ces temps reculés, sa chaussée était pavée. L'invention des chemins pavés est en effet attribuée aux Carthaginois[1], les Romains ne firent que l'adopter

---

1. Isidorus, *Originum*, L. XV. « Primum Paeni dicuntur lapidibus vias stravisse, postea Romani per omnem paene orbem disposuerunt propter rectitudinem itinerum et ne plebs esset otiosa ».

ABRÉVIATIONS
MVNICIP..... Municipium.
CIV ...... Civitas.
PAG ...... Pagus.
.... Traces de voies romaines
Les noms inscrits en capitales bâtonnées indiquent les localités antiques
que font connaître les inscriptions relevées par l'auteur.

CARTE
D'UNE RECONNAISSANCE ARCHÉOLOGIQUE
DANS LA RÉGION CENTRALE DE LA TUNISIE
Exécutée en 1882 et 1883
PAR M. JULIEN POINSSOT
Ancien élève de l'Ecole des Hautes Etudes
Chargé d'une mission scientifique
Par M. Le Ministre de l'Instruction publique
et des Beaux Arts.

Echelle 1: 400.000.
Milles Romains

Gravé par L. Sonnet, 38, Boul. St Germain.
Paris, Imp. Monrocq.

en la généralisant, et il est naturel de croire qu'elle fut d'abord appliquée à l'une des routes les plus anciennes et les plus fréquentées qui existassent dans les possessions de Carthage.

Après la chute de Carthage, lorsque, en l'an 146 avant notre ère, son territoire devint une province romaine, les nouveaux maîtres du pays prirent l'habitude de désigner la partie de notre route établie sur le sol romain, par le nom de « Via à Karthagine usque ad fines Numidiae ».

Cette dénomination se conserva longtemps après que la conquête de l'empire de Juba eut reculé bien loin vers l'ouest les limites des possessions romaines. Nous la voyons reproduite dans les inscriptions de toute une série de bornes milliaires posées en l'an 237 de notre ère, sous le règne de Maximin pour rappeler les travaux de réfection dont elle fut l'objet[1].

La dernière borne connue de cette nombreuse série porte l'indication du LXXXXe mille. Je l'ai trouvée en sa place, près des ruines de Musti, c'est-à-dire presque à l'ancienne frontière de l'Afrique et de la Numidie proconsulaire ; frontière qu'une inscription que j'ai recueillie à quelques kilomètres plus loin, à Henchir Aouitta, fixe désormais d'une façon précise[2]. La vieille division continuait probablement à subsister dans la tradition et dans les coutumes. L'Afrique nouvelle ou Numidie proconsulaire, commandée par un légat soumis à l'autorité suprême du proconsul et réunie à la province d'Afrique, avait pourtant conservé sa vie propre et son individualité.

En l'an 129 de notre ère, Publius Metilius Secundus, légat de l'empereur Hadrien, qui commandait alors la troisième légion Augusta, fit construire par ses troupes la route de Carthage à Théveste. Elle est ainsi désignée par les inscriptions milliaires : « Via a Karthagine Thevestem usque ».

Ces deux routes, dans la première partie de leur tracé, ont un grand nombre de stations communes. Leur tracé était-il parallèle, ou se confondait-il en certains endroits pour se diviser et s'écarter en d'autres et se réunir de nouveau plus loin.

Quoi qu'il en soit, elles semblent avoir été parfaitement distinctes.

---

1. *C. I. L.*, n° 10047. Via a karthagine us que ad fines *Numidiae Provinciae.*

2. Cette inscription sera publiée dans le prochain fascicule.

Elles portaient des noms différents, elles n'ont point été construites ou réparées aux mêmes époques ; l'une est une voie stratégique, l'autre une route commerciale et administrative.

Voici du reste comment elles sont décrites par la table de Peutinger et par l'itinéraire d'Antonin :

VOIE DE CARTHAGE A SICCA.

Table de Peutinger.		Itinéraire d'Antonin.	
Karthagine colonia		Carthagine.	
	milles		milles
Ad Pertusa...	14	Pertusa	14
Ad Mercurium	4		
Inuca.......	2	Unuca..........	7
Sicilliba	13	Siciliba..........	13
Thurris......	5		
Chisiduo.....	4		
Membressa ...	7	Membressa.......	17
Tichilla	16		
Tignica	12		
Agbia........	6		
Musti........	7	Musti.....	35
Thacia... ...	7		
Drusillana....	7		
Siguese.......	7		
Sicca Veneria.	30	Sicca Veneria 34 ou 32	

VOIE DE CARTHAGE A THÉVESTE.

Table de Peutinger.		Itinéraire d'Antonin.	
Carthagine.		Carthagine.	
	milles		milles
Ad Pertusa...	14		
Ad Mercurium	4		
Inuca.......	2	Unuca..........	22
Siciliba......	13	Siciliba..........	7
Thurris......	5		
Vallis	6	Vallis	15
Ad Aticille...	10		
Coreva	10	Coreva	20
Aquis	7		
Tignica.	6		
Agbia	6		
Musti........	7	Musti...........	28
Thacia.......	7		
Drusillana....	7		
Larabus......	12	Laribus colonia...	30
Orba	7		
Altiburos	16	Altiburos	16
Mutia........	16		
Admedœra ...	16	Admaedera Colonia	32
Ad Mercurium	14		
Théveste.....	11	Théveste.........	25

On voit que les cinq premières stations mentionnées par la table sont communes aux deux routes. Leur emplacement nous est inconnu. Il existe dans cette région un grand nombre de ruines d'établissements antiques, on y retrouve aussi les vestiges de plusieurs voies romaines dont le tracé n'a point encore été parfaitement déterminé[1]. Dans l'état actuel de nos connaissances, il serait donc téméraire d'établir des hypothèses qui ne reposeraient que sur la comparaison des distances. C'est

---

1. A Inuca, une voie secondaire se détachait de notre route et, après un parcours de 28 milles, rejoignait à Thuburbo Majus les voies d'Hadrumète à Carthage et à Coreva. Il existe en divers endroits des vestiges de cette voie dont la table n'indique point les stations, notamment à Talhat-el Ghozlan, près d'Henchir Gordjana.

du reste une manière de procéder plus hardie que scientifique, elle entraîne de fréquentes erreurs et les suppositions établies par les calculs les plus vraisemblables sont souvent contredites par les découvertes épigraphiques.

Entre la cinquième et la sixième station, la route de Théveste se séparait de celle de Sicca Veneria et prenait une direction plus méridionale.

Pour l'instant, c'est route de Sicca que nous allons la suivre. Nous remonterons la rive droite de la Medjerda, puis ensuite la vallée de l'Oued Kralled qui nous conduira à Agbia où la route de Théveste vient la rejoindre.

Krich el Oued (Chisiduo).

La sixième station de la route de Sicca, Chisiduo, était placée sur la rive droite de la Medjerda, au confluent de ce fleuve et de l'Oued el Ahmar, à l'endroit même où s'élève aujourd'hui le bourg arabe de Krich el Oued qui est bâti de ses ruines. Partout en effet, dans les murs des maisons, on voit des blocs antiques, des chapiteaux, des tronçons de colonnes, des pierres portant des inscriptions. L'une d'elles, relevée par M. Guérin, mais dont nous devons le déchiffrement complet à Wilmanns, est une dédicace adressée à un procurateur des domaines impériaux situés dans le district de Carthage par les « *decuriones c(ives) R(omani) et municipes Chisiduenses.* » Chisiduo était donc, vers le IIe siècle de notre ère, une ville possédant le jus Latii.

Medjez el Bab (Membressa).

En continuant à remonter la rive droite de la Medjerda, on rencontre, deux lieues plus loin, la petite ville de Medjez el Bab, fondée, dit-on, au VIIe siècle par des Maures venus d'Andalousie. Elle a succédé à une cité antique assise sur une légère éminence qui domine la plaine. Ses ruines ont naturellement servi de carrière aux nouveaux venus, aussi n'en reste-t-il plus que des citernes et des pans de murs. De plus à cet endroit, le cours du fleuve s'est déplacé et c'est dans l'ancien lit de la Medjerda, aujourd'hui à sec, qu'il faut chercher les traces du pont qui y donnait accès. A son extrémité s'élevait une porte monumentale d'un style fort simple, mais dont la clef de voûte était ornée d'un buste en haut relief. C'est cette porte, aujourd'hui écroulée, qui a fait donner à la ville le nom de Medjez el Bab (le passage de la porte). On s'accorde généralement à placer à cet endroit la station de *Membressa*. Cette ville, d'après l'historien Procope, était située à trois cent cinquante milles de Carthage, sur le Bagrada. Bélisaire défit sous ses murs le rebelle Stodzas[1]. Remarquons toutefois que la distance entre Medjez el Bab et Krich el Oued n'est que de huit kilomètres, tandis que la table indique huit milles entre Membressa et Chisiduo ; cette distance serait donc trop forte si l'on admet que Medjez el Bab soit Membressa.

Testour.

D'après certains auteurs[2], la ville de Testour occuperait l'emplacement de Tichilla ; d'autres s'appuyant sur une inscription que Peyssonnel y a copiée[3], pensent que c'était autrefois la *Colonia Bisica Lucana*. Aux uns, nous ferons observer que les distances qui séparent Testour de Medjez el Bab qui, nous l'avons vu, est très probablement l'ancienne Membressa, et d'Aïn Touga, où se trouvent les ruines de Tignica, ne concordent point avec les données numériques fournies par la table. Elles sont notablement inférieures. Les autres remarqueront que sous le nom de Risca, la table de Peutinger place Bisica entre Coreva et Avitta, sur la route qui aboutit à Thuburbo Majus. C'est en effet à Enchir Bijga, dans la direction indiquée, que j'ai retrouvé ses ruines ; les inscriptions que j'y ai relevées[4] mettent désormais cette position hors de doute. Il faut donc supposer qu'il existait deux Bisica, comme deux Zama, deux

1. Cf. Corippe Johannide, l. III, v. 311-314 qui rappelle le même fait :
   « Hunc Membressa suis vidit concurrere campis
   Nunc eadem petiisse fugam, cum maximus hostes
   Fudisset modicis victor Belisarius armis. »
2. *C. I. L.*, t. VIII, n° 1357. Cf. additamenta LIII, 1.
3. *C. I. L.*, t. VIII, n° 1357.
4. *Bull. des ant. afr.*, t. I (1882), pp. 205-306.

TUNISIE

VUE DE TEBOURSOUK (THVBVRSICVM BVRE) prise de la porte occidentale.

Thuburbo, etc., ou bien que le marbre qui nous occupe a été transporté. C'est cette dernière opinion que je serais disposé à admettre. Le municipe de Bisica que les textes précités nous ont fait connaître aurait donc reçu, vers la fin du troisième siècle ou vers le commencement du quatrième, une colonie de Lucaniens d'où lui serait venu son surnom de Lucana.

Aïn Tounga Thignica.

On a pu voir par ce qui précède quelle incertitude règne encore sur la position de Tichilla. L'emplacement de la station suivante *Thignica* est au contraire parfaitement fixé et un assez grand nombre de monuments épigraphiques[1] nous font connaître tous ses noms. C'était pendant les deux premiers siècles de notre ère la *Civitas Thignicensis* divisée en deux parties. Plus tard elle devint le *Municipium Septimium Aurelium Antoninianum Alexandrianum Herculeum frugiferum Thignica*. Ses ruines, encore imposantes, entourent l'Aïn Tounga; on y voit les restes d'une vaste citadelle flanquée de tours et construite à l'époque byzantine, les vestiges de plusieurs temples; deux arcs de triomphe dont l'un a conservé son arcade, les vestiges d'une basilique, d'un théâtre, de divers autres édifices et de l'enceinte qui entourait la ville. On peut encore reconnaître l'emplacement des portes. Nous ne décrirons point en détail ces ruines, nous nous contenterons de renvoyer le lecteur à l'excellente étude que M. le Dr Darré, qui les a explorées avec un soin consciencieux, a publiée dans ce bulletin (t. II, 1884, pp. 136-144).

Teboursouk (Thubursicum Bure) et ses environs.

A partir de Thignica, notre route suivait la vallée de l'Oued Kralled jusqu'à Agbia, laissant à environ un mille sur la droite *Thubursicum Bure*, à laquelle a succédé la ville arabe de Teboursouk qui, comme on le voit, a conservé son nom à peine altéré, et où nous allons nous arrêter (v. pl. IV).

---

1. *C. I. L.*, t. VIII, n°s 1413, 1419, 1406, cf. 1404, 1408, 1410, etc.

C'est une des villes les plus agréables de la régence. Elle est placée sur les pentes supérieures d'une colline élevée faisant partie de la chaîne qui borde au nord la vallée de l'Oued Kralled, à l'endroit où elle s'abaisse et s'ouvre en un large col qui permet de pénétrer dans la région septentrionale du pays. Un bois d'oliviers s'étend au dessous jusqu'à la plaine, au delà de laquelle l'œil embrasse un vaste et pittoresque horizon de montagnes. Les Arabes l'ont entièrement entourée d'un mur d'enceinte qui, du côté du sud-est, emprunte une partie des fortifications antiques dont nous parlerons tout à l'heure. A l'intérieur, c'est un dédale inextricable de ruelles tortueuses et étroites bordées de maisons basses bâties avec les débris de la ville romaine, couronnées de terrasses et blanchies à la chaux. Les coupoles et les minarets de plusieurs belles mosquées dominent cet ensemble d'où l'on voit encore émerger d'énormes pans de murs englobés dans les constructions. Ce sont les restes de l'ancienne forteresse bâtie à la fin du sixième siècle par le préfet Thomas[1]. Ces remparts s'élèvent à sept ou huit mètres de hauteur; du côté du sud-est, ils forment encore l'angle de l'enceinte de la ville. Là ils sont restés presque intacts, ils ont conservé entière une porte décorée de motifs d'architecture, ainsi que la courtine dont elle est flanquée et dans l'intérieur de laquelle existent plusieurs pièces voûtées, occupées par un moulin à huile.

Au centre de la ville une belle source sortant d'une chambre voûtée s'épanche dans un bassin antique. Les autres édifices de Thubursicum Bure sont fort difficiles à reconnaître, recouverts et noyés dans les bâtisses de la ville arabe, on n'en peut que constater l'existence sans se rendre compte de leurs dispositions. Les inscriptions mentionnent des bains, des temples ornés de statues de marbre. Les débris qu'on retrouve çà et là donnent

---

1 *C. I. L.*, t. VIII, n° 1434. Cf. Corrippe in laudem Justini I, 18.
    « .... *Thomas Libyae nutantis destina terrae*
    Qui lapsam statuit, vitae spem reddidit Afris
    Pacem composuit, bellum sine milite pressit
    Vicit consiliis; quos nullus vicerat armis
    Nec non magnanimus, meritis et nomine Magnus
    Mente placens dominis, sacris rationibus aptus
    Rectorum Latii discussor; providus orbis ».

.l'idée d'une riche et magnifique cité. Pourtant l'histoire n'en a pas conservé le souvenir. On trouve seulement son nom Θουβουρσίκα dans la géographie de Ptolémée (4, 3, 29); un de ses évêques est cité par saint Augustin (*contra Crescentium*, 3, 40); deux autres assistèrent aux conciles tenus en 411 et 525. Les inscriptions nous apprennent qu'elle eut un développement et une destinée analogues à celle de ses voisines Thignica, Thugga et Agbia. Au troisième siècle, c'était un municipe dont les textes épigraphiques[1] fournissent les noms complets, *municipium Severianum Antoninianum*, ou, plus tard, *Septimium Aurelium Severianum liberum Thibursicensium Bure*, il reçut vers la fin du quatrième siècle une colonie dont le surnom Augusta rappelle celui de la troisième légion.

Voici les inscriptions inédites que j'ai pu recueillir à Teboursouk :

N° 687. Sur cinq énormes blocs employés dans la construction de la citadelle byzantine, à côté de la porte S.-E. et presque au niveau du sol. Lettres de 0^m 30 de hauteur :

1. Haut. 0^m60, long. 2^m56. 2. Haut. 0^m 60, long. 2^m51. 3. Haut. 0^m60, long. 2^m48

CEIONIO IV   LIANO AMPLI   SSIMO PROC

4. Haut. 0^m 60, long. 2^m 45.   5. Haut. 0^m 60, long. 2^m 52.

ONSVLE CLA*rissimo viro*   DEDICANTE

On connaît trois proconsuls d'Afrique du nom de Julianus : 1° celui qui fut chargé d'appliquer l'édit de Dioclétien, du 31 mars 290; 2° celui auquel est adressé le rescrit du 9 janv. 397 (C. 45, 12); 3° le Julianus qui fut remplacé en 413 par Apringius (C. Th. XI, 30, 64).

Une inscription de Rome[2] nomme encore un Alfenius Ceionius Julianus Kamenius qui, après avoir été *consularis Numidiae* avant 330, devint préfet de Rome en 333. Aucun indice ne permet de s'assurer si l'inscription de Teboursouk se rapporte à l'un de ces personnages.

1. *C. I. L.*, t. VIII, n°s 1426-27, 1438-39.
2. Orelli, 2351.

N° 688. Dans les murs de la citadelle, haut. 0^m 62, long. 2^m 30, lettres 0^m 12.

SV////////////////////// ICTORIA
C CLODIVS HAC///////ATICIVS
RESTAVRATAM AM////ECIT ET

N° 689. Dans un mur à l'intérieur d'un moulin à huile. Haut. 0^m 28, long. 0^m 61, lettres 0^m 05.

IO////VM////VSABIR
ARADIVI AVG FAGG
IDEMQ DEDIC

N° 690. Dans le mur d'une maison. Haut. 0^m 45, long. 1^m 15, lettres 0^m 35.

ELI·VERI

N° 691. Dans le mur d'une maison. Hauteur 0^m 30, largeur 0^m 30, lettres de 0^m 08 à la 1re ligne et de 0^m 06 aux suivantes.

RI AV
IVS////
//// IDEM

Dans la maison de Si el Abid ben Amin.

N° 692.	DMS	N° 663.	DMS
	Q ABBONI		L ALAVD
	VS IVNIA		A NAM
	NVS P V A		GODDI
	XX H S E		NAPVA
			LXXXIII
			HSE

N° 694. Dans la maison de Mohammed Boubekeur. Hauteur 0^m 60, largeur 0^m 60, lettres de 0^m 08.

// IO SALLVS*tio*
D///E ADLECTO
*magis*TRO EPISTVLAR*um*[1]
BVS AMILITIS T

A la 4e ligne *A Militis*, cf. *Bull. des ant. afr.*, t. I, p. n° 169.

---

1. Le Magister epistularum était le chef du bureau chargé de la correspondance officiel de l'empereur. Cette charge, confiée dans le principe à des affranchis, fut plus tard occupée par des personnages de l'ordre équestre.

N° 695. Dans les murs de la citadelle byzantine, près d'une mosquée. Longueur 1ᵐ 10, hauteur 0ᵐ 50, lettres de 0ᵐ 05.

ALVTE ETPERPETVITATE·I

CONSERVATORI AVG N̄·CI///

Maatria, Sidi Amor Melliti, Djebba, Henchir el Zouza,
Henchir Faouar.

De Thubursicum Bure, partaient plusieurs voies dont les vestiges sont encore apparents, mais qui ne sont point indiquées par les itinéraires anciens.

L'une se dirigeait vers le nord suivant le tracé de la route actuelle de Béja. Elle passait au pied de Maâtria dont les ruines ont été décrites par M. le Dʳ Darré[1]. Leur nom antique, *Juxtalaca*, nous est fourni par une inscription[2].

Deux kilomètres environ avant d'arriver à cet endroit, une autre voie venant de l'ouest s'y rattachait non loin d'un ruisseau qui coule au fond de la plaine. Cette voie suivait d'abord la vallée où l'on remarque sur *la rive gauche de l'oued les restes* encore debout d'un édifice considérable, puis gravissait les pentes de la colline qui porte la Koubba de Sidi Amor el Melliti. *Là se trouvent des ruines de médiocre étendue qui consistent en* l'enceinte d'une assez vaste construction carrée, bâtie en pierres de taille de moyen appareil, et en un édifice construit en blocage et terminé par une abside percée de nombreuses fenêtres. Continuant à côtoyer les hauteurs qui se rattachent au Djebel Gorrâ, elle traversait, à huit kilomètres plus loin, les ruines de Kouchbatia assises sur un plateau adossé à la montagne et couronnant l'un de ses contreforts.

Ce sont les restes d'une ville de médiocre étendue, mais qui possédait néanmoins d'assez beaux édifices. L'acropole était entouré d'une enceinte rectangulaire en pierres de taille de grande dimension. Cette enceinte est en partie détruite, mais pourtant reconnaissable. A l'intérieur s'élevaient plusieurs

1. *Bull. des ant. afr.,* t. II, p. 144 et suiv.
2. *Ibid.,* n° 438.

grands édifices en pierres appareillées, dont il ne reste guère que les fondations et cinq portes monumentales. Trois sont couronnées par des arceaux et mesurent 3 ᵐ 10 d'ouverture. Deux autres, carrées, sont de moindres dimensions : 2 ᵐ 50 d'ouverture environ. Je n'ai recueilli, en cet endroit, qu'une inscription funéraire.

Nº 696. D Ɔ M Ɔ S

SATRIA DONA·

TA PIA VIXIT

ANNIS · LII

H SE

Un peu plus loin, la voie romaine franchissait, à un col, une longue crête qui se détache du Gorrâ et s'avance au loin dans la plaine. Au delà, j'ai perdu sa trace. A huit kilomètres à l'ouest de Kouchbatia, au pied de la montagne dont la paroi septentrionale s'élève perpendiculairement en une gigantesque muraille de plus de cent cinquante mètres de hauteur, se trouve Djebba. Ce village arabe assis sur des terrasses qui s'appuient aux escarpements dont nous venons de parler, entouré d'oliviers, de peupliers et d'arbres de toute espèce, est placé dans un des plus beaux sites qu'on puisse contempler en Afrique. Il domine l'immense plaine de la Dakla, limitée vers le nord par un rideau dentelé de hautes montagnes. Derrière lui se dresse la masse énorme du Gorrâ, dont la table s'avance en surplomb sur l'abîme. A cet endroit, d'un trou percé dans la couche la plus élevée des assises calcaires qui forment la montagne, s'échappe une magnifique cascade de plus de cent mètres de chute. Elle se résout en pluie avant d'arriver au sol où un barrage antique reçoit ses eaux. Derrière cette cascade, à environ soixante mètres de hauteur, on voit, accroché dans une anfractuosité de rocher, un édifice antique construit en moellons liés par du mortier, qui semble suspendu comme un nid d'oiseau à la paroi verticale. Il est aujourd'hui absolument inaccessible. Autrefois sans doute quelque sentier en corniche creusé dans le roc maintenant écroulé y donnait accès. Les indigènes appellent cette bizarre construction : « Ksar Sebaa Rgoud, » le château des sept dormants.

Près de Djebba, il existe une mine de plomb argentifère qu'on dit fort riche. Elle fut quelque temps exploitée par des ingénieurs français pour le compte du Bey. Aujourd'hui les bâtiments d'exploitation et l'usine où se traitait le minerai sont abandonnés et tombent en ruines.

Le barrage antique, construit en blocage, qui recueille les eaux de la cascade, alimentait un aqueduc dont les arceaux en partie renversés se prolongent dans la direction du nord jusqu'au milieu de la plaine. Sa longueur est d'environ deux kilomètres. Il aboutit aux ruines d'une vaste cité antique dont les édifices couvraient plusieurs mamelons au milieu desquels coule l'oued Tibar. L'un deux, au nord-est, porte les restes d'une citadelle rectangulaire, dont les remparts en pierres de taille s'élèvent encore à deux ou trois mètres de hauteur. Les terrasses qui dominent les berges de l'oued sont couvertes des débris de plusieurs constructions importantes, dont quelques-unes étaient faites en maçonnerie de blocage et pavées de mosaïque grossière. Vers la partie occidentale des ruines, on remarque diverses autres constructions mieux conservées. Dans plusieurs, l'étage inférieur, composé de grandes salles voûtées, est resté intact. Enfin, vers le sud-ouest, une excavation circulaire dessine la forme d'un cirque ou d'un amphithéâtre. Tels sont, avec de nombreuses citernes, les vestiges de cette cité antique dont aucune inscription n'a encore révélé le nom.

De Djebba, nous regagnerons Teboursouk par le chemin habituellement suivi par les indigènes et qui est aussi le plus direct. Ce chemin, véritable sentier de chèvres, à peine praticable aux montures, franchit la cime du Gorrâ. Là s'étend un vaste plateau assez accidenté, creusé de fraîches vallées bien arrosées et couvertes de gras pâturages qui nourrissent le plus beau bétail de toute la Tunisie. On descend ensuite dans la vallée de l'oued Faouar, très fertile et semée de nombreuses petites ruines. Près de l'une d'elles, placée sur la rive gauche de ce ruisseau, j'ai copié dans un cimetière antique trois inscriptions funéraires.

N° 697. D M S   N° 698. D M S   N° 699. D M S
   AEBVTIA   C VALERIVS   SALLVSTIVS
   MISIOLA   SVAVIS   VICTOR
   FAVSTINA   P V A XXXVII   P·V·A·LV
   PIA V A LXII   H S E   H SE
   H S E

A cet endroit, on rencontre une voie romaine dont la chaussée
bien conservée suit la vallée de l'oued Faouar jusqu'à environ
quatre kilomètres de Teboursouk où ses traces cessent d'être
visibles.

La vallée de l'Oued Arko, Henchir Chet, Henchir Douameus.
(Colonia Uchi Majus).

Une autre voie romaine se dirigeant vers l'ouest gagnait la
vallée de l'oued Arko, creusée entre le versant méridional du
Gorrâ et le Djebel bou Krobza. Les restes de sa chaussée, bien
qu'interrompus par de fréquentes lacunes, sont assez apparents
pour que l'on puisse reconstituer son tracé général.

On en rencontre le premier tronçon près du cimetière français,
et on en peut suivre la trace jusqu'a Ksar ben Talha, petite
ruine occupant la partie orientale du plateau qui sépare la
vallée de l'oued Arko de celle du Faouar. On y voit les fondations d'une vaste construction carrée faite de pierres de taille,
et un cimetière dont les cippes sont encore debout.

Inscriptions.

N° 700. D M S   N° 701. D M S
   VETTIA   SERVILIA
   PIAVAXXX   M FILIA
   H S E   VICTORIA
                                    PVAL V

N° 702. D M S   H S E
   L POMPONI

N° 703. D M S   N° 704. D M S
   L I D V R O   SALLVSTIVS.
   NIVSLF OC   Q FIL IVLI
   T A V I A N V S   ANVS PVA
   PVALXV
   H S E

La route traverse ensuite le plateau et descend dans la vallée de l'oued Arko. Sur son parcours, de nombreuses petites ruines marquent l'emplacement d'établissements antiques.

Près de l'une d'elles nommée Henchir bir el Afou, une borne milliaire brisée gît à côté de sa base. Malheureusement l'inscription qui y est gravée est tellement usée et fruste que je n'ai pu la déchiffrer sur place. Les rafales de pluie et de neige dont nous étions assaillis m'ont mis dans l'impossibilité d'en prendre un estampage suffisant.

N° 705. `////// FCO/////////`
`/////////I/////////`
`////////A//////////`
`/////////////////////`
`///////////////////////`
`//////////MAX//////`
`IMVS FEL//////////`
`////Ⅱ//////////////`
`//////////////////////`

La forme des caractères est analogue à celle de diverses inscriptions de l'époque de Constantin.

Un peu plus loin se trouve Henchir bent el Ariane; on y remarque les ruines d'un temple couronnant un mamelon placé au confluent de l'oued Aziz et de l'oued Guelaât el Bîl. Parmi les débris de colonnes, les chapiteaux corinthiens et les fragments de pilastres carrés qui jonchent le sol, j'ai lu sur un fragment d'architrave l'inscription ci-dessous qui nous apprend que ce temple était consacré à la Fortune.

N° 706. Calcaire. Hauteur 0ᵐ50, longueur 0ᵐ80, lettres de 0ᵐ05.

FORTVNAE·AVG·SACRVM

A partir de Bir el Afou, la chaussée antique subsiste parfaitement conservée jusqu'au pied d'Henchir el Khima, où je l'ai quittée pour me diriger vers Messaoudi. Elle suit le fond de la vallée et s'éloigne peu du lit de la rivière. Il est très probable qu'elle se continue dans la même direction jusqu'à la Tessâa où elle venait rejoindre la route de Carthage à Sicca Veneria.

A 800 mètres au nord de Bir el Afou, au milieu de quelques ruines nommées Henchir Dzouza, j'ai relevé une inscription funéraire.

N° 707.   D M S   D M S
          L V R I A   C'. H O R
          I A N V A   D E O N I
          R I A P V   V S' H O N
          A L X   O R A T V S
          H S E   P V A L X
                          H S E

Nous nous écarterons momentanément de notre route pour aller visiter le bordj du Cheick Abd el Melek, qu'on aperçoit à environ trois kilomètres, au pied des rochers escarpés qui entourent la cîme du Gorrâ. (Pl. V.)

Ce bordj, entouré d'un bois d'oliviers, n'est autre chose qu'une habitation de l'époque romaine, dont une partie est restée debout et n'a presque pas souffert des injures du temps. Le maître actuel y a ajouté pour son usage, diverses constructions faites avec les matériaux provenant des ruines de l'établissement antique.

L'édifice ancien, aujourd'hui occupé par un moulin à huile, est représenté par notre planche. De forme carrée, mesurant environ douze mètres sur chaque face, il présente à chacun des angles une tour au trois quarts engagée. A une hauteur d'environ cinq mètres, ces tours sont coupées par une corniche qui correspond à la naissance de la voûte à l'intérieur. Cette voûte d'arête est aussi remarquable par ses dimensions que par sa hardiesse. Construite entièrement en blocage, elle couvre une salle de $10^m \times 10^m$ qui a été divisée en deux étages. Au rez-de-chaussée se trouve le moulin, au premier étage une vaste salle où nous avons reçu l'hospitalité.

Inscriptions.

N° 708. Montant de la porte d'entrée de la cour. Hauteur $0^m 42$, longueur $1^m 80$, lettres de $0^m 14$. Calcaire.

SAC DEI ESCULAPI ET

HENCHIR CHETT. — Bordj du cheick Abd el Malek (maison Romaine), au sud du Gorrâ.

N° 709. Dans un mur près de la porte du moulin à huile,
même pierre et même caractère que la précédente.

\CIANO ARN

N° 710. Dans le mur extérieur du bordj. Lettres de 0ᵐ 15.

EIS LOCI AVII
/////////////////Nᴵ

N° 711. DABAR ORTINIIS F (*sic*)
(*sic*) N PIVS VIX ANN LXXV
HSE

N° 712.   D M S
DATVS DABARIS F
PV AN XIV
HSE

N° 713.   D M S
IVNIA Q · FIL
Cantharus V I C T O R I A · *Patella*
QVAE ET LIBO·
SA PV·ANN
XXVII HSE

N° 714.   D M S
Q L I V I N E
IVS SIPO SEVE
RIANVS MEDI
CVS VIR PIISSIMVS
VIXIT ANNIS LXXII
HSE

N° 715.   D M S
M TORIA
SATVRNINA
PIA V · A XIII
HSE

N° 716.   D M S
M OPPIVS
//////////////
//////////////
//////////////

Une belle cascade tombe du haut des rochers qui dominent la
demeure du cheick Abd el Melek. Dans le bois d'oliviers qui
est au dessous, naissent plusieurs belles sources. La plus
rapprochée de la maison est recueillie dans un bassin rectangulaire de construction antique. A environ 500 mètres à l'ouest,
une autre source nommée Aïn Trabe est entourée de ruines
importantes. Deux gros blocs de marbre gris qui la couvrent
portent des inscriptions, mais elles sont si effacées que je n'ai
pu en déchiffrer qu'une partie.

N° 717. Hauteur 0ᵐ 60, longueur 1ᵐ 65, lettres de 0ᵐ 10 à la
1ʳᵉ ligne, de 0ᵐ 08 à la 2ᵉ et de 0ᵐ 06 aux suivantes.

h·ERCVLI////////////M//////////////////*a*VG·ET
////////////////LV//////////////VS MAXIMVS
///////RIVS FAVSTINVS//////////AEDEM FAVST
PROMISISSET·AD ORNANDVM OPVS·QVOT·IN HONOR*em*
M HERCVLIS SVA PECVNIA POSVIT ITEMQ DEDICAVIT P
O PROMISSVM A SE OB HONOREM *pa*TRI FAVSTINI FIL. SVI SVA PEC FECIT

On voit que ce texte rappelle la construction d'un temple
dédié à Hercule.

N° 718. Bloc de la même pierre et de même dimension que
le précédent, les lettres de l'inscription sont encore plus usées
et on en peut à peine deviner quelques-unes.

////////////////////////////////////
////////////////////////////////////
FERA//////////////////////////////
////////////////////////////////////
//////////////////////////C////////II
*h*ONOREM FAVSTINI FILI SVI SVA PEC FECIT

N° 719. D·M·S   N° 720. D M S
    HELVACIA   Q N V M I S
    L·F·EROTIS   VS·L·F·ARN
    P·V·ANNLIII   FELIX·P·VIXIT
     H S E   ANNLXXXV
              H S E

N° 721. DMS   N° 722. D M S
    SVTORIA Epitaphe CVALERIVS
    LVCILIAP d'un centenaire. LFARNIEN
    VA LXXI   VIXIT AN
    H S E   C X I I
              H S E

N° 723. D M S   N° 724. D M S
    P OPPIVS P   Q SACIVS FILI
    VA XV   VS VICTOR
    H S E   PIVS VIXIT
            ANNIS LV
             H S E

A quelques centaines de mètres d'Aïn Trabe, on voit des restes d'un mausolée de grande dimension. La partie antérieure se compose d'une vaste salle carrée mesurant environ huit mètres de côté, et dont les soubassements sont en pierre de taille. A l'un des angles s'élève encore l'une des piles en blocage qui soutenaient le poids de la voûte. En arrière règne un couloir long et étroit, couvert d'une succession de voûtes d'arêtes d'un assez bel effet. Dans la muraille sont percées de nombreuses niches destinées à recevoir les urnes funéraires. Cette construction supportait un autre étage fait dè blocage, et composé d'une série d'arceaux. (Fig. 3.)

Mausolée près d'Aïn Trabe.

Revenons à Bir el Afou, pour y reprendre la voie romaine où nous l'avons laissée, et continuer à la suivre dans la direction de l'ouest. Après avoir gagné le fond de la vallée, elle côtoie la rive de l'oued Arko. Sa chaussée est restée presque intacte. Elle traverse les ruines appelées Henchir Aïn Ouasseul où j'ai relevé trois inscriptions funéraires.

N° 725. DMS	N° 726. DMS	N° 727. DMS
Q N V M I S I V S	SEXT·MAN	A. EDILIVS
CF · ARN · COLO	LIVS FOR	FELIX PIVS
HELVACIANVS	TVNATVS	VIX AN
P · V · A XIII	VA L X X	NIS SEX
H S E	H S E	H S E

Dans l'épitaphe n° 725, les mots *Colo Helvacianus* qui suivent l'indication de la tribu me paraissent être plutôt une désignation d'origine qu'un double cognomen. On remarquera encore que les habitants de cette région qui avaient le droit de cité étaient incrits dans la tribu Arniensis, ainsi qu'on l'a pu voir dans plusieurs des inscriptions précédemment reproduites.

Voici deux autres épitaphes copiées à Henchir Guennara, ruine qui se trouve *non loin de là*, sur le versant du Djebel Hammoum.

N° 728. D M S	N° 729. D M S
ARIVS P O	GEMINA L FILI
P I N I V S	A CARCELINA
PVA LXXIII	VA X X X V I
H S E	H S E

La voie romaine passe ensuite au pied d'un mamelon isolé, couvert de ruines auxquelles de nombreuses citernes étagées les unes au dessus des autres ont fait donner le nom d'Henchir Douameus (la ruine des citernes) (pl. VI).

Il est couronné par un plateau assez étendu, en partie couvert de cactus, au sud duquel s'élève la Djemaa Sidi Messaoud, et tout près, un *bordj* arabe construit en partie sur les voûtes de vastes citernes. La partie septentrionale de ce plateau est entourée par les murs en partie détruits d'une citadelle; sa face nord a seule conservé ses tours carrées à demi rasées, ainsi que les vestiges d'une porte. Au pied, à la tête d'une vallée se dirigeant vers l'extrémité du Gorrâ, on voit un petit amphithéâtre. En face, de l'autre côté du col qui aboutit à la vallée dont nous venons de parler, les murs d'un édifice assez vaste

HENCHIR DOUAMEUS. — UCI MAJUS.

construit en pierre de taille. Deux mausolées a demi renversés s'élèvent sur les pentes qui descendent de la ville.

C'est là tout ce qui est demeuré de la *Colonia Mariana Augusta Alexandriana Uchitanorum Majorum*, dont une inscription trouvée en 1882, par M. le docteur Balthazar nous a fait connaître les noms.

C'était l'un des quinze « *oppida civium Romanorum* » énumérés par Pline[1]. Son surnom de *Mariana* indique qu'elle doit son origine à ces distributions de terres prélevées sur celles de l'ancienne province d'Afrique, faites aux vétérans de Marius, après la guerre contre Jugurtha, en vertu d'une loi proposée par L. Appuleius Saturninus[2]. Elle était donc comprise dans les limites de l'ancienne Province, c'est pourquoi la correction proposée à la liste de Ptolémée (4, 3, 29), par Morcelli qui veut qu'au lieu de οὔχιϭι, on lise à cet endroit οὔχι.ϭ., c'est-à-dire « les deux Uchi », doit être rejetée. Cette liste ne comprend que les villes de la Numidie.

Les surnoms d'*Augusta* et d'*Alexandriana* montrent qu'elle reçut de nouvelles colonies sous les règnes d'Auguste et d'Alexandre Sévère. Plusieurs évêques d'Uci sont mentionnés par les auteurs sacrés.

Une dédicace à la Concorde, que nous reproduirons tout à l'heure, nous apprend que la *civitas Bencennensis*, dont l'évêque assistait au concile de l'an 411, était voisine d'Uchi, et que l'empereur Sévère Alexandre lui accorda la faveur de se réunir à cette ville et de prendre son nom.

Outre les textes inédits que nous avons trouvés dans les ruines d'Uchi nous donnerons de nouveau les cinq inscriptions découvertes par M. de Balthazar, parce que, à l'exception d'une seule, mes copies diffèrent des siennes, telles du moins qu'elles ont été publiées par M. Tissot, soit dans les Archives des Missions, soit dans le bulletin épigraphique de la Gaule.

N° 730. Cippe de pierre calcaire, haut de 1ᵐ 50, large de 0ᵐ 55, lettres de 0ᵐ 05. Brisé en deux parties.

1. Pl., *Hist. nat.*, V, 4, 4.

2. Aurel. Victor, *De viris illustribus*, 73 : L. Appuleius Saturninus..... ut gratiam Marianorum militum pararét, legem tulit ut veteranis centena agri jugera in Africam dividerentur. » Cent *jugera* équivalent à environ 25 hectares.

CONCORDIAE AVG SACR*um*
PRO SALVTE IMP CAES DIVI SEPTIM*i*
Severi pii FELICIS NEPOTIS DIVI
magni ANTONINI PII *filii*
M. *Aureli Severi* ALEXANDRI
pii felicis Augusti PONT
max trib pot VIIII COSIII ////// (*a 230*)
p. p. . . . . QVOD INDVLGEN
tia eius . . . . COLONIA
ALEXAN*driana* AVGVSTA VCHI
MAIVS . . . . *h*ONORATAQ EST
ORDO CIV*ita*TIS BENCENN*Ensis*
STATVAM CONCORDIAE PERPETVAE
DEDIT ET DEDICAVIT

N° 731. Cippe. Hauteur 1ᵐ 40, largeur 0ᵐ 45, lettres de 0ᵐ 065.

MARCIO HONO
RATO FABIANO
EQ · R · E · M · V///
CIVI ET PATRONO
RESPVBLICA COLO
NIAE MARIANAE AV
GVSTAE ALEXANDRIA/
AE VCHITANORVM
MAIORVM
DD PP

N° 732. Cippe. Hauteur 1ᵐ 30, largeur 0ᵐ 50, lettres de 0ᵐ 06.

IMP CAES L DO
MITIO AVRELIANO
PIO FELICI AVG PON
TIFICI MAX TRIB////
PP PROCOS RESPV
BLICA COL MARIANAE
AVG ALEXANDRIA/AE
VCHITA MAIORVM
DEVOTA NVMINI
MAIESTATIQVE EIVS DD PP

N° 733. Cippe de 1ᵐ 20 de haut sur 0ᵐ 45 de large.

```
      D D  NN  FLAVIO
      VALENTE   VICTO
      RI  AC  TRIVMFA
      TORI  SEMPER
       A  V  G  V  S  T  O
      RP  COL  VCHI
      TANORVM  MA
      IORVM  DEVO
            TA
```

N° 734. Cippe. Hauteur 0ᵐ 80, largeur 0ᵐ 48, lettres de 0ᵐ 05.

```
//////  MINO · TRIVMFI · LI
BERTATIS·ET·NOSTRO
RESTITVTORI·INVIC
TIS·LABORIBVS·SVIS
PRIVATORVM · ET
PVBLICAE·SALVTIS
C·FLAVIO · VALERIO
CONSTANTINO · PER
PETVO·SEMPER·AVG·R·P
COL · V · M · DEVOTORVM
NVMINI · MAIESTATI
QVE  EIVS  IN  AETERNVM
```

N° 735. Cippe de pierre calcaire.

```
      M  ATTIO
      CORNELIANO
   PRAEFECTO  PRAE
   TORIO EMINENTISSIMO
   VIRO  CIVI  ET  PATRONO
   OB  INCOMPARABILEM
   ERGA  PATRIAM  ET  CIVES
   AMOREM  RESPVBLICA
   COLONIAE  MARIANAE  AV
   GVSTAE  ALEXANDRIANAE
   VCHITANORVM  MAIORVM
```

Cette inscription ajoute un nom nouveau à la liste des préfets du prétoire, celui de Marcius Attius Cornelianus, citoyen d'Uchi et patron de cette ville. On ne sait à quelle époque il exerça cette magistrature, mais ce ne fut certainement pas avant le règne de Sévère Alexandre, puisque dans notre dédicace la colonie d'Uchi porte le surnom d'Alexandriana.

N° 736. Fragment de frise. Longueur 0ᵐ 80, hauteur 0ᵐ 60, lettres de 0ᵐ 18.

DIVI

N° 737. Morceau de frise. Longueur 1ᵐ 50, hauteur 0ᵐ 55, lettres de 0ᵐ 06.

```
AESCVLAPIO    AVGVSTO    SAC///////
L·SOLLONIVS·P·F·ARN·LVPVS·MARIANus
CONTVLIT·ET·IN·PATRIA SVA OMNibus honoribus functus
[opere]  QVADRATO  SVA  PECVNIA  FECIT
```

Ce texte intéressant rappelle la construction d'une muraille en pierres de taille appareillées, le mur d'enceinte de la ville sans doute. Lucius Sollonius Lupus Marianus, citoyen romain inscrit dans la tribu Arniensis, qui la fit élever à ses frais, était très probablement un des vétérans de Marius, comme son surnom de *Marianus* semble l'indiquer. Cette inscription daterait donc de l'époque où la ville fut fortifiée, c'est-à-dire du commencement du premier siècle avant notre ère, ce que la forme archaïque des caractères qui la composent tend du reste à confirmer.

La face opposée de ce morceau d'architrave porte un autre fragment d'inscription ; le voici :

N° 738. Lettres de 0ᵐ 11 à la première ligne et de 0ᵐ 08 aux suivantes.

```
LIBERORVM
DEM·PRAEF·I·D·QVIN//////
VS PATER·EIVS·SVO·ET·MAR
et ob dedicatIONEM·FRVMENTVM·DEDIT
```

Près de la Djemaa de Sidi Messaoud, dans les ruines d'un édifice adossé au mur d'enceinte de la ville. Environ 0ᵐ 40 de haut sur 0ᵐ 60 de long.

N° 739. SALVTI AVG SACRVM
C·PACVVIVS·C·F·FELIX SVO ET

TVLLIAE PRIMVLAE VXORIS SVAE

nomine FECIT·ITEMQVE DEDI*cavit*

N° 740. Fragment de frise. Hauteur 0^m 50, longueur 0^m 60, lettres de 0^m 05.

SALVIS DD NN V/

FVRIVS VICTOR

N° 741. Cippe. Hauteur 0^m 65, largeur 0^m 40, lettres de 0^m 40. Fruste.

SEDIBVS *ae*TERNIS

////EIVS///ISAVIT

//////IVS////MORE

//C//ME//ETPIETA

///AM////LONGOV

///OB MERITA EVC

//////// BONI FATI

//////////// SENIS

N° 742.	DMS		N° 743.	DMS
	MATINIVS			FADIA ROGA
	Q FILIVS AR			TA VIXIT
	NIENSIS FELIX			ANNIS LXXX
	PIVS VIXIT			HSE
	ANNIS XI			
	HSE			

N° 744.	DMS		N° 745.	DMS
	T MAEVI			L·MAEVIVS
	VS SILVA			HONORATVS
	NVS VI			VIXIT ANNL
	XIT ANNIS			HSE

Ces quatre inscriptions proviennent d'un cimetière situé au sud de la ville, entre celle-ci et l'oued Arko.

A Henchir Ghrar Biod sur le bord de l'oued Arko qui porte à cet endroit le nom d'O. Biod.

N° 746   N° 747   D M S

QVINTVLA   DAMPHIVS
P V A   X C   FORTVNATVS
H S E   PIVS VIXIT AN
                                      NIS XVIII
                                      H S E

Dougga (*Thugga*).

Les ruines de Thugga, aujourd'hui en partie couvertes par les constructions du village arabe de Dougga, couronnent l'une des collines qui bordent au nord la vallée de l'Oued Kralled, à environ huit kilomètres au sud-ouest de Teboursouk. Une voie romaine, dont la chaussée subsiste encore en plusieurs endroits, réunissait les deux villes.

Ces ruines ont été souvent visitées, un grand nombre de voyageurs les ont décrites, et M. Guérin, dans son voyage en Tunisie, leur consacre un chapitre à l'exactitude duquel il n'y a rien à reprendre et auquel il reste peu à ajouter. Nous nous contenterons donc de reproduire ici les notes que M. Henri Saladin, architecte chargé d'une mission en Tunisie, a bien voulu rédiger à notre prière pour accompagner les gravures qui représentent les deux principaux monuments de Dougga.

Le temple de Jupiter et de Minerve (pl. VIII et IX.)

« Le temple de Dougga, élevé en l'honneur d'Antonin le Pieux et de Lucius Verus par Lucius Marcius Simplex Regillianus et par Lucius Marcius Simplex, flamine perpétuel et patron de la cité, est un tétrastyle prostyle corinthien. Il mesure 14^m 30 de longueur sur 10^m 60 de largeur. Le fronton, intact, a son tympan décoré d'un haut relief représentant un aigle qui enlève une figure nue[1]. » — Cette scène allégorique, où M. Guérin a cru voir l'enlèvement de Ganymède, me semble plutôt représenter la *consecratio* ou apothéose d'un empereur.

---

1. Voyez Rich, *Dictionnaire des Antiquités*, l'art. *consecratio* avec la figure d'un bas-relief de l'arc de Titus où l'on voit cet empereur enlevé par un aigle.

TUNISIE.

DOUGGA. — (THUGGA.) Le temple de Jupiter et de Minerve.

TUNISIE.

DOUGGA. — (THUGGA.) Le temple de Jupiter et de Minerve.

» Quoique la frise de l'entablement paraisse un peu trop haute pour la proportion de l'ordre, néanmoins cet ensemble est le morceau d'architecture romaine le plus remarquable qui subsiste encore en Tunisie. La corniche est d'un beau caractère, et fort bien traitée, les architraves sont décorées de soffites simples et les chapiteaux sont très élégants ; les angles des tailloirs sont bien dégagés et les feuillages sont modelés avec beaucoup d'élégance ; les colonnes sont cannelées dans toute leur hauteur et faiblement galbées.

» La porte sur laquelle se lit l'inscription est à crossettes et son chambranle subsiste en entier, quoique tout le mur de la cella soit détruit de ce côté ; cette partie est assez bien exécutée, quoique la mouluration soit un peu lourde.

» En somme, on juge, d'après les vues présentées ici, de tout l'intérêt que présente ce temple. Il faut donc que sa conservation soit assurée par tous les moyens possibles, l'état actuel l'expose à des dégradations et à la ruine. Il faudrait pouvoir dégager ces restes des murs arabes qui les encombrent et isoler cet ensemble dans une enceinte fermée où il serait à l'abri de toute dégradation. »

Arc de triomphe (pl. X).

« Cet édifice, analogue à l'arc de Makteur comme ordonnance, se compose d'un grand arc accosté de deux pilastres de chaque côté, pilastres qui comprennent une niche entre deux ; cette niche, au lieu d'être comme à Makteur sous l'imposte de l'arc, se trouve ici au dessus ; les pilastres, dont la base repose sur une plinthe décorée d'un cadre, sont cannelés et les cannelures, jusqu'au tiers, remplies par des baguettes. L'arc n'a pas d'archivolte, mais une simple moulure sur l'arête. A la hauteur des chapiteaux règne au dessus de l'arc une sorte de bandeau décoré de losanges et de médaillons en très bas-reliefs. Ce monument, d'un caractère très fin comme décoration a perdu son couronnement. »

Cirque.

Sur le plateau qui domine Dougga, on voit les traces d'une vaste enceinte ayant la forme d'un parallélogramme très allongé

dont une extrémité est arrondie en hémicycle. A l'autre extrémité s'élevait un édicule rond, bâti en pierres soigneusement
appareillées et entouré de colonnes. Il est aujourd'hui entièrement renversé, et il faut chercher parmi les blocs gisant sur le
sol les fragments de la longue inscription gravée sur sa frise.
Cette inscription a été relevée par M. le lieutenant Boyé, qui a
bien voulu me la communiquer. Je n'ai pu contrôler sa copie qui
présente trop de lacunes et d'incertitudes pour que l'on puisse
en essayer la restitution, car la face des blocs qui porte l'inscription était tournée vers le sol et leur poids trop considérable
empêchait de les retourner.

La hauteur des lettres est de 0^m 12 à la première ligne, et de
0^m 11 à la seconde.

N° 748.　Long., 0^m 80.

ALEXAND·PII·FE
PVLO PROMISE

N° 750.　Long., 1 mètre.

IIROSPPEIIVIRACS
NSTITOIITAIAEBVTI

N° 752.　Long., 1 mètre.

Q DIVIN DOMEOR
EDFIESSPEET·DED

N° 749.　Long., 1 mètre.

L·AVG·PONT·MAXTRI
RVNT PIA BONIVSI

N. 751.　Long., 0^m 70.

AVG PATRI
h. ONORATVS

Aqueduc.

L'aqueduc qui alimentait Dougga est remarquable par sa longueur et ses dimensions. Il prend naissance au nord de Sidi
Abd er Rebbou, et on peut presque partout suivre sa trace sur un
parcours de cinq à six kilomètres. On rencontre trois séries
d'arcades dont il ne reste plus que les piliers bâtis en pierre de
grand appareil. A un kilomètre environ de Dougga, une autre
série d'arcades, construites cette fois en petit appareil, s'est conservée presque intacte. Les voûtes les plus hautes sont à environ
sept mètres du sol. Elles portent un canal voûté fait en blocage
mesurant 0^m 50 de largeur sur 0^m 85 de hauteur. Ses murailles

sont épaisses de 0ᵐ 25. Dans la partie souterraine qui est
visible un peu plus loin, il existe de distance en distance des
regards en forme de cheminée dépassant parfois le sol de plus
d'un mètre. Le diamètre intérieur de ces cheminées est de
1ᵐ 12, de distance en distance (environ 0ᵐ 40), des trous pra-
tiqués dans la maçonnerie permettaient d'y descendre aisément.
Ces renseignements très précis m'ont été fournis par le docteur
Darré.

Inscriptions.

N° 753. Sur trois blocs calcaires de 0ᵐ 48 de hauteur, brisés
à la partie inférieure ; longueur du 1ᵉʳ bloc, 0ᵐ 97 ; du 2ᵉ,
0ᵐ 75 ; du 3ᵉ, 1 mètre ; lettres de 0ᵐ 08 à la 1ʳᵉ ligne, et de
0ᵐ 07 aux suivantes :

1.	2.	3.
PRO SALVTE IMP·C	A·E S A R I S T R A I	ANI HADRIAN*i aug*
PATRONVS PAGI ET	C I V I T A T I S M GA	BINIVS QVIR BASS*us*
SOLO SVO AFVNDAM	ENTIS SVA PECVN	IA STRVXERVNT IN QV
MVLTIPLICATA PEC C	O N S V M M A V E R V	NT ITEMQ DED CVRA

N° 754. Fragment inédit de l'inscription publiée au Corpus,
sous le n° 150.

SOLO PRIVATO DEDICAVE

N° 755. Hauteur, 0ᵐ 65 ; longueur, 1ᵐ 60 ; lettres de 0ᵐ 12.

*c*AELESTI AVG SAC*rum*
*pro sal*VTE IMP CAES·M·AVR *eli*
severi ALEXANDRI PII FELICIS *aug*

Voici quelques inscriptions qui m'ont été communiquées par
M. le lieutenant Boyé et par M. Espérandieu :

<table>
<tr><td>N° 756.</td><td>D M S</td><td>N° 757.</td><td>D M S</td></tr>
<tr><td></td><td>G R A N I V S</td><td></td><td>CASSIA·I·A·NV</td></tr>
<tr><td></td><td>F O R T V N I</td><td></td><td>ARIA·PIA·XIX·</td></tr>
<tr><td></td><td>V S V I X I T</td><td></td><td>ANNIS·LXXV</td></tr>
<tr><td></td><td>ANNIS LXIII</td><td></td><td>H S E</td></tr>
<tr><td></td><td>H S E</td><td></td><td>O·B·Q·S·T·T·L</td></tr>
</table>

N° 758.

    ·D M S
    PACVVIVS
    PRIMITIVS
    P·V·ALXXX
       H S E

N° 759.

    D M S
    P A C V V I
    V S S A T V
    RVS P·V·A
    L X X X V
       H S E

N° 760.

    D M S
    F V R I A
    FAVSTIN
    αVALXXX
    XV HSE

N° 761.

    D M S
    /////ELIVS
    F O R T V N
    ATVSPVA
    LXXXVII
       H S E

J. POINSSOT.

MUSÉE ARCHÉOLOGIQUE

NUMISMATIQUE

§ 2. — MÉDAILLES IMPÉRIALES

crispe (créé César en 317, mort en 326).

404. CRISPVS NOB. CAES. Sa tête laurée à droite.

℞. CAESARVM NOSTRORVM autour d'une couronne de laurier, dans laquelle on lit VOT. V. surmonté d'un point; à l'exergue T. croissant B. — P. B. Don de M. de Foulques.

405. CRISPVS NOB. CAES. Son buste lauré à droite, avec le manteau et la cuirasse.

℞. BEATA TRANQVILLITAS. Cippe sur lequel on lit VOTIS XX; dans le champ, C. R.; à l'exergue P. — P. B. Don du même.

constantin II (a régné de 337 à 340).

406. CONSTANTINVS IVN. N. Son buste lauré à gauche.

℞. BEATA TRANQVILLITAS. Autel surmonté d'un globe au dessus duquel sont trois étoiles; sur l'autel VOTIS XX; à l'exergue PLON. — P. B. Don du même.

407. CONSTANTINVS IVN. NOB. C. Son buste lauré à droite, avec le paludamentum et la cuirasse.

℞. GLORIA EXERCITVS. Deux soldats debout en regard, tenant chacun une haste et appuyés sur leur bouclier; entre eux deux enseignes militaires; à l'exergue R. F. S. — P. B. Don du même.

408. Même médaille (fruste). Don du même.

CONSTANT I (a régné de 337 à 350).

409. DN. CONSTANS P. F. AVG. Son buste diadémé à droite avec le paludamentum.

℞. FEL. TEMP. REPARATIO. Phénix radié debout à droite sur un globe; à l'exergue T. H. P. — P. B. Don du même.

410. DN. CONSTANS P. F. AVG. Sa tête diadémée à droite.

℞. VOT. XX MVLT. XXX dans une couronne de laurier, — P. B. Don du même.

411. CONSTANS P. F. AVG. Son buste diadémé à droite avec le paludamentum.

℞. GLORIA EXERCITVS. Deux soldats debout se regardant, tenant chacun une haste renversée et s'appuyant sur un bouclier; entre eux une enseigne militaire; à l'exergue TRP. — P. B. Don du même.

412. Même médaille. — P. B. Don du même.

413. Même tête et même légende.

℞. VICTORIAE DD. AVGG. Q. NN. Deux Victoires marchant en face l'une de l'autre et tenant une couronne; à l'exergue MSIS. — P. B. Don du même.

414. Même médaille; dans le champ, une étoile; à l'exergue TDR. — P. B. Don du même.

415. Même médaille, mais pas d'étoile dans le champ; Exergue brisée. — P. B. Don de M. Delpoux.

416. FL. IVL. CONSTANS NOB. C. Son buste lauré à droite avec le paludamentum.

℞. GLORIA EXERCITVS. Deux soldats casqués debout se regardant, tenant chacun une haste renversée et s'appuyant sur un bouclier; entre eux deux enseignes militaires. — P. B. Don du même.

417. Même médaille. Don du même.

CONSTANCE II (créé César en 323, mort en 361).

418. DN. CONSTANTIVS P. F. AVG. Son buste diadémé à droite.

℞..... REPARATIO. Soldat en fureur debout à gauche, tenant un bouclier, perçant de sa haste et poussant du pied un ennemi tombé par dessus son cheval; à terre un bouclier. — P. B. Don de M. de Foulques.

419. CONSTANTIVS P. F. AVG. Son buste lauré à droite avec le paludamentum.

℞. GLORIA EXERCITVS. Deux soldats casqués debout en face l'un de l'autre, tenant chacun une haste et appuyés sur un bouclier; entre eux une enseigne militaire; à l'exergue AQR. — P. B. Don du même.

420. Même médaille. Don du même.

421. Même médaille. Don du même.

422. Même médaille. Don du même.

423. Même tête et même légende.

℞. Même revers, seulement entre les soldats, deux enseignes. Don du même.

424. Même médaille. Don du même.

425. Même médaille. Don du même.

426. CONSTANTIVS.... Son buste diadémé à droite avec le paludamentum.

℞. VICTORIAE DD. ÁVGG. Q. NN. Deux Victoires debout en face l'une de l'autre, tenant chacune une couronne. — P. B. Don du même.

427. .... CONSTANTIVS NOBIL. CAES. Son buste lauré à droite avec le paludamentum.

℞. GENIO POPVLI ROMANI. Génie tourelé debout à gauche, tenant une couronne et une corne d'abondance. — M. B. Don du même.

L. DEMAEGHT.

CHRONIQUE

Séance du 27 juin. — M. Héron de Villefosse communique le texte d'une inscription découverte à Macteur par M. Letaille, et que l'on trouvera page 345 du 2ᵉ volume de notre Bulletin, sous le nº 605.

Séance du 18 juillet. — M. Héron de Villefosse communique une inscription trouvée à Djama (Tunisie) par M. Letaille. (Voir notre Bulletin, t. II, page 352, nº 610.)

Séance du 1ᵉʳ août. — M. Héron de Villefosse communique deux inscriptions trouvées à Sbeitla par M. le lieutenant Boyé. Ce sont celles que nous avons publiées t. II, pages 358-359, sous les nᵒˢ 620 et 621.

Séance du 29 août. — M. Héron de Villefosse rend compte d'un nouvel envoi d'inscriptions latines trouvées à Sbeitla par M. le lieutenant Boyé. Voici les plus intéressantes :

No 762 . . . .   No 763 IMP · CAES
. . . . NO COS·C·V·   MANTONIO
cur. *aq* VARVM·ET·MINI   N et I liés   GORDIANO
ciae · Et· ALVEI · TIBERIS   INVICTOPIO
*cu*R· ALIMENTORVM   FELICIAVG
xv·VIRO· S· F· X· VIRO   TRIB·P·IICOS·P.P
*u*RBIS · ROMAE· LEG · NV   D·D·P·P
MIDIAE · PRAET · VRBANO   AN liés.
CANDIDATO   ·   QVAESTORI   AE liés.
ALLECTO · IN PATRICIAS
A·A·A·F·F·SEVIRO·TVRMAE   VR et MAE liés
E·E·Q Q·R·R· PATRONO PER
PETVO · AELIVS FELIX · ET
FABIVS DONATVLVS·

Deux inscriptions honorifiques érigées par *l'ordo* et les *curiae* de Sufetula.

No 764 M·MAGNIO
SEVERO·FL·PP
CIVI INCOM
PARABILI
OB MERITA
SPLENDIDISSI
M VS· ORDO
SVFETVLEN SIS
D·D·P·P·

No 765 L·RASINIO·L·FIL·QVIR·SATVRNINO
MAXIMIANO AEDIL·IIVIRO Q Q
OB SINGVLAREM MORVM EIVS
EXEMPLVM· ET IN VTROQVE HONO
RIS GRADV FIDAM CLEMENTIAM
FILIORVMQVE EIVS SACERDOTI EDI
TIONEM· LVDORVM· ET ADSIDVAM
ERGA SINGVLOS CIVES SVOS
LIBERALITATEM VNIVERSVS PO
PVLVS CVRIARVM TESTIMO
NIVM GRATIARVM SVARVM
PERPETVVM POSVIT IDEMQVE
DEDICAVIT

Séance du 31 octobre. — M. S. Reinach lit un mémoire sur les fouilles exécutées à Carthage par MM. S. Reinach et E. Babelon aux mois de mars et avril 1884. Entravées par le mauvais vouloir des propriétaires qui réclamaient des indemnités énormes, ces fouilles n'ont pu être exécutées que grâce à la libéralité de Mgr Lavigerie qui a mis ses terrains à la disposition des explorateurs. On a trouvé des stèles funéraires dont plusieurs portent des noms de suffètes, des lampes, des masques, etc. Le principal résultat a consisté dans la découverte de nombreuses substructions, qui permettent d'établir que la Carthage primitive existe encore sous le sol, à une profondeur de 5 à 8 mètres.

CORRESPONDANCE

M. Roy nous adresse une inscription dont la copie lui a été communiquée par M. Guinet, officier attaché au service des bureaux arabes de Tunisie. Elle a été trouvée à Ksar Oghrab, chez les Ouargha, tribu qui occupe la région montagneuse située à l'ouest du Kef, entre la rive gauche de l'Oued Mellègue et la frontière algérienne.

No 766 SALVIS BVSTOCHIS
CC VV
CRESC ET MAGNA
SECVNDVM VOTA
EVGRAFIORVM

M. le commandeur de Rossi, avec sa bienveillance accoutumée, nous a fait l'honneur de nous adresser de précieuses observations qui seront le meilleur commentaire de ce texte intéressant. Nous le prions de vouloir bien en agréer tous nos remerciements et nous permettre de reproduire sa lettre :

Monsieur,

« Je suis très heureux de la belle découverte d'une inscription qui jette de la lumière sur un point traité par moi-même « ex professo » en 1877. Dans un mémoire sur *les collèges familiers et leurs dénominations*, j'ai interprété en ce sens les génitifs pluriels qui se lisent dans plusieurs inscriptions et qui n'ont point de rapport avec les noms légitimes des personnes mentionnées dans le *titulus*. Ainsi j'ai prouvé qu'un *Aurelius Vitalis* appartenait au collège familier appelé *Syncratiorum*. De même on trouve *Eusebiorum*, *Pelagiorum*, et autres noms semblables sans rapport avec le gentilicium et le cognomen des personnes visées par l'inscription. Appliquant cette doctrine (développée dans le volume des commentaires in honorem Th. Mommseni), à la nouvelle inscription que vous voulez bien me communiquer, je crois devoir l'interpréter de la manière suivante :

Salvis Eustochi(i)s, c(larissimis) v(iris), Cresc(ens ou Crescentius) et Magna (leurs clients ou leurs affranchis) *secundum vota Eugraphiorum* (collège familier de la *familia* des Eustochii.

Quel genre de *donarium* ou de monument avait été dédié *secundum vota Eugraphiorum ?* Je ne puis le conjecturer sans connaître les détails du lieu de la découverte, la forme du titulus, etc.

Quant à la famille des Eustochii, elle est difficile à déterminer. Au ive et au ve siècles les *cognomina* et les *agnomina* grecs comme SYMMACHORVM, NICOMACHORVM prirent la place des gentilicia. Il est donc clair que le cognomen *Eustochius* et (*Eustochium*) devint un nom de famille ; votre inscription le prouve clairement. Ces Eustochii sont-ils les mêmes que ceux dont nous connaissons les dignités au ive et au ve siècles ? (Cf. de Vit Onomasticon, *Eustochius*.) Cela est à peu près certain. Sont-ils les mêmes que les *Julii* auxquels appartenait la célèbre Eustochium chrétienne ? C'est très douteux. Il est possible que *Eustochium* soit un *agnomen* personnel sans rapport avec la famille.

Veuillez, etc.

J.-B. de ROSSI.

M. Roy fait exécuter en ce moment des fouilles dans un terrain qu'il a acquis dans l'enceinte même de la ville de Kef. Ces fouilles ont déjà amené la découverte de plusieurs statues en marbre, remarquables par leurs grandes dimensions. Elles ont mis à jour le péristyle d'un vaste édifice, et produit un grand nombre d'objets intéressants. Les résultats de ces recherches devant être publiés par M. Roy lui-même, dans un de nos prochains numéros, nous n'insisterons pas aujourd'hui sur cette trouvaille.

On annonce la vente prochaine de la magnifique collection de monnaies des Trois-Evêchés qui était exposée au palais du Trocadéro en 1878.

Cette collection a été formée par M. Ch. Robert. Elle comprend la série presque complète des monnaies frappées, soit à l'époque carlovingienne, soit sous les évêques, dans les villes de Metz, Toul et Verdun, ainsi que celles des monnaies municipales et échevinales de la cité de Metz. C'est une réunion unique de pièces rares et précieuses constituant un ensemble de documents du plus haut intérêt pour l'histoire de la province de Lorraine. Il est infiniment regrettable de la voir disperser. Un catalogue actuellement sous presse contiendra la description et la reproduction des pièces principales de cette collection. Quant à la vente, elle aura lieu au mois d'avril prochain.

Le R. P. Delattre, qui poursuit avec tant de zèle l'exploration de Carthage, veut bien nous communiquer l'inscription suivante qu'il a récemment découverte dans ses ruines.

N° 767 RESTITVTVS
INPACE VIC
XITANNVIN/
// VENIV ////

Voici quelques inscriptions recueillies dans la subdivision du Kef, par M. Troupel, lieutenant au 122e régiment de ligne.

N° 768. A Haïch Zakouli, cercle des Hammadas, dans le mur d'une maison arabe.

DMS
AELIVS
VICTORIAN
VSVIXITAN
NIS XXXI
M. X

Au pont Romain (route de Kef à Tunis).

N° 769. DMS	N° 770. DMS	N° 771. ANTONIVS
MARCELLI	CARTILLIA	PF QVIR
NVS LIVIA	C·F //////	//////////////
NVS PIVS	V·R //////	NVSVIXITAN
VIXIT	PIA VIXIT	NIS //// HSE
ANNIS	ANN ////	
////VIII	HSE	
HSE		

M. le docteur Darré nous communique une inscription trouvée au camp nord de Teboursouk. Elle présente un exemple de longévité remarquable.

N° 772. FORTVNATA
CAECILIA PIA
VAN·CX

M. Espérandieu, lieutenant au 17e de ligne, nous communique une inscription gravée sur une borne milliaire de la voie de Tacape à Theveste, qu'il a copiée à Ras el Oued, en 1882.

N° 773.   IMP· CAES· VALE *rio*
DIOCLETIANO·P·F·IN V
ICTO *Aug* P·M·TRIB
*p*OTEST·COS P· P·
*pr*OCOS P·P·P·R
ET·IMP·CAES·*aure*
LIO·VALERIO·MAXI
MIANO·P·F·IN*victo*
AVG·P·M·TRIB PO*test*
COS·P·P· PROCOS TAC
PVBA
A TACAPA
ME̱A VI

BIBLIOGRAPHIE

E. Ferrero. — *Iscrizioni e ricerche nuove intorno all' ordinamento delle armate dell imperio Romano.* In-4° de 88 p. Turin, Loescher.

On connaît l'excellent livre que M. Ferrero a publié sur l'organisation de la flotte romaine. Ce livre, œuvre de vaste érudition et de pénétrante critique, a immédiatement placé son auteur parmi les principales autorités de la science, et l'étude de la flotte romaine est devenue pour ainsi dire son domaine et sa chose. C'est pourquoi il a voulu tenir son ouvrage au courant de toutes les découvertes récentes, discuter toutes les opinions nouvelles, et l'ouvrage que nous annonçons est le résultat de ses continuelles recherches. C'est un supplément du volume paru en 1878.

On se rendra compte de son importance en considérant qu'il contient 150 nouvelles inscriptions relatives aux flottes diverses de l'Empire. L'Afrique y a sa part, comme du reste on pouvait le pressentir après la lecture de l'étude que nous avons publiée l'année dernière.

Je noterai seulement un point, qui a son importance parce qu'il complète ce qui a été dit plus haut à propos de l'étude de M. Mispoulet sur le mariage des soldats romains.

Cet auteur avait remarqué, à partir du règne de Caracalla, une modification dans la formule de certains diplômes militaires : *imperatores... ipsis filiisque eorum quos susceperint* EX MULIERIBUS *quas secum concessa consuetudine vixisse probaverint civitatem romanam dederunt et connubium cum iisdem quas tunc secum habuissent, cum est civitas iis data, aut signi tunc non habuissent cum is quas postea uxores duxissent duntaxat singuli singulas.* M. Mispoulet estime qu'il s'agit ici « de ces concubines appelées *focariae* (ménagères) mentionnées par les recueils juridiques et par les inscriptions. »

Cette explication, il faut bien en convenir, n'explique rien et l'auteur finit par le reconnaître en disant : « Il ne faut pas attacher trop d'importance à ce changement, et je ne vois aucune bonne raison pour retarder jusqu'à cette époque l'application du *connubium* à pareille hypothèse. »

M. Ferrero relève ces derniers mots et fait remarquer de la façon la plus ingénieuse que le changement dans la formule a une grande importance. Les diplômes dont s'agit se réfèrent aux soldats de la flotte et leurs expressions seraient la conséquence des modifications opérées dans la condition des *classiarii*. Pendant les deux premiers siècles, il n'y avait pas de distinction à faire entre eux au point de vue des femmes avec lesquelles ils vivaient, puisqu'ils n'étaient jamais citoyens. Mais au temps de Caracalla, les *classiarii* ayant le droit de cité sont plus nombreux. De là des distinctions qu'implique le texte cité plus haut.

Si le soldat citoyen s'est uni par *justae nuptiae* en concubinat à une citoyenne, il n'a que faire des privilèges du diplôme. Aussi celui-ci ne vise-t-il pas cette hypothèse. S'il a contracté un concubinat avec une pérégrine, le diplôme leur accorde le *connubium*, grâce auquel il pourra transformer son union en *justae nuptiae*. C'est à cette situation que font allusion les premiers mots relatifs aux enfants issus *ex mulieribus quas secum concessa consuetudine vixisse probaverint.* — Restent les soldats non citoyens : ce sont eux qui sont visés par la dernière partie de la formule : *connubium (dederunt imperatores) cum iisdem quas tunc secum habuissent cum est civitas iis data.*

Cette explication de M. Ferrero nous parait bien plus que les autres se rapprocher de la vérité.

E. BORMANN. — *Bemerkungen zum schriftlichen Nachlasse des Kaisers Augustus.* Marburg, 1884.

L'auteur commence par faire l'histoire du texte d'Ancyre, et raconte comment on est arrivé peu à peu à le reconstituer en grande partie. Il se demande ensuite quelle est exactement la valeur historique de ce document, s'il n'est qu'un simple exposé des actes principaux d'Auguste, un *elogium*, ou si l'empereur ne se proposait pas un but plus élevé d'ordre politique. Il se demande aussi s'il fut rédigé longtemps avant la mort de son auteur, et enfin passe successivement en revue les divers chapitres qu'il contient.

La dissertation de M. Bormann se termine par quelques observations sur le second ouvrage d'Auguste, qui nous est connu par un passage célèbre, où Pline le naturaliste déclare le suivre pour la description de l'Italie.

M. R. DE LA BLANCHÈRE. *De Rege Juba, Regis Jubae filio*. Paris, Thorin, 1883.

M. de la B. a pris pour sujet de sa thèse l'étude du rôle politique et historique du roi Juba. Le résumé de ce travail fournira donc à nos lecteurs une courte, mais substantielle biographie de ce prince. Comme chacun sait, c'est le fils de Juba Ier le Pompéien, le vaincu de Thapsus. Sa généalogie, depuis Masinissa, est donnée par une inscription de Carthagène (*C. I. L.*, II, 3417). M. de la B. discute ce texte où figure Gauda, et où ne figure pas Mastanabal : il en conclut que le règne du premier, contesté par beaucoup d'historiens, est réel, et qu'au contraire Mastanabal, qu'on nous représente régnant *conjointement avec Micipsa et Gulussa*, n'a jamais eu officiellement le titre de roi. Juba a dû naitre vers l'an 51 ; amené à Rome à 4 ou 5 ans, il y est élevé près d'Octave, dans la maison de César, et y devient versé dans les lettres grecques. Il fait la campagne contre Antoine et Cléopâtre, et Auguste, bientôt après, lui donne pour épouse la fille de ceux-ci, Cléopâtre Séléné.

Si Juba a *régné* en Numidie, c'est un point contesté. M. de la B. l'admet toutefois, devant les témoignages de Dion, de Strabon, de Plutarque et des autres auteurs anciens. Ce règne aurait duré de l'an 29 à l'an 25, époque à laquelle Auguste rattacha la Numidie à la province d'Afrique et donna en échange au jeune roi les deux Maurétanies. L'auteur, par l'étude des changements territoriaux subis par la Numidie depuis Jugurtha, s'efforce de déterminer l'étendue du royaume de Juba, qui lui parait correspondre en somme à ce qui fut le district militaire dans la province impériale d'Afrique au premier siècle. Il retrace également la vie des populations du pays, indigènes des campagnes, étrangers de race punique, grecque, latine, dans les villes dont l'organisation municipale rappelle celle de Carthage.

Le nouveau royaume donné à Juba comprenait les futures provinces de Césarienne et de Tingitane, alors beaucoup moins avancées en *romanisation* que la Numidie, bien qu'elles continssent déjà onze colonies romaines et un grand nombre de villes puniques. Sur les pays de l'intérieur, l'auteur a résumé les renseignements exposés par lui dans un précédent ouvrage, *Voyage d'étude dans une partie de la Maurétanie Césarienne*.

On sait peu de chose sur le règne de Juba en Maurétanie, et c'est surtout par des inductions qu'on supplée au silence des textes. Auguste, en plaçant là un ami, presque un parent, savant, fastueux, véritable Athénien, avait évidemment l'idée de préparer l'entrée des Maurétanie dans le monde romain, mais Juba, comptant plus sur le temps que sur son pouvoir, se contenta de donner l'exemple et ne parait pas avoir cherché à imposer une civilisation qui eût d'ailleurs été prématurée. L'auteur nous le montre dans la capitale qu'il créa, la petite ville d'Iol, dont il fit la grande Césarée, y introduisant, y faisant fleurir tous les arts, construisant de grands monuments, *constituant un musée*, dont on a des débris ; formant une vaste bibliothèque, menant la vie d'un

savant, d'un artiste; faisant explorer les mers et les régions intérieures
de l'Afrique. La description des ruines de Cherchell, la revue de ses
objets d'art, l'étude raisonnée du Tombeau de la Chrétienne, qui est le
tombeau de Juba édifié par lui-même, remplissent une part de ce chapitre. Les honneurs reçus par Juba du peuple romain et des cités
de l'Empire, et les honneurs rendus par Juba à Auguste, lesquels furent
un culte véritable, en remplissent une autre part. Puis viennent les
guerres. Outre quelques expéditions contre des tribus rebelles, vague-
ment rappelées par des textes anciens, il y a la guerre d'Orient. M. de
la B. adopte et confirme l'opinion de C. Müller, qui veut que Juba ait
accompagné C. Caesar en l'an 1; tandis que le jeune prince guerroyait
en Arménie, Juba, demeuré en Palestine, préparait une expédition
qu'on projetait en Arabie et qui fut arrêtée en l'an 4 par la blessure du
jeune prince, qui amena sa mort. Suit la guerre des Gétules, en l'an 6;
Juba, d'abord vaincu, triomphe avec le secours de Cornelius Cossus.
Cette guerre donne occasion à M. de la B. de décrire la Gétulie, aujourd'hui
presque entièrement déserte, jadis beaucoup plus habitée, et qui devait
présenter à peu près partout l'aspect d'activité et de prospérité que
le Mzab présente aujourd'hui. C'est, en effet, la partie centrale de
l'ancienne Gétulie que les Beni-Mzab, eux-mêmes Berbères comme les
anciens Gétules, ont occupée et remise en valeur. Sur la fin du règne,
éclate la guerre de Tacfarinas, à laquelle les Garamantes prennent part.
Une partie des sujets de Juba, sous un chef nommé Mazippa, se sou-
lèvent et sont vaincus, en l'an 17. A partir de ce moment, la guerre
n'intéresse plus que la province romaine d'Afrique, et les Maures n'y
prennent part qu'à la fin, quand Ptolémée, fils de Juba, amène ses
troupes auxiliaires au secours de Dolabella. Toutefois l'auteur a été
obligé de l'analyser rapidement tout entière : c'est, en effet, par la
comparaison des récits que l'on a de cette guerre et des données numis-
matiques qu'on peut fixer la mort de Juba à l'année 23 de Jésus-Christ.

M. de la B. examine les questions relatives au nom, à l'état civil et
personnel, et à la famille de Juba. A l'aide des inscriptions surtout, il
établit que lui et son fils furent citoyens romains et s'appelèrent C. C.
Julii. En ce qui concerne sa famille, les incertitudes sont très grandes.
Voici toutefois les conclusions de l'auteur : Cléopâtre Séléné, née en 34
av. J.-C., fut fiancée à Juba en l'an 30 ou 29, épousée effectivement
en 19, et dès lors frappa monnaie à son image, étant reine de son propre
chef, comme tous les enfants étrangers d'Antoine; à sa mort, son fils
Ptolémée hérita probablement de son titre royal et le porta ainsi conjointement avec son père; néanmoins Juba exerça toujours seul l'autorité royale. Séléné mourut vers le temps de la Nativité du Christ, âgée
d'à peine plus de trente ans, laissant Ptolémée presque au berceau.
Juba, pendant la guerre d'Orient, épousa Glaphyra, fille du roi
Archelaüs de Cappadoce, veuve d'Alexandre, fils d'Hérode le Grand. Il
la répudia en l'an 4, avant de revenir dans son royaume. Juba n'eut
d'autre enfant que Ptolémée. Drusilla, petite-fille d'Antoine et de

Cléopâtre, qui est au nombre des trois princesses épousées par le fameux procurateur de Judée Félix, ne peut être sa fille : elle doit être née d'un des frères de Séléné, Ptolémée Philadelphe ou Alexandre Helios.

Tels sont les résultats, souvent peu certains, il est vrai, qui paraissent résulter de la discussion de témoignages antiques obscurs et quelquefois contradictoires. L'auteur rappelle ensuite les noms officiels de Juba, son apothéose, ainsi que la place prise par lui dans le panthéon maurétanien. Vient ensuite l'examen des œuvres de Juba. Ses « Antiquités romaines » ont servi de manuel d'histoire, et ses « Similitudes » de dictionnaire des antiquités à tous les historiens postérieurs; ses « Libyques » seraient inestimables; et rien n'est plus curieux et plus à son honneur que les emprunts perpétuels que lui fait, entre autres, Plutarque. De plus, il faut considérer que les ouvrages de Juba sont en même temps des actes de sa vie publique, politique. Il est manifeste, en effet, que beaucoup ont été entrepris pour plaire à Auguste, sinon par son ordre. Juba a servi de trait d'union scientifique entre les Romains et les Grecs, favorisant ainsi cette union de sentiments et cet échange d'idées qu'Auguste s'efforçait d'amener. Du reste, l'amitié d'Auguste est au fond le grand fait dans la vie du roi de Maurétanie. Il lui dut tout, fit tout pour la garder, y parvint, conserva ensuite celle de Tibère; et du reste ne s'occupa de son royaume que pour y maintenir la paix, y introduire les arts, et en tirer les éléments d'une richesse énorme, d'un grand luxe, et de jouissances élégantes, intellectuelles, artistiques.

Bulletin de correspondance africaine (Juillet 1884). R. de la Blanchère. *Statuette d'un dieu Lare provenant de Dellys.* — Cette statuette, trouvée l'année dernière au fond d'un puits, près de Dellys, fait partie du cabinet d'antiquités de M. Firbach, préfet d'Alger. Elle est en bronze et mesure 0,15 de hauteur. Les parties nues étaient dorées. La main gauche et une portion des draperies ont été cassées, mais sont rajustées; le pied gauche seul, également brisé, ne s'est pas retrouvé. C'est une de ces figurines, représentant les dieux Lares, que les particuliers disposaient deux par deux dans le petit sanctuaire du foyer domestique, et qui étaient toujours représentées dans la même attitude. Le dieu, vêtu d'une tunique courte et serrée à la taille, est debout, le pied gauche porté en avant. La main droite présente une patère. La main gauche élève un *rhyton* fermé d'un couvercle en forme de coupole, surmonté par un bouton, et se terminant à sa partie inférieure par une tête de chien. La tête, imberbe, est entourée d'une abondante chevelure formant deux étages de boucles, et coiffée d'une couronne de laurier attachée par une bandelette dont les bouts retombent par devant, sur les épaules. Sur le dos, court une étroite draperie comme une petite chlamyde pliée en long, retombant droite sur l'épaule gauche, tandis qu'elle s'enroule autour du bras droit. La chaussure est un demi-brodequin, couvrant le talon et laissant voir les orteils. Bien que cette figure soit trop plate, et d'un travail un peu grossier, son style, sa pose et la justesse de ses proportions en font peut-être la plus remarquable représentation des Lares existant dans une collection française.

R. Cagnat. — *Le légat C. Maesius Picatianus et les légats de Numidie pendant le règne de Marc Aurèle et de L. Verus.* — Une inscription trouvée par l'auteur à Bir oum Ali, ruine située sur la voie romaine de Théveste à Thelepte, non loin de la frontière d'Algérie, lui a permis de fixer exactement la date où C. Maesius Picatianus, personnage que diverses inscriptions africaines avaient déjà fait connaître, fut légat de la IIIe légion Augusta et de la province de Numidie. Ce point douteux étant éclairci, voici comment M. Cagnat établit la chronologie des légats de Numidie, sous le règne simultané de Marc Aurèle et de L. Verus.

A. 159-162 D. Fonteius Frontinianus. L. Stertinius Rufinus.

A. 162-165 C. Maesius Picatianus.

A. 165-166 .... Venustus [1].

A. 166 .... Nom martelé [2].

Hermès, t. XIX, fasc. 2, Otto Seeck. — *L'inscription de Ceionus Rufius Albinus.* — D'après la savante restitution que l'auteur donne de ce texte incomplètement publié au *Corpus*, t. VI, Ceionius Rufius Albinus, consul ordinaire en l'an 335, aurait été ensuite proconsul d'Afrique, puis préfet de Rome.

M. Th. Mommsen continue son étude sur la conscription dans l'empire Romain. Il examine les conditions de recrutement des troupes auxiliaires. Leur composition ne répondait pas toujours aux noms qu'elles portaient, bien que dans le principe elles paraissent avoir été affectées à leurs districts de recrutement. Mais diverses causes politiques modifièrent bientôt leur organisation primitive, et, sous les Flaviens, on n'en constate plus que des restes isolés.

Les Numeri. — Vers la fin du Ier siècle, on voit apparaître à côté des *alae* et des *cohortes* des corps de troupes ayant une organisation toute différente, désignés sous le nom de *numeri* et faisant partie de l'armée permanente.

Revue de philologie, 1884, Ed. Cuq. *Le mariage de Vespasien, d'après Suétone.* — Voici le passage de cet historien tel qu'on le trouve dans le manuscrit d'Henri de Mesmes, conservé à la Bibliothèque nationale et

1. Ce légat n'est connu que par une inscription mutilée de Verecunda (*C. I. L.* VIII 4195) où on ne lit que le surnom du personnage, son nom et son prénom ayant disparu.

2. Le nom du successeur de Venustus est martelé sur les monuments (*C. I. L.* VIII, 4208 et 4581). On ignore la raison de ce fait étrange.

qui passe à bon droit pour le meilleur qui nous soit parvenu. « Inter
« haec Flaviam Domitillam duxit uxorem Statilii Capellae equitis R.
« Sabratensis in Africa *deligatam* olim Latinaeque conditionis, sed mox
« ingenuam et civem Romanum recuperatorio judicio pronunciatam,
« patre *asserente Flavio Liberale Ferentini genito*, nec quidquam
« amplius quam quaestorio scriba. » La plupart des commentateurs
avaient cru devoir changer le mot de *deligatam* en celui de *delicatam*, et
faire de Flavia Domitilla la future impératrice, la maitresse du chevalier
Statilius Capella. M. Cuq prouve par de fort bonnes raisons que la leçon
du manuscrit cité doit être respectée, qu'elle explique de la manière la
plus simple comment Vespasien fit la connaissance de celle qui devait
devenir sa femme. Statilius Capella lui devait de l'argent; pour se libé-
rer, il offrit de lui déléguer son affranchie Domitille, c'est-à-dire de lui
transférer ses droits aux *operae fabriles* qu'elle devait à son patron.

J.-B. Mispoulet. *Le mariage des soldats romains.* — La condition des
soldats romains, au point de vue du mariage, a été étudiée par M. Mommsen
dans le commentaire qu'il a consacré aux diplômes militaires dans le troisième volume du *Corpus Inscriptionum.* D'après lui, le mariage aurait été
interdit aux soldats sous les drapeaux. Mais les auxiliaires et les garni-
sons de Rome auraient eu le droit de vivre en concubinage avec les péré-
grines, et les unions se seraient transformées à la fin du service, par un
privilège impérial ayant un effet rétroactif, en véritables mariages,
tandis que ce privilège n'aurait point été accordé aux légionnaires.
Wilmanns, dans son étude sur Lambèse dont nous avons publié l'an
dernier la traduction dans cette Revue, pense que les légionnaires possédaient du moins le droit de contracter des quasi-mariages avec des
citoyennes romaines, et que les troupes d'élite de la ville de Rome
jouissaient de la même faveur.

M. M. fait d'abord remarquer que l'interdiction du mariage aux
auxiliaires serait peu en harmonie avec l'ensemble de la législation qui
leur assure une situation privilégiée vis-à-vis des autres classes de la
société, et aussi avec les tendances des lois Julia et Pappia Poppœa qui
ont pour but de favoriser les mariages.

Que, de plus, un grand nombre d'inscriptions funéraires concernant les
soldats des troupes de la garnison de Rome, des troupes auxiliaires, des
légions, âgés de vingt à quarante ans, c'est-à-dire, selon toute probabi-
lité, en activité de service, apportent la preuve qu'ils jouissaient du
droit de se marier, puisque leurs femmes portent sur ces monuments les
qualifications d'*uxor* et de *conjux*, et qu'elles donnent le titre de *maritus*
aux soldats auxquels elles étaient unies.

Qu'au *Digeste*, le titre *de ritu nuptiarum*, qui énumère en détail tous
les cas d'empêchement au mariage, ne parle pas du service militaire.

Que Papinien (L. 16, *Dig.*, 49, 17), discute la question : à savoir si la
dot donnée ou promise à un fils de famille militaire fera partie de son
peculium castrense, et qu'au livre 35 du même ouvrage (23, 2), il

s'exprime ainsi : « *Filius familias miles matrimonium sine patris voluntate non contrahit.* »

Que sont donc ces *jura* ou *privilegia maritorum* accordés par Claude aux soldats? Rien autre que l'exemption des déchéances dont les lois frappaient les célibataires. L'autorisation que, d'après Hérodien, Septime Sévère aurait accordée aux soldats, serait celle d'habiter avec leurs femmes, et non le droit de se marier qu'ils possédaient déjà.

Quant à ces *praemia militiae* que nous ont fait connaître les diplômes militaires et qui étaient accordés comme récompense aux vétérans alors que l'empereur les libérait du service, ils consistaient, on le sait, dans le *jus civitatis* et dans le *jus connubii*.

L'effet de ce dernier privilège était de transformer le mariage *ex jure gentium*, que le soldat avait pu contracter pendant son service, en *justae nuptiae*, et de lui conférer la *patria potestas* sur ses enfants.

R. Cagnat. *Remarques sur un tarif récemment découvert à Palmyre.* — Ce tarif, publié par M. de Vogüé dans le *Bulletin de correspondance hellénique* (1882), contient un règlement des taxes municipales qui venaient alimenter le trésor de la cité de Palmyre. Il porte pour titre : *Loi fiscale concernant Hadriana Tadmor et les sources d'eau... César.* C'est le cahier des charges du *conductor* qui affermait l'ensemble des revenus fiscaux de Palmyre. Il comprend tous les *vectigalia* perçus dans la ville ou sur son territoire. Bien qu'assez nombreux, on peut les ranger en cinq classes principales :

1o Le *portorium* ou octroi, taxe frappant tous les objets de consommation au moment où ils franchissent les limites de la cité, soit pour y entrer, soit pour en sortir ;

2o Les droits de vente ;

3o Les impôts professionnels parmi lesquels on remarquera la taxe imposée aux *courtisanes*, qui est la même que celle établie à Rome par Caligula. Elles sont taxées au prix d'un de leurs actes ;

4o Un droit sur les eaux de la ville, c'est-à-dire sur les concessions consenties aux particuliers et en échange desquelles ils payaient une redevance annuelle ;

5o Un droit d'abattoir, mentionné ici pour la première fois et fort intéressant à constater.

Le taux de l'impôt pour chaque objet était fixé par le Sénat et les magistrats de la ville ; l'exécution de la loi et la surveillance du fermier étaient dévolues aux archontes et aux δεκάπρωτοι, officiers municipaux qui étaient chargés dans les villes d'Asie de certaines fonctions financières comme les *decem primi* et les *undecim primi* que nous font connaître les inscriptions africaines.

Une fois le produit de la ferme entré dans la caisse municipale, l'Etat romain s'en adjugeait-il une partie? M. de Vogüé, s'appuyant sur une constitution qualifiée de *prisca institutio* par les jurisconsultes, serait volontiers disposé à l'admettre, mais M. C. ne paraît pas partager son opinion. L'avant-dernier paragraphe du texte palmyrénien a rapport au sel, qui « doit être vendu sur la place publique ». On y lit aussi que « celui qui achètera du sel pour le commerce devra payer un as par modius ». Ce passage soulève une question fort controversée, à savoir si, à l'époque des Antonins, l'impôt sur le sel constituait encore un monopole au profit de l'Etat. M. C. pense que ce monopole avait été abandonné par Rome de bonne heure, avant peut-être l'établissement de l'Empire.

BULLETIN ÉPIGRAPHIQUE. Juillet-octobre 1884. — CAMILLE JULLIAN. *Inscriptions funéraires de Thenae*. Observations intéressantes sur l'usage des lettres redoublées dans l'épigraphie latine.

R. CAGNAT. — *Cours élémentaire d'épigraphie latine* (suite).

A.-L. DELATTRE. — *Inscriptions inédites de Carthage* (suite).

R. CAGNAT. — *Supplément à l'épigraphie du Kef*, 24 inscriptions funéraires.

A. SCHMITTER. — *Inscriptions inédites de Cherchel* (fin). A remarquer le texte portant le nᵒ 158 (dédicace à l'empereur Constantin), et la borne milliaire publiée sous le nᵒ 167.

OTTO HIRSCHFELD. — Gallische Studien. — 3 fascicules, Vienne, 1883-1884. On sait que le savant professeur viennois s'est chargé de la partie du *Corpus inscriptionum latinarum*, relative à la Gaule Narbonnaise. Ce sera le tome XII de la publication de l'Académie de Berlin. Or, en se livrant à ce travail, il a eu l'idée d'approfondir un certain nombre de questions que soulevaient ces textes. Ces dissertations ne peuvent faire double emploi avec le *Corpus*, puisque celui-ci se borne à enregistrer les textes en les accompagnant de brèves notes.

Trois dissertations ont déjà paru. La première est relative aux *civitates fœderatae* de la Gaule Narbonnaise ; la seconde aux inscriptions fausses de la Gaule ; la troisième au *Praefectus vigilum* de Nîmes. Nous signalons ces travaux non seulement à ceux qui s'occupent de l'épigraphie gallo-romaine et qui apprendront là beaucoup de choses, nous les signalons encore comme modèles à ceux qui font de l'épigraphie africaine. Notre Revue est faite en grande partie pour recevoir des œuvres de ce genre, et nous ne saurions faire un trop pressant appel aux hommes de bonne volonté qui voudront s'y livrer.

E. DE SAINTE-MARIE. *Mission à Carthage*, in-8ᵒ; Leroux, éd. 28, r. Bonaparte. — M. de Sainte-Marie, premier drogman du consulat général de France à Tunis, à la suite de diverses communications faites par lui à l'Académie des inscriptions et belles-lettres sur les antiquités de Carthage, fut, à la demande de cette savante Compagnie, chargé par le ministre de l'instruction publique d'exécuter des fouilles sur l'emplacement de Carthage. Ces fouilles entreprises au mois d'avril 1874 eurent lieu sur divers points et amenèrent la découverte de plus de quinze cents stèles votives puniques, d'un grand nombre de fragments de statues, de bas-reliefs et fragments d'architecture ; enfin d'une statue de marbre blanc, haute de plus de deux mètres et qui parait avoir été exécutée à la fin du premier siècle de notre ère. Elle représente, croit-on, l'impératrice Sabine. Cette statue eut le sort des autres objets produits par les fouilles de M. de Sainte-Marie, elle vint périr dans le port de Toulon par suite de l'incendie du *Magenta* qui les portait. Malgré tous les efforts des officiers de notre marine, bien peu furent sauvés, et les gravures qui ornent l'ouvrage en question deviennent d'autant plus précieuses que les objets qu'elles représentent sont à jamais perdus.

L'auteur a été moins heureux dans les recherches qu'il a entreprises à Utique. Sans être stériles, elles ont pourtant été moins fécondes en résultats que celles de Carthage.

On trouve encore dans la brochure de M. de Sainte Marie la reproduction d'un cerain nombre d'inscriptions puniques ou latines, la plupart connues et publiées depuis longtemps, ainsi que des considérations sur la topographie de Carthage, d'après les plans de M. Caillat.

G. Percheron. — *Le Chat*, Firmin Didot, édit., 56 r. Jacob, Paris, 3 fr. Le chat domestique qui, dès la XIIIe dynastie, c'est-à-dire près de trois mille ans avant notre ère, fut adopté par les Egyptiens comme animal sacré et comme familier de la maison ; parait avoir été importé en Occident par les Phéniciens. Les peintures murales de plusieurs tombeaux étrusques nous montrent des chats courant sous les tables et les lits des salles de festin; le type représenté est toujours celui de l'ancien chat d'Egypte. Cependant les Romains ne paraissent avoir adopté que fort tard le chat comme animal domestique, et ce n'est guère que vers le ive siècle qu'il devint l'hôte habituel des maisons. Auparavant c'était la belette (mustela, viverra) qui était employée à la destruction des rats. D'après M. Pictet, le nom latin du chat, *catus*, dériverait du mot syriaque kais, ce qui indiquerait bien la contrée d'où les Romains ont tiré le chat domestique. Le reste de cette très intéressante monographie est consacré à l'étude des mœurs, de l'instinct, des races du chat, de son éducation, de son hygiène et de son origine. De nombreux dessins, dus au crayon d'un observateur aussi consciencieux qu'habile, viennent ajouter à l'attrait de ce charmant petit volume.

A. Pougin. — *Dictionnaire historique et pittoresque du théâtre*. Cette encyclopédie du théâtre, ornée de magnifiques chromolithographies et de nombreuses gravures, forme un traité complet de tout ce qui touche à ce sujet; l'architecture, la disposition des théâtres antiques, ainsi que l'organisation des jeux et des représentations scéniques, sont étudiés dans une série d'articles aussi complets et aussi intéressants que possible.

Ephemeris epigraphica, t. V, fasc. 1 et 2. Th. Mommsen. *Officialium et militum romanorum sepulcreta duo Carthaginiensia.* — La lettre des colons du *sallus* Burunitanus à l'empereur Commode nous avait appris que le *procurator Caesaris*, chargé de l'administration du domaine impérial, pour le *tractus Carthaginiensis*, avait à Carthage sa résidence et son *tabularium*. Deux cimetières découverts près de cette ville, en 1881, par le R. P. Delattre, ont fourni des renseignements intéressants sur l'organisation de ce *tabularium*.

M. Mommsen, dans le dernier volume de l'*Ephemeris epigraphica*, a consacré quelques pages (p. 105-120) à l'étude de ces documents nouveaux.

Suivant les noms des personnes ensevelies, et qui sont en général des affranchis ou des esclaves, on peut conjecturer que le plus ancien de ces cimetières remonte à la fin du Ier siècle et au commencement du second. L'autre semble avoir été ouvert lorsque le précédent fut plein ; il nous conduit jusqu'au temps d'Hadrien et d'Antonin le Pieux. On peut toutefois penser que le premier continua à servir longtemps encore à ceux qui y avaient une *sépulture* de famille.

A part quelques inscriptions indiquant des offices militaires, presque toutes les *sépultures* se rapportent à la *familia domus Augustae Carthaginiensis*. Les morts qui ne sont ni esclaves ni affranchis de César, ne portent aucun titre de fonction. L'on peut supposer que ce sont les femmes et les enfants des membres de la *familia*.

Une seule fonction civile échappe à la règle et ne se réfère pas au personnel du *tabularium*. Il s'agit d'un personnage *ex numero cubiculariorum Augusti* qui élève un monument à sa femme, morte en Afrique où elle l'avait suivi. Faut-il, en présence de cette inscription unique en son genre, conclure que les empereurs, qui ne venaient presque jamais en Afrique, avaient cependant une maison montée à Carthage ? M. Mommsen pense que ce serait téméraire. Il préfère voir dans ce *cubicularius* une des personnes de la suite d'Hadrien, lors du voyage de cet empereur dans la province.

L'auteur dresse ensuite la liste des divers emplois dépendant du *tabularium*, et qui se trouvent mentionnés sur ces tombes. Voici la classification :

1º Le *procurator Augusti* placé à la tête du *tabularium*. Celui-là n'a pas sa sépulture dans les *sepulcreta*. Il est un trop haut personnage pour venir prendre place parmi des *tenuiores*. Mais on le trouve rappelé dans les épitaphes de ses affranchis ou de ses esclaves ;

2º Les *adjutores*. Ordinairement ceux de Rome indiquent, dans les inscriptions qui les concernent, le service auquel ils sont attachés (*adjutor a rationibus, vicesimae haereditatium*, etc.) Ceux qui dépendent des *tabularia* des provinces n'en font jamais mention. Contrairement à cette règle, les épitaphes des *sepulcreta* de Carthage sont riches en particularités et en enseignements. M. Mommsen les rapproche d'un texte découvert par M. Julien-Poinssot à Henchir-Mehimes, non loin d'Avitta Bibba[1], et en tire une conclusion pleine d'intérêt. Suivant lui, il semble que le *tractus Carthaginiensis* ait été divisé en régions ayant à leur tête un *procurator* pris parmi les affranchis. Celui-ci avait lui-même sous ses ordres des *mensae fiscales* ou Τελωνεῖα, administrées à leur tour

---

1. *Bulletin des antiquités africaines*, t. I, p. 313.

par un *adjutor*, un *dispensator* et un *vilicus* avec son *vicarius*. Parmi les textes sur lesquels se fonde le savant professeur, les uns à côté du *procurator Augustorum*, mentionnent les *procuratores* d'une région déterminée, d'autres nous présentent un *adjutor tabulari a mensa Vagensi*, un *adjutor tabulari tributorum*, d'autres un *dispensator regionis Thuggensis*. L'inscription découverte par M. Poinssot rappelait qu'un certain Delius, *vicarius* du *vilicus* impérial, avait reconstruit à ses frais le *teloneum* du lieu ;

3° On trouve aussi des *tabellarii* et des *cursores* attachés au *tabularium* et chargés du service des dépêches. Il y a même un *exercitator cursorum* qui prouve une fois de plus que les *tabellarii* etaient organisés militairement. Déjà des inscriptions de Rome nous avaient montré des *optiones cursorum* et des *tesserarii* ;

4° Des *agrimensores* et des *chorographi* sont également attachés à la conservation des domaines impériaux d'Afrique. Les premiers veillent plus particulièrement au bornage et à l'entretien des limites. Les seconds sont chargés de dresser des plans et de les conserver ;

5° Les *pedisequi* remplissaient sans doute, auprès du *procuratores*, les fonctions d'appariteurs ;

6° Il y a un grand nombre de personnages qu'on trouve dans toutes les *familiae* : un *paedagogus*, un *aedituus*, un *custos larum*, minister qui paraît devoir être assimilé à l'*aedituus*, un *medicus*, un philosophe, une *saltatrix*.

On trouve enfin un *procurator quatuor publicorum Africae* qui vraisemblablement n'ont rien de commun avec le fisc, mais font sans doute partie des *vectigalia*, et à ce titre tombent dans l'*aerarium* ; sa présence ici est assez difficile à expliquer.

La présence d'un *adjutor tabulariorum fisci castrensis* rappelle, sans apporter d'éléments nouveaux, les controverses nées à l'occasion de cette question de *fiscus castrensis*.

L'auteur examine, en terminant, les inscriptions qui se rapportent à des militaires, et à propos de l'une d'elles donne des détails nouveaux sur la 1re cohorte urbaine. C. P. L.

MÉLANGES DE L'ÉCOLE FRANÇAISE DE ROME. CH. LÉCRIVAIN. *Remarques sur les formules du curator et du defensor civitatis.* — Les formules du *defensor* et du *curator* civitatis que l'on trouve dans Cassiodore (*Variae* VII, 11 et 12, éd. Migne), nous font connaître les attributions de ces magistrats dans la période du Bas-Empire. Ces attributions présentent beaucoup d'analogie entre elles, bien que les deux fonctionnaires paraissent avoir co-existé dans la même ville. En effet, dans la formule du défenseur, après les prescriptions générales sur les devoirs de cette charge, nous trouvons celle-ci :

« Règle les transactions entre les citoyens, selon les conditions de l'année, avec équité. Fais observer les prix que tu auras fixés, car il n'y a d'intérêt à fixer les prix de vente que si on les fait observer avec la plus grande honnêteté. Car tu remplis vraiment la tâche d'un bon défenseur, si tes concitoyens n'ont à se plaindre ni de tarifs injustes, ni de prix exorbitants ».

Le curateur a comme fonction carastéristique la direction de la curie, « *ut laudabiles ordines curiae sapienter gubernes;* » la formule lui prescrit en outre, comme au défenseur, « de faire observer aux vendeurs des prix raisonnables, que la marchandises ne soit pas à la discrétion des seuls marchands ; qu'on maintienne pour tout le monde cette modération des prix si désirable. Car on se ménage la plus vive reconnaissance de ses concitoyens en maintenant un juste équilibre des prix. » Nos deux magistrats avaient donc pour principale mission la surveillance des marchés et des transactions qui s'y opéraient. Ils établissaient sur les denrées un maximum dans l'intérêt de la plèbe dont l'alimentation aurait pu être rendue difficile par les spéculations des diverses corporations qui avaient pour ainsi dire le monopole de l'industrie et du commerce, et aussi dans l'intérêt du fisc qui payait les blés destinés à l'annone au prix courant du marché. A Rome, les édiles curules avaient le droit d'établir un maximum sur les objets de première nécessité. On peut croire que les édiles municipaux, et après eux les curateurs et les défenseurs qui héritèrent de leurs attributions, l'eurent aussi.

A. Barthélemy. *Guide du Voyageur dans la Sénégambie française.* 1 vol. in-12, prix 5 fr. Barbier, libr. édit., boulevard Saint-Germain, 182. Les relations commerciales et autres entre la France et le Sénégal ont pris une extension considérable à la suite de la récente création de chemins de fer, de services de bateaux à vapeur et du mouvement d'expansion coloniale créé par nos Sociétés de géographie. Aussi le nombre des voyageurs qui visitent notre plus ancienne colonie africaine a-t-il augmenté dans de grandes proportions. L'excellent « guide » de M. Barthélemy, qui vient d'être couronné par la Société de géographie commerciale de Bordeaux, est appelé à leur rendre les plus grands services, et répond à un véritable besoin. On y trouvera, sous une forme concise et dans un ordre commode, tous les renseignements que peuvent désirer ceux que leurs affaires ou l'amour des voyages attirent au Sénégal. L'itinéraire de Bordeaux à Dakar, l'historique sommaire de notre colonie, ainsi que celui des pays annexés ou soumis à notre protectorat, la description des ports, des villes, des principaux marchés, des routes commerciales, l'indication des ressources du pays, des objets d'échange, un vocabulaire français Ouoloff, des notes sur l'hygiène à suivre dans le pays, le tableau des services publics du pays, des voies et des moyens de communications, tels sont les principaux chapitres du livre, à la fin duquel se trouve une carte de le Sénégambie. On voit que le cadre et complet, ajoutons qu'il a été rempli avec une compétence et un soin consciencieux qui justifient pleinement la récompense qu'il a valu à son auteur.   J. POINSSOT.

LES

GOUVERNEURS DES MAURÉTANIES

En l'an 25 avant J.-C., Rome n'avait encore en Afrique que
la Proconsulaire. Auguste réunit alors d'une façon définitive la
Numidie à cette province. Il l'enlevait peut-être à Juba II, fils
de Juba, le vaincu de César à Thapsus, et c'est à titre de com-
pensation, suppose-t-on, qu'il offrit au prince dépossédé les
territoires compris depuis l'Ampsaga (aujourd'hui Oued Kebir)
jusqu'à l'Océan Atlantique.

Juba II régna 48 ans sur les Maurétanies (de 25 avant J.-C. à
23 de l'ère chrétienne). Pendant ce demi-siècle, il ne fit guère que
préparer les voies à la conquête finale par Rome. Quand celle-ci
vint prendre possession du pays les armes à la main, l'envahis-
sement pacifique était commencé depuis longtemps et produisait
ses fruits [1].

Cette prise de possession eut lieu, comme chacun sait, sous
Caligula, après l'assassinat de Ptolémée, fils de Juba II, en l'an
39 [2]. On tailla deux provinces dans le royaume annexé : la
Maurétanie Césarienne et la Maurétanie Tingitane, dont la ligne
de démarcation sur les côtes de la Méditerranée paraît avoir été
l'Oued Moulouia actuel qui avait déjà séparé le royaume de
Bocchus de celui de Jugurtha, et qui aujourd'hui encore divise
les possessions françaises et le Maroc.

1. Cf. R. de la Blanchère : *De rege Juba, regis Jubae filio.* Paris,
Thorin, 1883.

2. Dio. Cass., LIX, 25. Sueton., *Caligula*, XXVI, 35. Seneq., *De tranquillitate animi*, XI.

C'est de cet évènement que date l'ère maurétanienne[1] dont la mention est si fréquente sur les monuments de ces régions.

Quoique préparée de longue main , comme je viens de le dire, la conquête ne se fit pas cependant sans difficulté. Les Maurétanies se soulevèrent. Un affranchi de l'ancien roi Ptolémée, Aedemon , se mit à la tête des défenseurs de l'indépendance nationale. La résistance fut longue et énergique[2]. Les historiens nous parlent de deux généraux envoyés successivement pour la dompter : C. Suetonius Paulinus, Hosidius Geta. Une inscription récemment découverte vient de nous révéler le nom d'un troisième : M. Licinius Crassus Frugi, qui gagna peut-être en cette circonstance les honneurs de son premier triomphe[3].

La conquête achevée, il fallut l'organiser. On plaça les nouvelles provinces sous le commandement de *procuratores*. « Une troisième classe de provinces, dit Marquardt, comprenait celles pour lesquelles *l'état peu avancé de la civilisation*, comme dans les Maurétanies et la Thrace, ou le *caractère difficile des habitants*, comme en Judée et en Égypte, rendaient impossible, soit pour un temps, soit pour toujours, l'établissement de l'organisation provinciale et l'application du droit romain. On les gérait comme de véritables domaines ; elles n'étaient pas données à un fonctionnaire de l'État, mais à un administrateur nommé par *l'empereur et responsable seulement* devant lui. Il administrait le pays comme une sorte de vice-roi et avec des pouvoirs qui

1. L'an 1er de l'ère maurétanienne correspond à l'an 40 de notre ère ; c'est un point aujourd'hui incontesté et qui est établi par un certain nombre d'inscriptions donnant simultanément la date provinciale et la date consulaire : *C. I. L.*, 8360, 8458, 8630, 8937 (ce dernier correspond au n° 3520 du *Recueil des inscriptions de l'Algérie*, de M. Léon Renier). Cf. sur cette question les autorités citées dans Marquardt et Mommsen : *Handbuch der Rom. Alterthum*, tome IV, p. 483, note 3, édit. 1881. — Je recommande particulièrement la dissertation publiée par M. Poulle dans l'*Annuaire de Constantine*, 1862, p. 161 et s.

2. C'est ce qui explique un désaccord entre Dion Cassius , qui veut que l'érection des Maurétanies en province ait eu lieu sous Claude, tandis que Pline la met immédiatement après la mort de Ptolémée. Dion se place au moment où le pays est pacifié et organisé. Pline est par conséquent plus près de la vérité.

3. On trouvera les notices se rapportant à ces divers personnages, avec les indications justificatives, dans la deuxième partie de ce travail. Cette observation s'applique à tous les gouverneurs dont je prononcerai le nom au cours de ce rapide exposé.

variaient suivant les circonstances [1]. » M. Mommsen, se plaçant
au point de vue strictement juridique, a dit plus exactement
encore que ces pays étaient considérés, à l'origine, moins
comme de véritables provinces que comme des états annexés à
l'empire. L'empereur ne les administrait pas en vertu du pouvoir
proconsulaire et par l'intermédiaire de sénateurs, mais en vertu
du droit propre du roi ou du prince qui lui avait été transféré [2].
Aussi l'on n'arrivait pas par la voie hiérarchique à ce poste qui
était souvent attribué à de simples affranchis.

Les gouverneurs des Maurétanies ont, suivant les époques,
porté des noms divers. Celui de *procurator Augusti, procurator
Augustorum* est le plus fréquemment employé sous le haut Empire.
Il va sans dire qu'on ne le confondra ni avec le *procurator Caesaris*
qui, dans les provinces impériales, remplit des fonctions analogues à celles des questeurs dans les provinces sénatoriales [3],
ni avec d'autres *procuratores* qu'on rencontre aussi dans nos
provinces et qui sont chargés d'attributions diverses. En ce cas,
le plus souvent, les textes épigraphiques ou autres joignent
l'indication de la fonction, comme, par exemple : *procurator
rei privatae Mauretaniae Caesariensis*. Mais nous verrons qu'ils
ne sont pas toujours aussi explicites. Il est tel personnage au
sujet duquel nous aurons à nous demander, sans pouvoir rien
affirmer nettement, quel est l'ordre de fonctions auquel se
rapporte le titre de *procurator* qui lui est donné [4].

Quelquefois, comme Marcius Turbo, le gouverneur est appelé
praefectus. A partir de Septime Sévère, le nom tend à se
modifier : On trouve fréquemment *procurator et praeses*. J'aurai bientôt à examiner si cette modification dans l'appellation
ne correspond pas à un changement dans les pouvoirs. Au temps
de Dioclétien, la qualification de *praeses* l'a emportée; mais alors

1. Marquardt et Mommsen, *loc. cit.*, IV, p. 355.
2. Marquardt et Mommsen, II, p. 236-237.
3. Digest., *De officio procuratoris Caesaris*, I, 19. — Il arrivait fréquemment
que les *praesides* absents ou empêchés se faisaient représenter par le *procurator Caesaris*. On les appelait alors *procuratores agentes vice praesidis* ou *qui
funguntur praesidis partibus in provincia*. — Cf. *Collatio leg. roman. et mos.*,
XIV, 3.
4. Cf. par exemple Catellius Rufinus, dans la Maurétanie Césarienne sous
Gordien.

elle prend une signification technique et désigne le magistrat chargé de l'administration et de la juridiction par opposition à celui investi du commandement militaire.

Au ve siècle, à la suite de circonstances qui seront indiquées plus loin, le gouverneur de la Maurétanie Césarienne réunit les deux titres, il est *dux et praeses Mauretaniae Caesariensis*. On le trouve aussi désigné sous le titre de *comes et praeses Mauretaniae*. Le gouverneur de la nouvelle province de Maurétanie Sitifienne est simplement *praeses*. Quant à la Tingitane, elle a son *comes* militaire et son *praeses* civil.

Un texte enfin, publié par Muratori, mentionne un certain Rufinus *proconsul Mauritaniae Tingitanae*. M. Henzen [1] se contente de voir dans cette inscription, qui ne paraît connue que par l'ouvrage de l'épigraphiste italien, une transcription fautive de l'abréviation de *procurator*. Je dirai plus loin ce que j'en pense.

Sous le haut Empire, les *procuratores Augusti* appartiennent à l'ordre équestre [2]. Il y a eu cependant au commencement, pendant la période de conquête, des *legati Augusti;* mais cette ère fut courte, car les auteurs qui nous disent que les *procuratores* appartiennent à l'ordre équestre attribuent leur établissement à Claude même.

La durée des fonctions n'a rien de déterminé par avance. Nous verrons que Lucceius Albinus a gouverné la Césarienne d'abord, puis les deux provinces réunies, sous Néron, Galba, Othon, et qu'il tomba seulement sous Vitellius. Les inscriptions nous apprennent que P. Aelius Peregrinus, *procurator* en 201, l'était encore après 209.

Les fonctions des *procuratores* sont de deux sortes : civiles et militaires.

Les fonctions civiles, bien qu'indéterminées en droit et subordonnées à l'arbitraire impérial, devaient être en fait celles de tous les gouverneurs. Investis de l'administration proprement dite, c'est-à-dire de la police et de ce qui concerne le fonctionnement des services, ils jugeaient sans doute aussi les habitants de leur

---

1. *Iscrizioni dell' Algeria*, dans les *Annali dell' instituto di Corresp. Archeol.*, 1860.

2. Tacit., *Hist.*, i, 11. — ii, 58. — Plin., *Hist. Nat.*, v, 11. — Dio. Cass., lx, 9.

province et exerçaient la répression des délits commis sur leur territoire.

Cependant L. Licinius Hierocles est, dans une inscription de l'année 227, appelé *praeses cum jure gladii*, autant du moins qu'on en peut juger par ce qui reste du texte mutilé[1]. Est-ce là l'énonciation d'un titre de plus, d'un privilège exceptionnel qui distingue L. Licinius Hierocles des autres *procuratores* placés comme lui à la tête de provinces impériales? Je ne le pense pas, car Ulpien, qui vivait précisément à l'époque d'Alexandre Sévère, nous dit que les gouverneurs de toutes les provinces ont le *jus gladii : Qui universas provincias regunt jus gladii habent et in metallum dandi potestas eis permissa est*[2].

Mais je croirais volontiers à une innovation ayant un rapport étroit avec ce titre de *praeses* que les *procuratores* se mettent alors à porter.

Je sais qu'on a deux manières d'expliquer ce titre nouveau. Les uns y ont vu le résultat d'une usurpation de la part des gouverneurs des provinces procuratoriennes. La qualification de *praeses* n'avait été prise jusque-là que par les gouverneurs de rang sénatorial. « Il arriva, dit M. Boissière, que les gouverneurs de rang équestre, administrateurs des petites provinces, imitèrent bientôt l'exemple des gouverneurs de rang sénatorial. Peu à peu, ils répudièrent le titre de procurateurs, apparemment trop humble, pour se donner une qualité plus haute et un nom plus retentissant[3]. »

Suivant M. Henzen, cette modification dans la dénomination serait née du besoin de distinguer le *procurator Augusti*, mis à la tête d'une province, des autres *procuratores*. On aurait hésité entre *procurator praefectus* et *procurator praeses*, et cette dernière formule aurait fini par l'emporter[4].

Il faut peut-être aller plus loin. Au commencement de l'empire, le *jus gladii* sur les citoyens n'appartient à aucun gouverneur : on peut toujours demander à être jugé à Rome. Le nombre des citoyens croissant de plus en plus, les exceptions à la règle se

---

1. *C. I. L.*, VIII, 9367. Ce texte est transcrit plus loin.
2. Dig., l. 6, § 8, *De officio praesid.*, 1, 18.
3. *Algérie rom.*, 2ᵉ édit., p. 321.
4. *Loc. cit.*, p. 45.

multiplient et l'empereur finit par abandonner aux gouverneurs l'exercice de son droit de vie et de mort. Mais cet abandon ne se fit que progressivement et d'abord sans doute au profit des magistrats d'ordre sénatorial. Les *procuratores Augusti* restaient toujours dans la condition particulière dont il a été parlé plus haut, ayant en fait, quelquefois, les mêmes pouvoirs que les autres, mais ne possédant aucun droit propre. Leur action variait suivant les temps, suivant les lieux, suivant les caprices du prince.

Or, à partir de Septime Sévère, une tendance à l'unification se manifeste, et l'on donne aux gouverneurs des provinces procuratoriennes des pouvoirs propres comme à leurs voisins des provinces régulièrement organisées. Il y avait eu autrefois, nous l'avons vu, des motifs pour soumettre les provinces procuratoriennes à un régime spécial; mais le jour où le pays avait été complètement *romanisé*, ces motifs avaient cessé d'exister; pourquoi, dès lors, aurait-on maintenu un régime qui n'avait plus de raison d'être? L'assimilation se traduirait donc par l'adjonction au titre de *procurator* de celui de *praeses* réservé jusque là aux *legati*. On est désormais *procurator et praeses*, *procurator praeses*. Quelquefois, comme dans l'inscription dont je parlais tout à l'heure, on ajoute encore, ce qui est considéré comme l'attribut le plus considérable du pouvoir du *praeses*, la mention du *jus gladii*. Ce travail d'unification des provinces impériales est fait sous Alexandre Sévère; le texte d'Ulpien l'atteste; mais il est encore assez récent pour qu'on flatte l'amour-propre des *procuratores* en le leur rappelant[1].

Au point de vue militaire, le *procurator* avait le commandement des auxiliaires cantonnés dans sa province. Ces troupes étaient nombreuses. Ainsi nous savons par Tacite que Lucceius Albinus, gouverneur de la Césarienne et de la Tingitane, avait sous ses ordres, quand il fut tué, dix-neuf cohortes, cinq ailes de cavalerie et un grand nombre de Maures[2]. M. Henzen en

---

1. Voir dans *Orelli*, n° 3664, une inscription dans laquelle un certain C. Titius Similis est dit : *procurator Mysiae inferioris ejusdem provinciae jure gladii*. Cette réitération de la fonction pour mentionner l'obtention du *jus gladii* me paraît devoir être signalée.

2. Tacit., *Hist.*, II, 58.

1860[1] a relevé dans le recueil de M. Léon Renier les noms de vingt-trois *alae*, cohortes ou *numeri* établis dans la Césarienne ; le *Corpus* de l'Académie de Berlin et le tome V de l'*Ephemeris* ont encore ajouté à cette liste[2]. Toutefois on ne saurait tirer d'une simple addition de ces mentions des conclusions précises : tous ces corps n'ont pas existé simultanément. Les uns devaient avoir disparu quand les autres furent créés ; certains peut-être n'y ont été qu'en passant et, l'heure du danger écoulée, rentraient dans la province d'où on les avait appelés[3].

Quant à la 3e légion placée sous le commandement du légat de Numidie, elle ne paraît avoir jamais séjourné en Maurétanie. Tout au plus a-t-on rencontré quelques tombes isolées de soldats qui peuvent faire supposer des circonstances exceptionnelles dans lesquelles on la fit avancer pour prêter main forte aux troupes trop faibles du *procurator*.

La question des pouvoirs militaires du *procurator* m'amène à parler avec quelque détail de plusieurs particularités signalées par les auteurs modernes.

Ainsi, à certaines heures, on voit les deux Maurétanies confiées au même gouverneur, *procurator utriusque Mauretaniae ;* une fois l'on rencontre un *procurator Augusti pro legato Mauretaniae Tingitanae*[4]. On trouve même un *legatus Augusti pro praetore utriusque Mauretaniae*. Je laisse pour le moment ce dernier de côté, car j'aurai bientôt à en reparler.

Quant aux autres, leur existence peut s'expliquer, je crois, par ce fait auquel j'ai déjà fait allusion, que la situation de nos provinces, au milieu de populations indomptées, devenait par

---

1. *Loc. cit.*, p. 71 et s.

2. Cf. Boissière, *Algérie romaine*, 2e édition, p. 386.

3. Le caractère militaire des fonctions du *procurator Augusti* serait encore confirmé, s'il était besoin, par le nombre d'inscriptions que les soldats font ériger en son honneur.

4. C'est sous Trajan, P. Baesius Betuinianus. C. I. L., VIII, 9990. On en a quelquefois signalé un second exemple, sous Adrien. Cf. Marquardt, *Handbuch der Röm. Alterthum*, IV, p. 484, note 1, édit. 1881. C'est une erreur ; l'inscription dont il s'agit avait été mal lue ; un texte plus correct a été publié dans le C. I. L. Nous le donnons plus loin sous le nom de C. Petronius Celer.

moment plus critique. Il importait alors de réunir le commandement de toutes les forces dans une même main.

Il y a peut-être lieu cependant de faire entre le *procurator
utriusque Mauretaniae* et le *procurator Augusti pro legato
Tingitanae* une différence indiquée par l'énoncé de leur titre.
Tandis que le premier réunissait le pouvoir civil et le pouvoir
militaire des deux provinces, le second au contraire ne cumulait
que les pouvoirs militaires. Ainsi P. Baesius Betuinianus *procurator Augusti pro legato Mauretaniae Tingitanae*, investi du
gouvernement civil de la Tingitane, aurait eu, en outre, le
commandement des forces militaires des deux provinces, le
procurator de la Césarienne ayant dû mettre ses troupes à sa
disposition et ne conservant que l'administration civile. Une
mesure aussi exceptionnelle donne encore à supposer qu'au
moment où elle fut prise, l'effort de la guerre se trouvait porté
sur la Tingitane. Mais il n'y a dans tout cela, je tiens à le dire,
qu'une simple hypothèse.

On trouve également sous Trajan, c'est-à-dire à la même
époque que le *procurator pro legato*, un *sub procurator provinciae Mauretaniae Tingitanae*[1]. Cette coïncidence me paraît
digne d'être notée. La création du second fonctionnaire s'explique
peut-être par l'étendue et la nature de la mission du premier.

M. Henzen avait appelé l'attention sur une lacune de près de
cinquante années dans la liste des procurateurs des Maurétanies
à la fin du IIIe siècle[2]. Cette lacune disparaît peu à peu, grâce à
des découvertes nouvelles. Ainsi l'on a trouvé en 1882, à Aïn
Bu Did le nom du *procurator* de la Césarienne en 254[3].

Mais il est une période pour laquelle, suivant M. Mommsen,
la lacune ne saurait être comblée, pour la raison fort simple qu'il
n'y aurait pas eu de procurateurs[4]. Après le licenciement de la
troisième légion, pendant un intervalle de treize années[5], les

---

1. *C. I. L.*, III, n° 6065. Cf. *infrà*.
2. *Loc. cit.*, p. 46.
3. *Bullet. de Corresp. Afric.*, 1882, p. 233. — *Ephemeris epig.*, v, n° 953.
— Cf. *infrà*, M. Aurelius Vitalis.
4. Cf. l'introduction au tome VIII du *Corpus* de l'Acad. de Berlin.
5. En 240, sous le consulat de Venustus et Sabinus, il y avait un *procurator Augusti* à la tête de la Maurétanie (Capitol., *Gordiani tres*, XXIII, 4). La
légion fut reconstituée en 253.

Maurétanies auraient été, suivant lui, sous les ordres d'un légat, commandant sans doute la xxiie légion primigenia et les forces auxiliaires de ces provinces. Le *legatus Augusti pro praetore utriusque Mauretaniae* dont on trouve le nom au tome IX du *Corpus*[1] appartiendrait à cette époque. *Procuratores igitur per annos cessent necesse est*[2], dit le savant professeur. « Quant à la Numidie, je serais assez peu porté à croire, ajoute-t-il, qu'elle ait dépendu du légat des Maurétanies qui ne porte que le titre de ces deux provinces. Je ne puis admettre, non plus, qu'elle ait conservé à sa tête un légat désormais sans armée (*inermem factum*). Il est plus probable qu'elle reçut un *procurator*, bien qu'on ne trouve aucune trace de celui-ci. Entre les deux provinces limitrophes il se serait donc produit un renversement de situation, ce qui constitue un fait sans autre exemple. »

Il y a là une erreur. M. Mommsen n'a prévu que l'objection qu'on pourrait tirer d'une inscription mentionnant un certain Catellius Rufinus, *procurator* sous le règne de Gordien. On peut concéder à la rigueur qu'il ne s'agit pas là d'un *procurator praeses*. Mais il y a deux textes qui le condamnent formellement. D'une part, le savant auteur admet que la IIIe légion a été supprimée au commencement du règne de Gordien, par mesure de représailles et pour la punir de l'appui qu'elle avait prêté à Capellien. Or, en 240, sous le consulat de Venustus et Sabinus, la Maurétanie était encore gouvernée par un *procurator* dont nous ignorons le nom, et qui étouffa la révolte de Sabinianus[3]. D'autre part, et ceci est encore plus probant, dans le tome VIII, lui-même, du *Corpus*, une inscription de Lemellef en l'honneur des deux Philippe donne les noms de M. Aurelius Atho Marcellus qu'elle qualifie : *vir egregius, procurator Augustorum, rarissimus praeses*[4].

Quant au *legatus Augusti pro praetore utriusque Mauretaniae*, Sextus Sentius Caecilianus, je me hasarde peut-être beaucoup, mais je ne vois rien, dans les textes qui le concernent, qui puisse faire supposer qu'il appartienne aux règnes de Gordien, de Philippe ou de Dèce, plutôt qu'à l'une de ces

1. N° 4194.
2. Mommsen, *loc. cit.*, p. xx.
3. Capitol., *Gordiani tres*, XXIII, 4.
4. *C. I. L.*, VIII, 8809.

guerres contre les Maures dont nous parlent les historiens. Sous Antonin, par exemple, les forces locales devinrent insuffisantes, il fallut demander des secours aux provinces étrangères; la *legio serta ferrata* fournit une *vexillatio*, et elle ne dut pas être la seule. La gravité des circonstances demanda peut-être que le chef eût un titre plus étendu et une autorité plus grande[1].

Il est encore un point sur lequel je m'écarterais volontiers de l'opinion généralement reçue sans cependant arriver, cette fois, à un résultat aussi certain que tout à l'heure. Il s'agit des circonstances qui ont accompagné le licenciement de la 3e légion et de l'époque exacte de ce licenciement.

On s'étonnera sans doute que je fasse figurer Capellien dans la liste des *procuratores* de la Maurétanie. Ne s'accorde-t-on pas aujourd'hui à voir en lui un légat de Numidie? Fort de l'appui de la légion qu'il commandait, il aurait marché contre les deux premiers Gordiens, aurait débarrassé Maximin de ces rivaux, et plus tard, Gordien le Jeune aurait dissous la légion pour la punir du concours qu'elle avait donné à son légat[2].

Les textes d'Hérodien et de Capitolin sont rédigés dans des termes tels que j'hésite à admettre cette doctrine.

Capellien, dit Hérodien, était de rang sénatorial (τῶν ἀπὸ συγκλήτου); c'est ce qui m'embarrasse le plus pour un gouverneur de Maurétanie. Il faudrait donc admettre ou une erreur de l'historien ou une dérogation à la règle.

Mais, à part cela, je ne crois pas qu'on puisse rien détacher des documents, qui établisse que Capellien ait été en Numidie plutôt qu'en Maurétanie. On en jugera par les textes :

Καπελλιανὸς ἦν τις ὄνομα τῶν ἀπὸ συγκλήτου· ἡγεῖτο δὲ Μαυρουσίων τῶν ὑπὸ Ῥωμαίοις Νομάδων δε καλουμένων· τό τε ἔθνος στρατοπέδοις ἐπέφρακτο διὰ τὸ περιχείμενον πληθὸς Μαυρουσίων τῶν βαρβάρων, ὡς ἂν ἐπέχοι αὐτῶν τὰς ἐξ ἐπιδρομῆς ἁρπαγάς· εἶχεν οὖν ὑφ᾽ ἑαυτῷ δύναμιν οὐκ εὐκαφρόνητον στρατιωτικήν[3].

Je ne puis me résoudre à voir dans ces Μαυρουσίοι Νομάδες les habitants de la Numidie. L'historien n'aurait pas parlé en termes

---

1. Cf. les textes suivants d'où il semble bien résulter que la lutte contre les Maures était conduite par des légats. Capitol., *Antoninus Pius*, V, 4. — *Antoninus Philosophus*, XXI, 4. — Spartien, *Severus*, II, 4.

2. Mommsen, Introd. au tome VIII du *Corpus*, p. xx, note 2.

3. Hérodien, VII, 9.

aussi vagues d'une province soumise depuis longtemps et aussi complètement romanisée.

Ce n'est pas Capitolin qui me fera abandonner cette manière de voir : *In Africa contra duos Gordianos Capelianus quidam.... cum Mauros Maximini jussu regeret, veteranus, dimissus,* CONLECTIS MAURIS ET TUMULTUARIA MANU, *accepto a Gordiano successore, Carthaginem petit ad quem omnis fide Punica Carthaginiensium populus inclinavit*[1]..... *Sed Gordianus in Africa primum a Capeliano quodam agitari coepit, cui Mauros regenti successorem dederat*[2]..... C'est donc à la tête de troupes maures rassemblées à la hâte que Capellien se serait mis en campagne contre les Gordiens[3].

Mais j'irai encore plus loin : est-on bien sûr qu'à l'époque où ces faits se déroulaient, il y eût encore un légat de Numidie et une troisième légion? Rien ne prouve que le licenciement de celle-ci se rattache à ces faits. Je concède qu'il n'est pas vraisemblable de le reporter, comme on l'a pensé quelquefois, à la révolte de Sabinianus sous le jeune Gordien[4]. La rébellion fut étouffée par le *procurator* de Maurétanie, et il serait étrange que les troupes dont il disposait eussent réduit la légion à l'extrémité dont parle l'auteur[5].

Seulement je suis frappé d'une chose : voici deux faits très graves qui se produisent en Afrique à deux années de distance ; des prétendants lèvent successivement l'étendard et luttent pour l'empire. Dans l'un et l'autre cas, au milieu des armées qui s'entrechoquent, la troisième légion n'est pas mentionnée une seule fois par les divers historiens, encore nombreux, qui ont raconté ces évènements. Pour Sabinianus, c'est le *procurator* de la Maurétanie qui est chargé de défendre l'empereur et renverse le prétendant; dans l'autre cas, il n'est question que de Capellien et de ses Maures rassemblés à la hâte, qui vengent la cause de Maximin.

1. *Gordiani tres*, XV, 1.
2. *Maximini duo*, XIX, 1.
3. Tout bien examiné, j'aimerais mieux voir dans Capellien un de ces nombreux *praefecti gentium* que l'on plaçait à la tête des tribus mal soumises des frontières.
4. Capitol., *Gordiani tres*, XXIII, 4.
5. Cf. Henzen, *loc. cit.*, p. 68-69.

Voilà tout au moins une coïncidence singulière. Aussi, quoique je ne veuille pas trop m'avancer sur un terrain peu sûr, ne serais-je pas étonné de voir prouver un jour que le licenciement de la légion était déjà un fait accompli à l'avènement des premiers Gordiens. M. Léon Renier[1] a jadis insisté sur l'attachement profond de ce corps d'armée pour la famille des Sévère et pour Alexandre en particulier. D'un autre côté, les historiens nous disent avec quel acharnement Maximin arrivé au pouvoir s'attacha à faire disparaître tout ce qui rappelait le nom de son bienfaiteur; quiconque était jugé capable de lui garder un souvenir sympathique se voyait marqué du sceau de réprobation. Nous savons que le nombre est grand de ceux qui périrent dans la tourmente[2]. Notre légion n'y aurait-elle pas disparu pour avoir accepté avec trop peu d'enthousiasme ce nom de Maximiniana qu'on lui imposait[3]? Nous savons aussi que les Africains avaient plus d'un grief contre Maximin quand ils proposèrent l'empire à Gordien; la dispersion de leur armée pourrait bien avoir été l'un de ces griefs.

On se demandera peut-être alors pourquoi Gordien III ne s'empressa pas de rétablir le corps si injustement dissous. Je répondrai qu'il était encore un enfant quand il fut assassiné;

1. *Archives des missions scientifiques*, 1851, p. 174.

2. Cf. Tillemont, *Hist. des Empereurs*, tome III.

3. *C. I. L.*, VIII, 2675. Dans cette inscription, le nom de Maximiniana donné à la légion a été seul martelé. Le *Corpus* attribue ce martelage au règne de Gordien l'Ancien. Une remarque rend cette hypothèse inconciliable avec le système qui veut que la 3e légion ait combattu avec Capellien : Lambèse eût été *le dernier endroit sur lequel ait dû s'étendre l'autorité des Gordiens*; or, c'est dans les environs de cette ville qu'a été trouvée notre inscription. On est donc forcé de supposer ou bien que la 3e légion avait pris parti pour les nouveaux princes, ce qui rend bien invraisemblable la défaite de ceux-ci, ou bien qu'elle n'existait déjà plus.

Tout le monde reconnaît que la mutilation est antérieure au licenciement de la légion dont le surnom seul a été effacé, tandis que son nom était respecté.

Cela posé, je concilie facilement cette destruction partielle avec l'opinion émise au texte, d'après laquelle la légion aurait été dissoute après l'avènement de Maximin et avant la proclamation des Gordiens. Nous serions en présence d'une des protestations qui s'élevèrent contre le meurtrier d'Alexandre Sévère, quand il voulut imposer son nom au corps d'armée qui devait tant à sa victime. C'est à la suite de faits de cette nature que, pour se venger de l'hostilité qu'il rencontrait, et que voyant, d'autre part, combien peu il pourrait compter sur ces troupes, il les aurait dispersées et aurait fait effacer partout leur souvenir.

qu'il n'était Africain que par la naissance, ayant été élevé à Rome, et n'avait pu s'attacher à l'Afrique ; que celle-ci, sous la garde du *procurator Mauretaniae*, était tranquille ; qu'enfin les préoccupations étaient tournées d'un tout autre côté : les soldats de la légion dispersée rendaient plus de services à l'empire sur les bords du Rhin, en Rhétie ou sur les frontières parthes. Cette dernière raison explique aussi pourquoi Philippe, Dèce et Gallus se montrèrent peu empressés à rétablir l'ancien état de choses.

En somme, le dossier des provinces africaines n'est pas encore assez complet pour qu'on puisse porter un jugement définitif sur les évènements importants qui ont marqué cette époque. Nous savons seulement que nos provinces et l'armée qui les occupait ont subi au IIIe siècle des vicissitudes que nous ne saisissons encore qu'imparfaitement. Il vaut mieux avouer notre ignorance. Nous ne devons pas confondre avec la lumière éclatante du jour les demi-clartés à travers lesquelles nous voyons certaines révolutions. La terre d'Afrique n'a pas montré sa dernière pierre, et la tâche des explorateurs peut y être encore féconde.

Le règne de Dioclétien est marqué par deux réformes importantes.

La première a trait au remaniement de nos provinces, et je n'en dirai qu'un mot. On a démontré que ce travail était commencé dans l'empire longtemps avant ce prince[1]. Pour les Maurétanies, c'est bien sous son règne qu'il fut fait. D'une part, la Tingitane est rattachée à l'Espagne ; d'autre part, on taille dans la Césarienne une province nouvelle : la Maurétanie Sitifienne.

La création de cette dernière paraît se placer entre les années 288 et 297. En 288, Flavius Pecuarius porte à Setif même le titre de *praeses provinciae Mauretaniae Caesariensis*[2]. T. Aurelius Litua célèbre quelque temps après un succès qu'il a rem-

---

1. Camille Jullian , *De la réforme provinciale attribuée à Dioclétien. Revue Histor.*, juillet-août, 1882.

2. *C. I. L.*, VIII, 8474. Cf. *infra.*

porté à la tête des troupes de la Césarienne et de la Sitifienne : *Coadunatis secum militibus tam ex Mauretania Caesariensi quam etiam de Sitifensi*[1]. Or, la guerre dont il s'agit ayant été terminée en 297 par Maximien, la division a donc précédé cette date.

En 297, le rattachement de la Tingitane à l'Espagne était aussi un fait accompli[2].

A partir de Dioclétien, le pouvoir civil et le pouvoir militaire cessent en général d'être réunis dans la même main. C'est la seconde des grandes réformes que j'ai annoncées plus haut. Le *praeses* n'est plus investi que de l'autorité civile. Quant à l'organisation militaire, si nous la considérons au moment où les institutions nouvelles ont atteint leur plein développement, c'est-à-dire au ve siècle, nous voyons que l'Empire est divisé entre de grands commandants militaires appelés tantôt *magistri peditum*, tantôt *magistri equitum*, tantôt enfin *magistri peditum et equitum*. Il y en a huit d'après la *notitia dignita·um* : cinq pour l'Orient, trois pour l'Occident. Sous leurs ordres sont des *comites* et des *duces*.

Or, la Maurétanie Césarienne présente cette particularité que le même fonctionnaire y cumule les deux fonctions. La *notitia dignitatum* nous donne les titres du *dux et praeses provinciae Mauretaniae*[3]. Comme *praeses*, il relève du *vicarius* du diocèse d'Afrique; comme *dux*, il est subordonné au *vir illustris magister peditum* et au *vir illustris magister equitum* qui résident à Rome.

Cette dérogation aux règles ordinaires n'est pas unique. Nous en trouvons un autre exemple dans la suscription d'une constitution de Gratien, Valentinien et Théodose, adressée *Matroniano duci et praesidi Sardiniae*[4]. Une autre constitution de Valentinien et Théodose règle la juridiction compétente pour connaître de l'appel des décisions rendues par un *dux et praeses*[5].

1. *C. I. L.*, VIII, 8924.
2. Marquardt et Mommsen, *loc. cit.*, IV, p. 260 et p. 485.
3. Cap. xix.
4. C. Th., l. 13, *ad leg. Juliam repet.*, IX, 27.
5. C. Justin., l. 32, § 1, *De appellat.* VII, 62 : *Quod si a duce fuerit appellatum, si idem et praeses sit praefectura necessario tantum jure ordinario in sacro auditorio judicabit.*

Reste la question de savoir si le *dux et praeses Mauretaniae Caesariensis* dépendait du *comes militum Africae*. Il faut répondre négativement si nous ne considérons que la *notitia dignitatum*. Parmi les personnes *sub dispositione magistri peditum praesentalis*, elle place pour l'Afrique quatre officiers, le *comes Africae*, le *comes Tingitanae*, le *dux limitum Mauretaniae Caesariensis* et le *dux limitum Tripolitani* (cap. v). Rien n'indique une subordination. Bien plus, lorsqu'elle détermine les personnes placées sous les ordres du *comes Africae*, il n'est nullement question du *dux Mauretaniae Caesariensis* (cap. xxiii).

M. Mommsen émet cependant des doutes sur ce point[1]. Il les fonde surtout sur une inscription trouvée à Mouzaiaville, près de Blidah, dans le territoire de la Maurétanie Césarienne[2]. Elle rappelle que les murs de la ville ont été reconstruits par le municipe, sur l'ordre des comtes : *ordo cuncta comitum executus jussa ;* or cette expression ne pourrait s'appliquer qu'au *comes Africae*. En outre, il fait observer que la *Notitia* indique comme étant sous l'autorité du *comes militum Africae* trois *praepositi limitum* qu'elle présente un peu plus loin comme subordonnés au *dux Mauretaniae* (*Columnatensis, Vidensis, Caput-cellensis*). Il en conclut que l'autorité appartient presque toujours au comte d'Afrique, *concurrente in quibusdam castris praeside Caesariensis*[3].

Les documents précités sont-ils bien concluants ? Il est permis d'en douter. Le texte de la *Notitia* ne prouve à mes yeux qu'une chose : c'est que si les trois *praepositi limitum* que j'ai nommés dépendent tout à la fois et dans une mesure que je n'ai pas à rechercher ici du comte d'Afrique et du *dux praeses Mauretaniae*, les cinq autres relèvent uniquement de ce dernier. Je n'ai pas le loisir de rechercher si l'inscription n° 9282 ne se trouve pas sur le territoire d'un de ces trois *praepositi*. Fût-elle ailleurs, on pourrait peut-être encore expliquer sa rédaction sans aller aussi

1. Introduction au tome VIII du *Corpus*.

2. *C. I. L.*, VIII, 9282.

3. M. Mommsen s'appuie encore sur l'inscription 10937 du tome VIII. Or, cette inscription prouve seulement une chose, c'est que la Sitifienne, vers 375, dépendait du comte d'Afrique au point de vue militaire. Mais pour la Césarienne, elle ne dit rien, et c'est précisément le point en litige.

loin que notre savant maître. Ainsi le gouverneur de Maurétanie paraît avoir été à une certaine époque appelé *comes et praeses Mauretaniae Caesariensis*[1]. On trouve aussi la mention d'un *comes* dont les fonctions concordent bien avec le genre de travaux dont notre inscription conserve le souvenir : c'est le *comes castrensis in Africa*[2].

Quoi qu'il en soit, cette réunion du pouvoir civil et du pouvoir militaire se retrouve en Maurétanie dès le principe. Sous Dioclétion, T. Aurélius Litua rend grâce aux dieux, dans une inscription, du succès qu'il vient de remporter avec ses troupes : *quod erasis funditus barbaris Translagnensibus, secunda praeda facta, salvus et incolumis cum omnibus militibus dominorum nostrorum Diocletiani et Maximiani Augustorum regressus (est)*[3]. Il ne porte cependant que le titre de *praeses*. Celui de *dux* n'est au surplus dans aucune des inscriptions qui se réfèrent soit à ce personnage, soit à ses successeurs. On ne le trouve que dans la *Notitia dignitatum*. En revanche, nous avons, je l'ai déjà fait remarquer, un *comes et praeses*[4].

Le gouverneur de la Césarienne prenait rang parmi les comtes de première classe (*inter allectos comites primi ordinis*)[5].

D'après M. Camille Jullian, la Sitifienne « fut créée dans un but uniquement militaire, le chef des détachements était en même temps gouverneur civil. De plus, l'administration civile était souvent confiée au gouverneur[6] ». On ne voit pas bien quel

---

1. *C. I. L.*, II, 2140, à Cordoue.

2. Ammien Marcell., **XXX**, 7 : *Natus apud Cibalas Panonniae oppidum Gratianus major, ignobili stirpe... post dignitatem protectoris atque tribuni, comes praefuit rei castrensi in Africa, unde...*

Je rappelle que Gildon, après avoir étouffé la révolte à la tête de laquelle était Firmus, son frère, reçut le titre de *comes et magister utriusque militiae per Africam*; mais il le garda peu de temps. Ce serait, du reste, une erreur de vouloir trop généraliser en s'appuyant sur le texte de la *Notitia dignitatum*. Tout, dans les historiens et les inscriptions, tend à prouver que les modifications administratives furent fréquentes à cette époque en Afrique comme dans le reste de l'Empire.

3. *C. I. L.*, VIII, 9324.

4. *C. I. L.*, II, 2140.

5. *Notitia*, cap. XXIX.

6. *De la réforme provinciale attribuée à Dioclétien.*

DOUGGA (THUGGA). — Arc de triomphe.

est le fonctionnaire que l'auteur désigne sous le nom de « chef des détachements ». Ce ne sont pas certainement les *praepositi limitum* qui ne sont, d'après la *Notitia*, que des officiers de l'ordre militaire et relevant uniquement du comte d'Afrique (ch. vi et vii). Serait-ce le gouverneur de la Sitifienne? Mais celui-ci ne paraît jamais avoir eu que des fonctions civiles : il n'est pas *praeses et dux* comme son voisin, il est simplement *praeses;* de plus il n'est pas indiqué comme subordonné au comte d'Afrique ou comme ayant les *praepositi limitum* sous ses ordres. Il me paraît donc plus vrai de dire que la Sitifienne retombait sous la règle de séparation des pouvoirs, comme la Tingitane, comme presque toutes les autres provinces ; qu'au point de vue civil, elle avait à sa tête le *praeses*, dont le supérieur hiérarchique était le *vicarius Africae;* qu'au point de vue militaire, son territoire était, par l'intermédiaire des *praepositi limitum*, confié au *comes Africae* [1].

Maintenant lorsque le *dux et praeses Mauretaniae Caesariensis* réunissait les deux provinces sous ses ordres, ne les réunissait-il que dans l'ordre civil, l'administration militaire restant toujours au comte d'Afrique? Je n'ai pas entre les mains des documents suffisants pour répondre.

Quant à la Tingitane, elle est commandée par un *comes Tingitanae* qui est un comte de première classe (*vir spectabilis inter allectos comites primi ordinis*) [2] et qui relève directement du *magister peditum* résidant à Rome [3]. Elle possédait pour l'administration civile un *praeses* dont le supérieur hiérarchique était le *vicarius Hispaniae* [4]. Celui-ci, comme on sait, relevait du *praefectus praetorio Galliarum*. Nous avons, comme on le verra, fort peu de documents relatifs à ces fonctionnaires.

Les principaux évènements qui marquèrent la fin de cette période furent la révolte de Firmus, en 372, étouffée par le comte Théodose, suivie de près par celle de Gildon, en 396 ou 397, l'invasion des Vandales et les expéditions de Justinien, qui

1. *C. I. L.*, VIII, 10937.
2. *Notitia dign.*, cap. xxiv.
3. *Notitia dign.*, cap. v.
4. *Notitia dign.*, cap. xx.

eurent pour résultat de remettre l'Afrique sous la puissance de l'Empire.

Le comte Boniface commandait l'Afrique, quand, tombé en disgrâce par les artifices dont avait usé Aetius, son rival auprès de Placidie, il préféra appeler les Vandales à son secours et partager son gouvernement avec eux plutôt que de revenir à la cour justifier sa conduite. Les Vandales, commandés par Genseric, arrivèrent en 428, par les Maurétanies. Vainement Boniface se réconcilie-t-il plus tard avec Rome et cherche-t-il à renvoyer ses nouveaux alliés. Il est battu. L'année 435 vit l'empereur Valentinien III traiter avec les barbares auxquels il abandonnait la *Proconsulaire*, la *Numidie* et la *Byzacène*. Il ne resta à Rome que les Maurétanies. Ces provinces, les dernières acquises et les plus difficiles à maintenir en paix, furent aussi les dernières que l'empire sut conserver.

Il est vrai que cette souveraineté se réduisit désormais à peu de chose. Aussi bien, l'histoire devient-elle pleine d'obscurités. Quarante ans plus tard, c'est l'empire d'Occident qui achève de s'effondrer. En somme, à partir de l'invasion vandale, on peut trouver dans les Maurétanies quelques soldats de fortune reconnaissant la suzeraineté nominale de Rome, on ne rencontre plus de gouverneurs. Nos listes ne dépasseront donc pas cette époque. Quant aux conquêtes de Justinien et à la nouvelle annexion de l'Afrique à l'empire d'Orient je n'en dirai rien. L'histoire de ces deux derniers siècles me paraît devoir faire l'objet d'une étude spéciale.

Il me reste à indiquer brièvement le plan que j'ai adopté dans la confection des listes qui suivent. J'ai pensé que le meilleur était de donner chronologiquement et par provinces les gouverneurs sur lesquels j'ai des données précises. Tel est l'objet de mes trois premiers chapitres consacrés : 1° à la Césarienne; 2° à la Tingitane; 3° à la Sitifienne.

Dans un quatrième, je réunirai toutes les mentions plus ou moins complètes qu'il m'aura été impossible de classer. Ce sera le chapitre des « incertains ». Je pense que le groupement de ces textes, tantôt mutilés, tantôt obscurs, évitera des recherches et facilitera dans l'avenir les identifications.

CHAPITRE Ier

MAURÉTANIE CÉSARIENNE

M. LICINIUS CRASSUS FRUGI

Bullet. de l'Instit. de corresp. archéol., 1885, p. 9.

```
        M · L I C I N I V S
          M · F · M E N
        C R A S S V S · F R V G I
        P O N T I F · P R · V R B
            C O S · L E G
        TI · CLAVDI · CAESARIS
        . A V G · GE. . M A N I C I
        IN A . . . . . . . . . . . . A
```

Cette inscription, qui vient d'être découverte dans les fouilles de la villa Bonaparte, nous donne, suivant les conjectures de M. Henzen, les noms d'un nouveau légat dans les Maurétanies au moment de l'annexion. Le nom de la province dans laquelle M. Licinius Crassus exerça ses fonctions commence par un M et finit par un A. Comme il ne peut être question de la Macédoine qui était au sénat, et par suite n'avait pas de *legatus Augusti*, il s'agit donc des Maurétanies.

On remarquera ce singulier : *in Mauretania;* la division en Césarienne et en Tingitane n'eut lieu qu'après la pacification du pays en 42.

Nous savons que M. Licinius Frugi obtint, après l'expédition de Claude en Bretagne, les honneurs du triomphe pour la

M. César. seconde fois. M. Henzen suppose qu'il les eut pour la première fois après sa campagne de Maurétanie.

On ne peut le placer, suivant moi, qu'avant C. Suetonius Paulinus et Hosidius Geta. Celui-ci fut, en effet, le successeur immédiat de celui-là, et d'autre part, Dion Cassius, nous dit qu'aussitôt la paix obtenue par Hosidius Geta, les nouvelles provinces furent confiées à des *procuratores*. De plus, le même auteur nous donne la campagne de C. Suetonius Paulinus en 41 comme motivée par une reprise d'hostilités : οἱ αὐτοὶ αὖθις Μαῦροι πολεμήσαντες... (Dion Cass., LX, 9).

C. SUETONIUS PAULINUS

Après sa préture il fut, la deuxième année du règne de Claude, envoyé comme légat en Maurétanie. Le premier, il porta les armes romaines au delà de l'Atlas (Dion Cass., LX, 9; Plin., *Hist. nat.*, V, 14). Peu de temps après, il fut consul *suffectus* et consul ordinaire en 66. (Klein, *Fasti consulares*, années 42 et 66.) Il écrivit, au dire de Pline, le récit de son expédition dans l'Atlas. (Plin., *loc. cit.*) En 61, il fit une campagne brillante en Bretagne.

CN. HOSIDIUS GETA.

Ancien préteur comme le précédent, continua son œuvre, vainquit deux fois Sabalus, chef des Maures, le poursuivit jusque dans le désert. Dion raconte comment l'eau venant à manquer, Hosidius recourut à des incantations pour en obtenir. L'eau tomba en grande abondance. Les ennemis effrayés conclurent la paix; c'est alors que Claude aurait partagé les Maures soumis en deux provinces, la Tingitane et la Césarienne, et en aurait confié le gouvernement à des chevaliers (Dion Cass., LX, 9). J'ai fait remarquer plus haut qu'il s'agissait de l'organisation et non de l'annexion, qui eut lieu en 39, comme le prouve surabondamment le point de départ de l'ère maurétanienne. Cn. Hosidius Geta devint consul dans la suite.

VIBIUS SECUNDUS.

Tacit., *Annal.* XIV, 28 : *Fine anni* (an. 60) *Vibius Secundus, eques romanus, accusantibus Mauris, repetundarum damnatur atque Italia exigitur, ne graviore poena adficeretur, Vibii* M. César. *Crispi, fratris, opibus enisus.*

Plus tard, ce même Vibius Crispus poursuivit le délateur de son frère, Annius Faustus, autre chevalier romain. Il y mit tant d'insistance et d'acharnement qu'il faillit obtenir la condamnation de l'accusé sans qu'on le laissât se défendre (Tacit., *Hist.*, II, 10).

Cette famille paraît originaire de la basse Italie, si l'on en juge d'après les inscriptions nombreuses que contient le tome IX du *Corpus.*

LUCCEIUS ALBINUS.

Fut d'abord *procurator* en Judée. — Euseb. *Chroniq.* ann. 62. — Josephe, *Antiquités judaïq.*, XX, 9. — *De bello Jud.*, VI, 5, 3, II, 14, 1. — Zonaras, VI, 17. — Mommsen, *Index de Pline*, p. 417, à la fin de l'édition de H. Keil.

De là, il fut envoyé en Maurétanie Césarienne par Néron. Galba ajouta la Tingitane à son gouvernement. A la mort de cet empereur, il prit parti pour Othon. Celui-ci ayant été vaincu Lucceius Albinus paraît avoir visé pour lui, sinon à l'empire, du moins à se tailler un royaume indépendant en Afrique. Il commandait 18 ou 19 cohortes, 5 ailes de cavalerie et un grand nombre de Maures, ajoute Tacite, qui s'étaient formés à la guerre par le brigandage. Vitellius, grâce à Cluvius Rufus, gouverneur de la Bétique, eut facilement raison de ce rival, qui fut massacré avec sa femme au moment où il s'embarquait pour passer de la Tingitane dans la Césarienne (Tacit., *Hist.*, II, 58).

LUSIUS QUIETUS.

Son passage au gouvernement de Maurétanie n'est connu que par Spartien qui donne en même temps le nom de son successeur : *Lusium Quietum sublatis gentibus Mauris quas regebat quia suspectus imperio fuerat, exarmavit (Hadrianus), Marcio Turbone Judaeis compressis ad deprimendum tumultum Mauretaniae destinato. (Hadriani vita, V, 8).*

Adde, Dio. Cass., LXVIII, 32.

Q. MARCIUS TURBO FRONTO PUBLICIUS.

C. I. L., III, 1462.

```
    Q · MARCIO   TVRBONI
    FRONTONI · PVBLICIO
    SEVERO · PRAEF · PRAET
    IMP · CAESARIS · TRAIANI
  5 HADRIANI · AVGVSTI · P · P
    COLON · VLP · TRAIAN · AVG
    DACICA · SARMIZEGETVS
```

Nous venons de voir à propos de Lucius Quietus qu'il lui succéda. Spartien (*Hadriani vita*, VI, 7) rappelle encore le passage deMarcius Turbo en Maurétanie et l'avancement qu'il eut dans la suite : *Marcium Turbonem post Mauretaniam praefecturae infulis ornatum Pannoniae Daciae que ad tempus praefecit.* — *Adde eod loc.*, VII, 3 ; — *C. I. L.*, III, 1551.

Marquardt a pensé, d'après ce texte, que Q. Marcius Turbo avait gouverné les deux Maurétanies comme son prédécesseur. *Handb. der rom. Alterthum.*, IV, p. 484.

M. VETTIUS LATRO.

C. I. L., VIII, 8369, trouvée à Djidjelli.

```
     TERMINI · POSITI · INTER
     IGILGILITANOS · IN
     QVORVM · FINBVS · KAS
     TELLVM . VICTORIAE
   5 POSITVM  EST · ET · ZIMIZ
     VT · SCIANT · ZIMIZES
     NON · PLVS · IN · VSVM
     SE · HABER · EX · AVCTo
     RITATE · M · VETTI · LA
  10 TRONIS · PROC · AVg
     QVA · IN · CIRCVITv
     A · MVRO · KAST . P
     D · PR · LXXXIX · ToR  an 128
     QVATO · ET · LIBoNE · COS
```

On remarquera que cette inscription est une de celles qui nous fixent sur le rapport de l'ère provinciale de Maurétanie

avec l'année consulaire. M. Vettius Latro paraît devoir prendre M. César.
place après les deux précédents dont le gouvernement se rapporte
aux premières années d'Hadrien.

C. PETRONIUS CELER.

C. I. L., VIII, 8813, à Bordj bu Areridj.

```
         eX   INDVLGENTIa
         iMP CAES TRAIAni
         HADRIANI  ANg    (sic)
         FINES  ADSIGNA
    5    TI·GENTI NWIDA
         RWI PER C PETro
         NIVM  CELEREM
         PRoC AVG PROLinc   (sic)
         MAVRETANIAE  CAESa
   10    RESIS
```

Le n° 8814, plus correct, reproduit le même texte; je préfère
donner celui-ci dont on corrigera, du reste, facilement les fautes,
parce qu'on s'était appuyé sur une lecture défectueuse pour voir
dans C. Petronius Celer, un *procurator Aug. pro legato.* J'ai
signalé plus haut cette erreur et il n'est pas besoin que j'y
revienne.

C. Petronius Celer est le prédécesseur de T. Varius Clemens,
ainsi qu'il résulte de l'inscription dans laquelle un certain
Nonius Datus raconte les incidents survenus lors de la construc-
tion de l'aqueduc de Saldae et la part qu'il y prit. Ce fut à
C. Petronius Celer, dit-il, qu'il soumit les plans dressés par lui.
C. I. L., VIII, 2728.

Q. PORCIUS VETUSTINUS.

C. I. L., II, 4240, à Tarracone.

```
      Q·PORCIO·Q·FIL
      .QVIR · VETVSTINO
      CANTABR·IVLIOBRIG
      PRAEFEC·CHOR · PILATO
   5  rum//////////////////////
      /////////////////////
      flam p. h. c.      (flamini provinciae Hispania Citerioris)
           p. h. c.      (provincia Hispania Citerior)
```

M. César.   Je place Q. Porcius Vetustinus avant T. Varius Clemens; en voici la raison : on voit par les lettres transcrites sur le monument de Nonius Datus, dont j'ai parlé à l'article précédent, que Varius Clemens était le contemporain de Valerius Etruscus, et Porcius Vetustinus, celui de L. Novius Crispinus. Or celui-ci fut légat de Numidie pendant les années 147-149, et Valerius Etruscus en 152. Porcius Vetustinus suivit sans doute C. Petronius Celer, sous lequel Nonius Datus paraît avoir dressé les plans et commencé des travaux.

Le nom de Q. Porcius Vetustinus apparaît encore dans le fragment qui porte le n° 8465 (*C. I. L.*, VIII).

(*A suivre.*)   C. PALLU DE LESSERT.

VOYAGE ARCHÉOLOGIQUE

EN TUNISIE

Exécuté en 1882-1883,
sur l'ordre de S. E. le Ministre de l'instruction publique,

Par M. J. POINSSOT.

LES ROUTES DE CARTHAGE A THÉVESTE
ET DE CARTHAGE A SICCA VENERIA

(Suite)[1].

Après cette longue digression qui avait pour but de faire connaître les ruines romaines situées dans le voisinage de Teboursouk, vers le nord et vers l'ouest, ainsi que les voies qui les desservaient, nous reprendrons la route de Carthage à Sicca au point où nous l'avons laissée, au pied de la ville même. Il ne sera pas difficile de la suivre ; sa chaussée, presque partout conservée, présente peu de lacunes ; elle sert encore, à l'heure actuelle, de voie de communication entre Testour et le Kef. Elle traverse la plaine dans la direction du sud-ouest. Parmi les nombreuses bornes milliaires qui gisent sur le bord du chemin ou à proximité, quelques-unes sont restées inédites.

Avant d'arriver à l'Oued Zeg.

N° 774. *Viam a Karthagine*	N° 775. *Viam a Karthagine*
Thevestem stravit	VSQVE AD FINES NV
per leg. iii Aug	MIDIAE PROVINC*iae*
P M*etilio secundo*	LONGA INCURIA CORR*uptam*
LEG *Aug.* PR PR	ATQVE DILAPSAM RES
LXXXI	TITVERVNT
	LXXXIII

---

[1]. Voir *Bulletin des Ant. Afr.*, T. I, p. 289, 294 et suiv., T. II, pp. 68, 150, 226, T. III, p. 46.

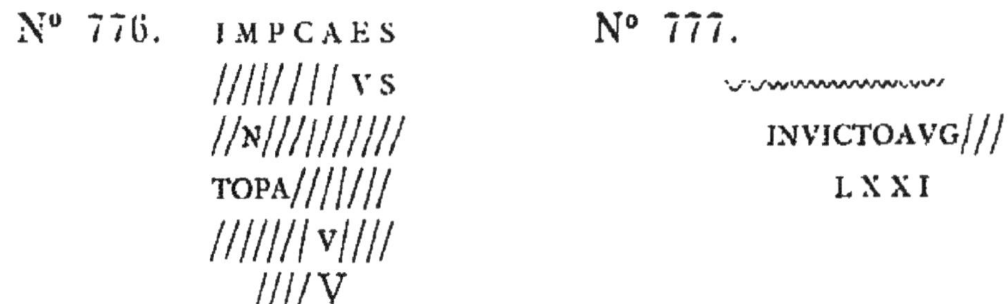

Nous avons fait remarquer que la voie tracée sur la table de Peutinger, celle sans doute qui fut ouverte par le légat P. Metilius Secundus, se détachait à Vallis de la voie décrite par l'Itinéraire d'Antonin. Elle faisait un assez long détour vers le sud, franchissait les défilés où la Siliana se fraye un passage pour se jeter dans la Medjerdah, puis elle traversait la chaîne montagneuse qui sépare le bassin de cette rivière de celui de l'oued Kralled, pour rejoindre la route de l'Itinéraire à Agbia.

Vallis.

M. Tissot a déterminé, en 1856, l'emplacement de Vallis[1], il place cette station, Sidi Medien, entre Krich el oued et Medjez el Bab, sur un affluent de la Medjerda. « La Koubba de Sidi Medien, dit-il, domine un plateau assez étendu, couvert de ruines romaines parmi lesquelles on remarque les débris de trois temples. Une vallée assez profonde, où coule l'oued Melah, sépare ce plateau d'un autre moins élevé, également couvert de ruines ; un pont, dont les débris existent encore, faisait communiquer la ville proprement dite avec ce faubourg. »

Dans deux inscriptions gravées vers la fin du IIᵉ siècle ou le commencement du IIIᵉ, elle porte le nom de *Municipium Vallitanum*[2]. Elle devint ensuite une colonie[3], et vers le milieu du IVᵉ siècle, la résidence d'un *rationalis Summarum Africae*[4]. On connaît plusieurs évêques de Vallis.

---

1. *Annuaire* de la Société archéologique de Constantine, 1854-57, p. 90.
2. *C. I.*, nᵒ 1280 et 1282.
3. *C. I.*, nᵒ 1274 et 1275.
4. *Codex Theodosianus*, X, 1, 7.

La route se dirigeait vers le Khanguet Morro, nous la retrouvons au col de Khanguet Tlit, où elle traverse une petite ruine nommée Henchir el Zezia. Là, on voit les ruines d'un beau mausolée qui était orné de colonnes corinthiennes dont les tronçons et les chapiteaux jonchent le sol ; je n'ai retrouvé que le commencement de l'inscription qui était gravée.

N° 778. Longueur 0^m 85, hauteur 0^m 50, lettres de 0^m 16.

M FLAV.

A quelques centaines de mètres plus loin, plusieurs bornes milliaires gisent dans la broussaille non loin de la chaussée.

N° 779. Lettres de 0^m 05.

IMP · CAES · C · IVLIVS · VE
RVS · MAXIMIN*us·pius*
FEL · AVG · *Germ·max·sar*
MATICVS · MAX*imus*
(*sic*) 5 DACCICVS · *maximus*
PONT · MAX*imus trib*
POTEST · III · *imp.* VII *a 237*
ET · C · IVLIVS · *Verus*
MAXIMVS · *nobilissi*
10 MVS · CAES · *princeps*
IVVENTVTIS · *Germ. ma*
X · SARMAT · *max · Da*
(*sic*) CCICVS · MAX · *viam · a*
KARTHAGINE *usque · ad ·*
15 FINES · NVMID*iae*
PROVINCIAE · *longa*
INCVRIA · *corrupta*
M · ADQVE *dilap*
SAM RESTITV*e*
20 RVNT

LX

A cinquante pas environ de cette borne, un fragment d'un autre milliaire porte seulement ce chiffre:

N° 780. LX

Bir el Heusch.

Nous signalerons, hors de notre route, à deux heures de marche dans la direction du sud, et à 4 kilomètres environ au N.-N.-E. du djebel Rihan, les ruines importantes de Bir el Heusch.

Elles occupent un plateau entouré par deux ravins, coulant du nord au sud. La ville paraît avoir été défendue par une enceinte dont les ravins bordaient les deux grands côtés. Les deux autres étaient munis de murs construits de matériaux fort grossiers. Au centre s'élèvent les ruines d'un temple qui était orné de colonnes corinthiennes cannelées; il fut transformé en forteresse à l'époque byzantine. Sur un fragment d'architrave, gisant à l'intérieur, sont gravées quelques lettres.

N° 781. Hauteur 0^m 50, longueur 0^m 60, lettres de 0^m 13 à la 1re ligne et de 0^m 10 à la 2e.

| T VS |
| VIT |

Un pont, dont les culées subsistent encore, franchissait l'oued el Hassi qui coule dans les ravins au sud de la ville. Son axe est orienté du N.-O. au S.-O., et dans le prolongement on voit la chaussée d'une route se dirigeant vers Avitta Bibba.

La voie romaine peut être facilement suivie à partir d'Henchir el Dzezia jusqu'à l'Henchir Telt Douameus, situé à une heure de marche à l'ouest, sur un plateau incliné vers le sud, dominant le Khanguet Morro. C'est une ruine peu considérable, composée de quelques citernes, quelques pans de murs et des restes d'un aqueduc. J'y ai trouvé deux milliaires mutilés portant le même chiffre.

N° 782. Lettres de 0ᵐ 09.

C Aurelliano?
i n v i c t o
PIO FELICI
AVG . N̄
———————
LXII

N° 783. Lettres de 0ᵐ 08

pro COS / / /
———————
LXII

Au dessous de ce plateau, coule la Siliana profondément encaissée dans ses berges. Une presqu'île formée par une boucle de la rivière est occupée par des ruines assez étendues, appelées Henchir Dermoulia. Un mamelon, situé à la partie orientale, porte les restes d'une citadelle. On voit vers le sud les restes d'un pont, consistant en d'énormes masses de blocage, des citernes, des pans de murs, des fondations dessinant le plan de divers édifices, indiquent l'emplacement de l'ancienne cité.

Un peu plus loin, nous trouvons, sur une hauteur que contourne la Siliana, un autre groupe de ruines appelées Henchir el Baghla. Quelques pans de murs restes de l'enceinte, plusieurs tours ruinées qu'on retrouve çà et là au milieu d'épaisses broussailles, d'énormes masses de blocages provenant d'un aqueduc qui franchissait un ravin assez profond pour amener à la cité les sources de la montagne, c'est tout ce qu'il reste d'une ville qui dut avoir quelque importance.

Inscriptions.

N° 784. Borne milliaire brisée. Lettres de 0ᵐ 10.

IMP · CAES C IVLIVS
VERVS MAXIMINVS
PIVS FELIX AVG. GERMANI
CVS MAX SARMATICVS
ꙅ MAX DACICVS MAX
PONTIFEX MAX. TRIB POT III *(a 237)*
IMP VI *et C iulius Verus*
Maximus nob. CAES
PRInceps iuventutis

Nº 785. Borne milliaire. Lettres de 0ᵐ 08.

<pre>
      IMP.   CAES M
      AVRELIVS   AN
      TONINVS PIVS AVG
      PARTHICVS MAXI
    5 MVS   BRITANNICVS
      MAXIMVS GERMA
      NICVS· MAXIMVS
      TRIB·POTEST XIX
      COS IIII PP
   IO RESTITVIT
      LXVI
</pre>

Continuons à remonter les gorges de la Siliana.

Laissant sur la rive droite de la rivière quelques ruines qui couronnent un mamelon, ruines connues des indigènes sous le nom d'Henchir Dahara, bientôt la vaste plaine de la Siliana s'ouvre devant nous. A cet endroit, deux routes se détachaient de la voie principale. L'une que nous avons déjà décrite[1] conduisait à Hadrumète par Thuburbo Majus ; l'autre remontait la vallée de la Siliana, rencontrait, pour se confondre avec elle, la voie de Theveste à Hadrumète en passant par Althiburos et Zama Regia[2]. On remarquera que la ville de Zama Regia, dont une inscription récemment découverte[3] a fait connaître la position d'une manière à peu près certaine, se trouvait placée au centre d'un réseau de chemins dont l'agencement explique parfaitement la marche d'Annibal.

Mais revenons à notre route. Au sortir des gorges de la Siliana, elle oblique vers le nord et s'engage dans de nouveaux défilés pour traverser la chaîne montagneuse qui sépare la vallée de la Siliana de celle de l'oued Kralled. Nous indiquerons sur son parcours plusieurs ruines existant à Aïn Younès. Un peu plus loin au confluent de l'oued el Gouçà et de l'oued el Hadjarat,

---

1. V. *Bull. des Ant. Afr.*, T. I, p. 292 et suivantes.
2. Cf. *Antiquités Africaines*, T. II, p. 227 et suiv.
3. *Antiquités Africaines*, T. II, p. 350 et suiv., nº 610.

un quai défend l'angle compris entre les deux rivières au point
où elles se réunissent, et un pont, aujourd'hui écroulé, franchissait l'oued el Gouçà. A environ un kilomètre de là, sur le
bord de la route, gisent cinq morceaux d'une borne milliaire
dont la base occupe encore sa place primitive. Il est facile de
compléter l'inscription.

N° 786. Lettres de 0ᵐ 065

IMP *Caes*
DIVI NERVAE NE*pos*
DIVI TRAIANI PAR*thici f.*
TRAIANVS H*adrianus*
5 AVG PONT·M*ax trib*
POT VII *cos iii (a 128)*
VIAM *a Karthagine*
THEVESTEM STRAVIT
P METILIO SECVNDO
10 LEG AVG · PR · PR ·
LVVV

La pierre brisée n'a conservé que la partie supérieure du
chiffre de distance, mais on peut conjecturer par les restes des
caractères et par la place du milliaire que ce chiffre était LXXX.

1,500 mètres plus loin se trouve un ponceau en pierres de
taille, aussi remarquable par sa conservation que par son exécution parfaite; sa largeur qui est de 8ᵐ 50 indique celle de la
route. La chaussée est encore couverte de ses larges dalles
disposées en losanges, elle est bordée de deux trottoirs également
dallés et garnis de bornes ou *gomphi*. L'arche du pont a 2ᵐ 25
d'ouverture, sa hauteur est de 3ᵐ. Au dessous il existe un radier
formé de larges dalles destinées à protéger les fondations des
piles contre les érosions causées par les crues.

Ensuite, sur la droite, un mamelon couvert de ruines domine
la vallée du Kralled. En face, on voit la Koubba de Sidi
Abdallah Chaïb, où il y a deux bornes milliaires dont les
inscriptions m'ont été communiquées par M. le Dʳ Darré.

Nᵒ 787. Lettres de 0ᵐ 07.

```
                 IMP  CAES
            M A N O N V S
            G O R D I A N V S
            DIVI · M · ANO
         5  NI  GORD·IAN
            NEPOS  DIVI  M
            ANON  GORDIA
            N   SORORIS   SV
   (sic)    E  FIL  PIVS  FELIX
        10  AVG   FORTISSI
            MVS  FELICISSIMVS
            PONT  MAX  TRIB
              COS  PRO
```

Nᵒ 788. Couverte d'une couche de chaux qui empêche qu'on puisse la déchiffrer complètement.

```
            //////////////// AV
            ///////////////////
            AVRE//////////////O
            //// AR//////// INO
         5  MO///// ART//////
            MO///////////////////
            /////////////////////////
```

La voie romaine traverse obliquement la plaine du Kralled, elle est assez bien conservée pour qu'on en puisse aisément suivre le tracé, cependant il ne reste aucune trace apparente du pont sur lequel elle franchissait la rivière. Elle rejoint la voie de Carthage un peu au delà des vestiges d'un arc de triomphe, aujourd'hui complètement renversé, qui s'élevait à 4 kilomètres de Teboursouk, au carrefour des routes, et sur les pierres duquel on peut lire les deux inscriptions suivantes.

Nᵒ 789. Longueur 1ᵐ 10, hauteur 0ᵐ 90, lettres de 0ᵐ 15.

Pro salute ?

```
         C  A  E  S  A  R  V  M
         N  O  S  T  R  O  R  V  M
         COL · THVGG · DE vota
```

N° 790. Longueur 1ᵐ 10, hauteur 1ᵐ 05, lettres de 0ᵐ 15.

V I C T O R I I S
i M P E R A T O R V M
N O S T R O R V M
COL · THVGG · DEVₒTA

Cette dédicace a trait aux victoires remportées par les deux Augustes Dioclétien et Maximien. La précédente s'adresse aux Césars Constance Chlore et Galère.

Voici quelques bornes milliaires provenant des ruines voisines.

N° 791. Lettres de 0ᵐ 06.

IMP CAESAR M
AVRELIVS CLAV
DIVS PIVS FELIX
AVGVSTVS PP PO
(*sic*) 5 NTIFICI MAXIM
TRIBVNICIE POTE
STATI CONSVL
PP
LXX

N° 792. Lettres de 0ᵐ 07.

INVICTO·AVG N̄
LXXI

N° 793. Lettres de 0ᵐ 045.

IMP CAES//////
/// LICINIO VALE
RIANO PIO FEL AVG
PONT MAX TRIB P
5 OTES COS ĪĪ PP (*a 254*)
PATRI D̄N̄ /ʰ///
CAES · P///LICIN

N° 794. Lettres de 0ᵐ 08, presque effacées.

LVIBI ///////
////OB /////
///////////

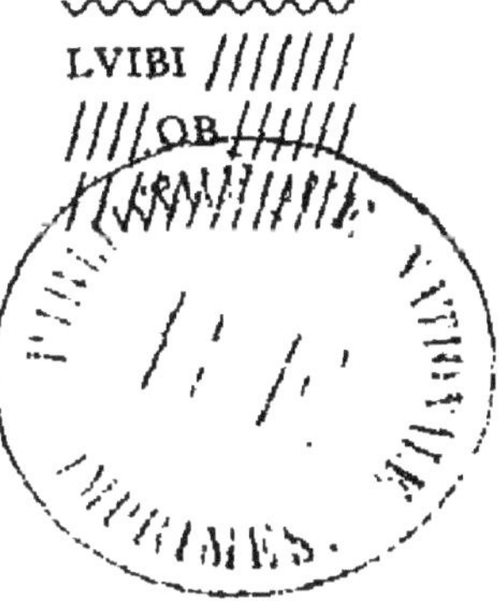

Nº 795. Lettres de 0ᵐ 06.

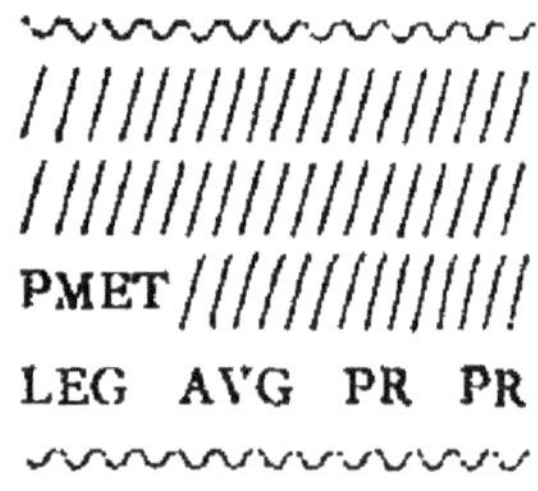

Nº 796. Sur le bord de la route, près de l'oued Zeg.

A l'endroit où l'oued Zeg traverse la route, il existe un barrage qui peut-être servait en même temps de gué. Non loin de là, vers le sud, en s'approchant de l'oued Kralled, on voit des ruines où j'ai recueilli quelques inscriptions funéraires.

Nº 797.	Nº 798.	Nº 799.
DMS	DMS	DMS
Q IVLIVS	CVALASI	Q VALASI
A R A B V S	NIVS SVC	NIVS CASSI
CASSIANVS	CCESSVS	ANVS PVA
PV A XXVI	PV · A LXX	XXXII
HSE	HSE	HSE

Aïn Hedja (Agbia).

Les ruines d'Agbia couvrent un mamelon entouré par deux ravins et dominant la voie romaine. Le seul édifice qui y soit resté debout est une citadelle byzantine de forme rectangulaire ayant soixante mètres de long sur cinquante de large (pl. XI).

Elle a été transformée en caravansérail, et parmi les chambres qui sont adossées à l'intérieur de ses remparts, il en est plusieurs qui sont voûtées et de construction ancienne. La tour N.-O. paraît être le reste d'un édifice plus ancien. Au dessous, une source abondante sort d'un canal antique, et son nom Aïn Hedja sert à désigner les ruines de cette ville.

TUNISIE.

AIN-HEDJA (*Agbia*). — Citadelle byzantine transformée en Caravansérail.

Toutes les inscriptions que j'ai copiées à Aïn Hedja ont déjà été publiées, excepté je crois ces trois fragments.

N° 800. Lettres de 0ᵐ 15, profondément gravées.

a   *b*

RO   FILIO

N° 801. Hauteur 0ᵐ 40, largeur 0ᵐ 45, lettres de 0ᵐ 07.

ONCES

Sidi bou Attila.

En quittant Aïn Hedja, la route suit le flanc d'un coteau qui s'avance dans la vallée. Au delà, à l'entrée de la plaine du Ghorib, s'élève la Koubba de Sidi bou Attila, où plusieurs bornes milliaires sont employées en guise de colonnes, d'autres gisent brisées sur le sol. Voici celles qui sont inédites.

N° 802. Lettres de 0ᵐ 10 à la 1ʳᵉ ligne et de 0ᵐ 08 aux suivantes.

IMP CAESAR
DIVI NERVAE NEPOS
DIVI TRAIANI PARTHICI F
TRAIANVS HADRIANVS
5 AVG PONT MAX TRIB
POT VII COS III *pp* (*a 123*)
VIAM A KARHAGINE
THEVESTEM STRAVIT
PER LEG III AVG
10 P METILIO SECVNDO
LEG AVG PR PR

N° 803. Lettres de 0ᵐ 07.

IMP CAES C MESSIVS
q Decius TRAIANVS *pius felix*
AVG PONT*ifex m a*
(*sic*) XIMIT POTESTAS (*a 249*)
PP
LXXXVI

Nº 804. Lettres de 0ᵐ 07.

<pre>
    IMP CAES
/// VALERIO
//////////// NO
//////////////
/////////// AS
</pre>

Nº 805. Lettres de 0ᵐ 05.

<pre>
IMP CAES C MESSIVS
Q DECIVS TRAIA
NVS PIVS FE
LIX AVG PONTIF
5 EX MAXIMVS TRIB
POTESTAS PP (a 249)
LXXV
</pre>

Nº 806. A l'angle extérieur S.-O. de la Koubba de Sidi bou Attila.

<pre>
IMP CAES
M AVRELIVS
ANTONINVS
PIVS FELIX AVG
5 PARTHICVS MA
XIMVS BRITA
NICVS MAX
GERMANICVS
MAXIMVS
/// PO
</pre>

Nº 807. Fragment de borne milliaire.

<pre>
/////XXV
</pre>

Henchir Douameus mta l'oued Rmel.

A environ 1,500 mètres au N.-O. du marabout de Sidi bou Attila, les restes d'une ville assez importante couvrent les pentes d'un contrefort du djebel Guern el Kebch. Elles portent le nom d'Henchir Douameus mta l'oued Rmel. Les fondations de l'enceinte qui l'entourait sont encore reconnaissables ; elles ont conservé les restes de plusieurs édifices importants. Vers le sud, ce sont les murailles d'un temple ou d'une basilique, s'élevant à 5 ou 6 mètres de hauteur ; les voûtes de l'édifice gisent à terre. Un peu plus haut, on voit les fondations d'un petit temple de forme rectangulaire où j'ai relevé le curieux fragment d'inscription que voici. Il rappelle la réfection de ce temple détruit par un tremblement de terre.

N° 808. Longueur 1^m 10, hauteur 0^m 57, lettres de 0^m 045.

> ACR ////
> ILARVS · SVA · PECVNIA · A · SOLO
> RRAE·MOTVM DILABSVM
> NATVS · FILI · EIVSDEM · SVA
> EMQ · D E D I C A V E R V N T [1]

Un autre monument épigraphique, gisant non loin de là, nous apprend que ces ruines sont celles d'un municipe, malheureusement la partie inférieure de la pierre où son nom devait être inscrit n'a pu être retrouvée.

N° 809. Hauteur 0^m 96, largeur 0^m 50, épaisseur 0^m 45, lettres de 0^m 06 et 0^m 07.

> D N
> M *flavio*
> V A L E R I O
> CONSTANTIO
> 5 NOB · CAES
> RESPVBLICA
> M V N I C I P I I
> ////////////////

N° 810.	DMS	N° 811.	////////////
	MARCIDIA		LF · ARN · SVR
	RESTITVTA		VS P : V · A .
	PV A XXVI		LXXXXI
	HSE		HSE

1. Il convient de remarquer qu'une dédicace trouvée à Besseriani, et datée de l'an 267, fait mention d'édifices renversés par un tremblement de terre, il est possible que ces deux textes soient contemporains et se rapportent au même événement.

Les restes d'une citadelle couronnent ces ruines. En arrière,
une source magnifique s'épanche dans un bassin creusé dans le
rocher, mais dont la forme avait été régularisée par des murailles.
A environ 2 kilomètres vers le nord, on aperçoit les ruines
d'un édifice assez vaste et fort élevé, je n'ai pu les visiter.

Reprenons, vers la Koubba de Sidi bou Attila, la chaussée
romaine qu'il est facile de suivre, grâce à sa conservation.
Après une marche d'une demi-heure, on voit gisant sur le bord
de la route quatre bornes milliaires. Trois sont connues, la
quatrième porte une dédicace intéressante.

Elle est adressée par les citoyens du municipe d'Agbia à
Magnus Maximus, qui usurpa la pourpre en Gaule et en Bretagne,
à la fin du IV⁰ siècle (383-387), et à son fils Flavius Victor.
Elle présente la double particularité d'être la première inscription dédiée à ces princes, qui ait été rencontrée en Afrique,
et d'être gravée sur un milliaire par les citoyens du municipe
d'Agbia.

N° 812. Entourée d'un encadrement de 0ᵐ40 de hauteur,
0ᵐ25 de largeur, lettres de 0ᵐ03.

<pre>
        D·D·   NN
      M A G   M A
      XIMO ET F////
      VICTORI P·P·F·F·
    5 PP SEMPER
         AVGG
      ¹ M·A·D·N·M·
        EE 𐆠 𐆠
</pre>

On arrive bientôt à l'oued Rmel, et au delà de ce ruisseau,
sur la droite du chemin, on rencontre un vaste système de
citernes voûtées, formant un massif carré de plus de cinquante
pas de côté. Auprès, quelques vestiges d'un établissement antique.

Un peu plus loin, au dessous de la Koubba de Sidi Ouraba,
se trouvent les restes d'un petit camp retranché, consistant en
une enceinte carrée de 20 mètres de côté, entourée d'un fossé
assez large et assez profond.

---

1. M(unicipium) A(gbiense) d(evotum) n(umini) m(ajestatique) e(orum).

Ces camps retranchés ne sont point rares en Tunisie, nous aurons l'occasion d'en signaler d'autres au nord de Kérouan et à l'ouest de la vaste plaine qui s'étend jusqu'à Sousse.

Aïn Ghar Salah est une fontaine qui s'échappe de rochers formant une sorte de grotte creusée dans un mamelon qui domine la route à droite. Ce mamelon est couvert et entouré de ruines. Une partie des inscriptions qu'on y trouve ont été publiées, et il n'est pas utile de les reproduire. Celles-ci paraissent inédites.

N° 813. Lettres de 0ᵐ 05 et de 0ᵐ 07.

```
    IMP  CAES
    C MESSI TRA  (sic)
    IAN  DEC
    PII  FELI
  5 AVG  PONTi
    FICI  MAXi
    MI  TRIBu  (sic)
    NICIE  PO
    TESTAS//  (sic)
 10      P·P
    L X X X V
```

N° 814. Lettres de 0ᵐ 08.

```
    IMP  CAES
    M  AVRELIO
    PROBO  PI
    O FELICI AVG
  5 PONTIFICI
    MAXIMO
    TRIBVNICI
    AE POTESTA
    ////////// //////
```

Cette inscription a été publiée au *C. I.* sous le n° 10085, mais la copie de la dernière ligne diffère de celle que je donne ici.

N° 815. Lettres de 0ᵐ 13.

```
    //////////
    LXXXVIIII
```

Nᵒ 816. Lettres de 0ᵐ 08.

FORTISSIMO
IMP ET PACA
TORI VRBIS (*sic*)
M CLAVDIO
TACITO PI
O FELICE AVG
N̄
LXXXVIIII

Inscriptions funéraires.

Nᵒ 817.

F HYGE
PIA VIXIT
A XXXII
HSE

Nᵒ 818.

DMS
CATAMELIVS
TANTA P·V
ANN XXV
· HSE

Nᵒ 819.

DIS	DMS
MANI	C FVLVI
BVSSA	V S C
CRVM	FILIVS
LICINIA	CORNE
BONIFA	LIA FELIX
CIAPVI	PVA LXV
XITANN	

Nᵒ 820. P. CORNELIVS
//////////////////

Henchir-Meust (Musti).

Ces ruines entourent la Koubba de Sidi Abd er R'bbou. Une inscription publiée par M. Guérin montre que ce sont celles de Musti, station de la route de Carthage indiquée à la fois par l'Itinéraire et par la Table. Ptolémée, Vibius, Sequester et les actes des conciles en font aussi mention. Le seul monument qu'on y voie encore debout est un arc de triomphe dont la voûte s'est écroulée, mais dont les pieds droits s'élèvent encore à une hauteur de sept à huit mètres. La longueur totale de ce monument, représenté par notre planche XII, est de 10ᵐ 50, l'ouverture de l'arcade, de 4ᵐ 50.

SIDI ABD-ER-REBBOU (MUSTI). — PORTE TRIOMPHALE.

N° 821. Fragment de borne milliaire gisant auprès de la Koubba de Sidi Abd er R'bbou.

//////////TITVER////
LXXXX

A environ 1,500 mètres de l'Henchir Meust, et à l'extrémité orientale du djebel bou Kahil, on trouve dans la Koubba ruinée de Sidi M'Kahal plusieurs bornes milliaires.

N° 822. Hauteur, 1 ^m 60 ; lettres de 0 ^m 06.

```
      IMP   CAES
   m iuLIVS  PHILIP
   pVS   FELIX   AVG
   usiVS  PONT  MAX
 5 imus COS P·P PRO
   cos eT M  IVLIVS PHI
   LIPPVS   NOBILISSI
   MUS  CAES  PRINCEPS
   IVVENTVTIS   ET
10 mARCIA  OTACILIA
   seveRA  AVG  CONIVNX (sic)
   dN   MATER   CAES
   et caSTRORVM ET SE
   NATVS ET PATRIAE
         XXII
```

N° 823. Fragment de borne milliaire.

LXXXXII

N° 824. Très fruste. Je n'ai pu déchiffrer que quelques caractères.

////////////////
////////PR//////
////AN/////////
////////////////

N° 825.   L·IVLIVS
              VICTOR
              VA/////

La route s'engage ensuite dans une étroite vallée resserrée entre le Djebel bou Kahil et le massif du Djebel Djouaouda. Un peu avant d'arriver à Bordj Messaoudi, les ruines d'un établissement romain, dont l'enceinte subsiste encore, couvrent l'extrémité d'un éperon qui se détache de la chaîne septentrionale et s'avance dans la plaine. Au milieu gît une borne milliaire dont voici l'inscription.

N° 826. Lettres de 0 ^m 10.

PACATISSIMO

IMP.   L   DOMI

TIO   AVRELIA

NO   INVICTO

PIO   FEL

A V G   N̄

LXXXIIII

Non loin de là, à Henchir el Gamoudi, il existe d'autres ruines où j'ai trouvé aussi une borne milliaire dont l'inscription est fort remarquable.

N° 827. Lettres de 0 ^m 04.

D /// NN

///N IMPP·SE

MPER AVGG

C O N S T A N

TIO   ET   MA

X I M I A N.O

A V G G

LXXXII

Bordj Messaoudi (Thacia).

Les ruines de Thacia couvrent l'extrémité occidentale d'une colline qui se rattache au djebel Djouaouda. Bordj Messaoudi, caravansérail occupé par une garnison française, se trouve à quelques centaines de mètres au sud, au milieu des vastes broussailles qui couvrent la plaine. Des fouilles importantes ont été pratiquées à cet endroit ; on y a découvert, dit-on, de très belles mosaïques qui ont été enlevées ou détruites. La ville devait

TUNISIE.

BORDJ-MESSAOUDI. — Fragments d'architecture.

(Encadrement de croisée).

avoir une certaine importance ; le seul monument qui subsiste encore est le mausolée de Marcus Cornelius Rufus, déjà décrit par M. Guérin. L'inscription suivante vient confirmer l'hypothèse de ce savant qui considère les ruines de Messaoudi comme celles de la station de Thacia indiquée par la table de Peutinger.

N° 828. Haut., 1 ᵐ 70 ; larg., 0.ᵐ 60 ; lettres de 0 ᵐ 06.

INVICTISSI

MO *d n* MA

RCO FLAVIO

CO*nstan*TIN

O//////////////

E/////////////

*municipi*VM

THA*ciensi*VM

NUM · MAIES

TATIQVE EIVS

devotum

N° 829.

IMP CAES

M AVREL////

ANTONINVS//

FELIX AVGVST///

Divers fragments d'architecture provenant des ruines de Messaoudi ont été transportés au musée de Kef, entre autres l'encadrement d'une fenêtre et un chapiteau (pl. 13) appartenant à un édifice d'une basse époque, et plus remarquable par la richesse que par le goût de leur ornementation. M. Saladin, auquel nous devons le dessin reproduit par notre planche et les remarques qui précèdent, pense que ce sont les débris d'une église chrétienne dont les murs étaient construits en blocage ou en menus moellons. Il rapproche le style de cette décoration de celui de divers fragments qu'il a relevés lui-même : 1° dans les murs d'une forteresse byzantine à Feriana ; 2° dans les ruines d'Haouch Khima mta Darraouia, entre Feriana et et Sbeitla.

N° 830. Borne milliaire servant de banc, près de la porte du caravansérail.

```
~~~~~~~~~~~~~~
//////
NTO
NINO
AVG
//////
```

N° 831. Borne milliaire dans le jardin du bordj.

```
IMP CAESAR//
C MESSIO QVI
NTO DECIO TRA
IANO PIO FELICE
AVGPM
NICIAE
```

N° 832.

```
DMS
LVOLVSI
~~~~~~~~~~~~~
```

Bahiret er Ghorfa.

Le Djebel bou Kahil, chaîne de montagnes abruptes courant de l'est à l'ouest, sépare Messaoudi de la vaste et riche plaine de la Ghorfa. Cette chaîne est longée dans sa partie orientale par une voie romaine partant de Musti, pour se diriger vers le sud-ouest. Nous ne décrirons point les nombreuses ruines qui couvrent le Bahiret er Ghorfa, il en est peu qui aient conservé des édifices de quelque importance, nous nous bornerons à reproduire le texte des inscriptions que nous y avons copiées.

Henchir bou Aouitta.

N° 833. Dans les murs d'un castellum byzantin. Hauteur 0ᵐ 40, longueur 1ᵐ 60, lettres de 0ᵐ 05.

```
DDD NNN VALENTINIANO VALENTI ET GRA(tiano
    SEXTIO RVSTICO·V·C·PROC CONSA ·) (sic)
    V·C LEGATO NVMIDIAE BALNEAE QVAE
    REDINTEGRATE SVNT DEVOTIONE TOTIVS ORD
    CVR·RP OPVS ET SOLLICITVDINE ET SVMPTIBVS///
```

Sextius Rusticus Julianus, proconsul d'Afrique de 371 à 373, avait été *magister memoriae* en 367. Il fut préfet de Rome sous Maxime et mourut en sa charge à la fin de l'année 387 ou au commencement de 388. Le personnage de rang sénatorial (*vir clarissimus*) dont la seconde ligne du texte fait mention est celui des légats du proconsul d'Afrique qui était préposé au gouvernement de la Numidie proconsulaire, c'est-à-dire de la partie de la Numidie réunie en l'an 37 à la proconsulaire sous le nom d'*Africa nova* ou de *Numidia proconsularis*. Les limites de l'ancien territoire de Carthage, qui devint la province proconsulaire, et celles de la Numidie passaient donc entre Henchir Avitta et Henchir Douamens qui, nous l'avons vu, est la *Colonia Ucitanorum Majorum*, placée par Pline dans la province proconsulaire ; elles sont donc fixées sur ce point d'une façon précise.

N° 834.

```
    D M S
    DVRVI
A·Q·F·SAL
    SVLAP
    VALV

    H S E
```

```
D M S
C IVLI
VSRV
F V S
//////
//PVA
H S E
```

N° 835.

```
    D M S
SEXTERENTI
V S Q F C O R N
FELIX  IVLIANVS
PIVS VAXXX
    H S E
```

Sidi Tetouaï.

N° 836.

```
        D M S
M.  VALERIVS  MF
CORN  FELIX  CAL
LIO AEDILIQ VIVOSA
CERDOTI ////////////////
//////////////////////////////
P V A LXV HSE //////
```

N° 837.

```
    D M S
Q NOM A
TARED
VCTAP
VALXXX  HSE
```

```
DM///
LHOSTI
LIVS CA
TVLLVS
P////////
H S.E
```

N° 838.

```
    D M S
LHOSTILI
VSREDDV
CT///////
P////////
    H S E
```

N° 839.

```
    D M S
C MARCIVS C
FIL  CORAS
TVS//////// LIA
NVS PVA
XIII M VIII
    H S E
```

N° 840.   D V L C I S S I M A E
                          AMANTISSIMAE NON
                          HOC MERENTI//////
                          ////////////////////

Henchir Sidi Kralifa.

Auprès de la Koubba de Sidi Kralifa, sur les dernières pentes du Djebel Akhouate, s'étendent des ruines assez vastes que couronne un castellum bâti avec les ruines des monuments de l'ancienne cité ; j'ai trouvé à cet endroit plusieurs inscriptions intéressantes.

N° 841. Hauteur 0^m 45, longueur 1^m 35, lettres de 0^m 05.

    CAELESTI
    IMP ⚤ CAES/// [/////////////////]
    EIVS DIVINAE ⚤ COLONI FVN
    CUM COLVMNIS ORNATIS IDEM

N° 842. Hauteur 0^m 80, largeur 0^m 25, lettres de 0^m 05.

    /// ORIO·PA ///
    // O·AVG·SAC
    R·GALLVS
    // IGNO ////
    // ERBERI //
    E CIT·VO
    TVM·SOL
    VIT

N° 843. Lettres de 0^m 10, fragment de frise. On y a creusé deux auges et on a ainsi fait disparaître la plus grande partie de l'inscription.

              a   *b*

Henchir el Oust.

Cette petite ruine, où l'on voit les restes de fort beaux monuments, se trouve au sud de Bordj Messaoudi, au pied des pentes méridionales du Djebel bou Khil et à l'ouest de l'Henchir bou Aouitta.

N° 844. En deux morceaux. Hauteur 0ᵐ 43, *A*, longueur 1ᵐ 40. *B*, longueur 1ᵐ 70, lettres de 0ᵐ 05.

A.

```
pr  O·SALVTE·IMP·CAES·M·AVRELI  COMModi
tiſ MAX·TRIB·POTEST·XIIII·IMP·VIII·COS·v desig·vi
rei ſ  RVM·Q·Q·SACERDOS·PVBLICVS·DEAE   CA
pr  O · PRAECIPVA · ERGA  SANCTISSIMVM · NVMen
am  PLIVS·STATVA·IANO·PATRI·PERFECIT·ET·DE
o   B·CVIVS · DEDICATIONE  LVDOS  ſcAENICOS
```

B.

```
AnTONINI·PII·FELicis Aug Germ·Sarmat Brill pon
P·P·                 C ORTIVS ET·C ////INIVS /////PRA////
ELESTIS·ET·AESCVLAPI·ARCVM·QVEM·SVO·ET·C·OrTI NOmine
EN·RELIG·PROQVE·PERPETVO·PATRIAE·AMORE·PROmiserat ſecit et
    DICAVIT·STATVAM·QVOQVE·IN·FORO·MARsyaE·S
ete PVLVM·CVRIIS·ET·CAEREALICIS·EXHIBVERunt
```

Les deux premières lignes de l'inscription ont été martelées et les titres impériaux qu'on y lit ont été gravés dans le sillon laissé par le ciseau.

N° 845. Hauteur 0ᵐ 65. En deux morceaux : le 1ᵉʳ long de 2ᵐ 20, le 2ᵉ long de 2ᵐ. Lettres de 0ᵐ 10.

```
VICTORIIS · AVG · SACR · PRO · SALVTE}       }
M AVRELI·SEVERI·ALEXANDRI·PII·FELI}cis au}GVSTI PONTIFICIS MAXIMI TRIB
```

N° 846. Cippe brisé. Hauteur 1ᵐ, largeur 0ᵐ 40, lettres de 0ᵐ 06.

```
       C V
     A V G //
     S A C //
   // S·M·M·V //
```

N° 847. Fragment de frise. Lettres de 0ᵐ 06.

```
IONIO
```

Mentionnons encore dans la plaine de la Ghorfa les ruines de Henchir bou Darouan et celles de Henchir el Kouabi, où les restes d'un petit fort couronnent un mamelon.

(*A suivre.*)   J. POINSSOT.

NOTES

SUR

LES RUINES DE BULLA REGIA

Bulla Regia, aujourd'hui appelée Rebia (printemps) par les indigènes, se trouve placée à 70 kilomètres au sud de l'îlot de Tabarca, sur la rive gauche de l'Oued Bedsja (appelé aussi Badsjine par les Arabes), affluent de gauche de la Medjerdah, anciennement connue sous le nom de Bagradas, et sur le territoire des Djendouba.

Le voyageur qui vient de Souk el Arba quitte avec plaisir la plaine de la Medjerdah, si nue pendant les trois quarts de l'année, bien qu'elle soit fertile en céréales. De juin jusqu'en décembre, on n'y voit pas un brin de verdure. Sauf quelques bouquets épars de cactus, on n'y trouve pas un arbre pour donner un peu d'ombrage ou de fraîcheur aux habitants pendant les chaleurs qui durent de mai en octobre.

En arrivant à un kilomètre de Bulla Regia, le voyageur admire la richesse des environs de cette ancienne cité et sa belle position militaire, dont les Romains avaient su si bien profiter soit pour leur bien-être, soit pour leur sécurité.

Il est regrettable que la ligne ferrée de Bône-Guelma ne soit pas venue desservir de plus près cet ancien centre agricole, où l'on trouve de l'eau à volonté, et où l'oued Bedsja arrose au sud de la ville d'immenses prairies marécageuses qu'il serait facile de transformer en de vastes jardins au moyen de quelques canaux de dessèchement et d'irrigation.

Bulla Regia n'était pas seulement un centre agricole, c'était en même temps une ville de bains et de plaisirs, ainsi que le

PLAN
de
BULLA REGIA
d'après le levé de
M. le Lieut. A. WINKLER
ECHELLE · 1 / 10.000
DJEBEL LARBEAH
TEMPLE
Carrières
NECROPOLE
MARABOUT
Ruines
Acropole
Ruines
Tours en ruine
Carrières
murailles
Carrières
AMPHITHEATRE
Chemin de Fernana à Tabarca
Ruines voutées
Chemin de Souk El Arba
THERMES
THEATRE
palmier
murailles
Porte S.
Grands blocs
bassin
abreuvoir
Tour à chaux
Ruines
OUED REDUSA (à sec) Conduite d'eau souterraine
allant à Souk El Arba
Ruines
Ruines
Porte N.
Porte N. O.
Nymphéum
puits
citernes
source
Ruine d'une Tour
Ruines roulées
puits

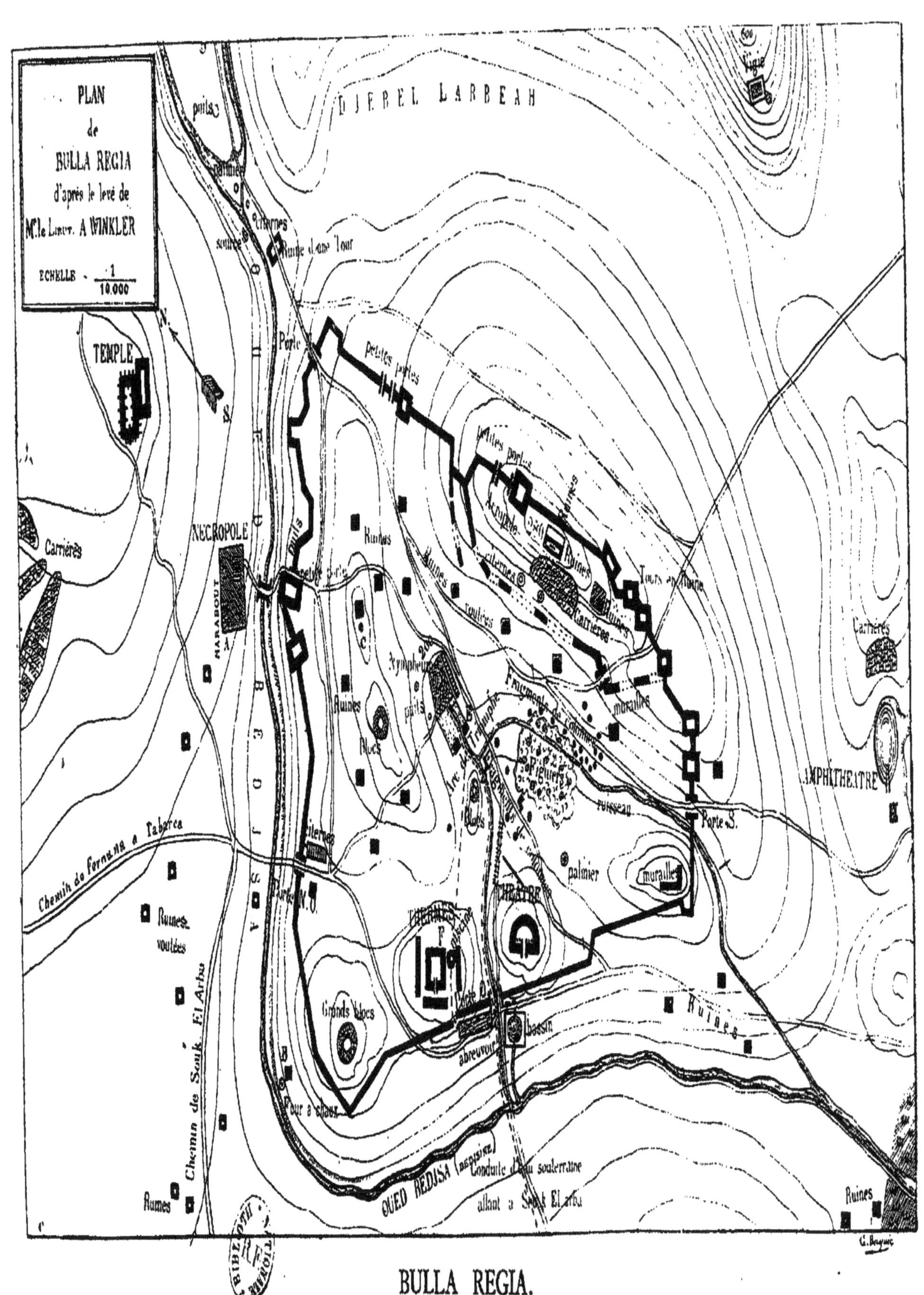

BULLA REGIA.

prouvent les deux grands bassins, les ruines des thermes, du théâtre et de l'amphithéâtre.

L'eau du Hammam a été analysée par M. Gégou, pharmacien à l'hôpital militaire d'Aïn Draham. Cette eau, à la température de 28°, est très bonne. Après refroidissement, elle a une saveur agréable, légère; elle ne contient pas de matières organiques, et son degré hydrotimétrique est 16, c'est-à-dire qu'elle contient au maximum 16 centigrammes de sels alcalino-terreux (chaux et magnésie) par litre.

En 1883, le général donna l'ordre au service du génie de la subdivision d'Aïn Draham de chercher le moyen le plus pratique et le plus économique pour fournir de l'eau potable au poste de Souk el Arba. Les travaux furent exécutés par M. Xardel, capitaine du génie, qui choisit l'eau du Hammam de Bulla Regia; eau que Souk el Arba reçoit depuis 1884 par un conduit souterrain en fonte. Ce conduit, qui a coûté 95,000 fr., parcourt une distance de 7 kilomètres et demi, et forme, dans son trajet, sept coudes indiqués par des pierres de taille semblables aux bornes kilométriques qui bordent nos routes de France. Chemin faisant, près de l'oued Mélah, il alimente les douars voisins, et les Arabes de la plaine viennent à l'aqueduc nouvellement construit pour y faire leur provision d'eau et abreuver leurs troupeaux de bœufs et de moutons.

Avant l'installation de ce conduit, l'eau nécessaire à la consommation des habitants de Souk el Arba était prise à l'aqueduc de Zaghouan à Tunis; de Tunis, elle était transportée jusqu'à Souk el Arba dans des wagons spéciaux. Les eaux de la Medjerdah, ainsi que celles de plusieurs de ses affluents, sont magnésiennes et détestables à boire. La différence d'altitude entre la source de Bulla Regia et Souk el Arba est de 40 mètres.

§ Ier. — *Description de la partie extérieure de Bulla Regia.*

La cité était de forme triangulaire; les côtés, qui mesuraient 800 mètres d'étendue chacun, faisaient face à l'est, au sud-ouest et au nord-ouest; les deux derniers étaient défendus, à petite distance, par l'oued Bedsja, dont les berges sont plus abruptes au nord-ouest de la ville. Aucun fossé artificiel ne défendait les abords de la place, mais le *mur d'enceinte* était flanqué de distance en distance par des tours carrées à demi engagées.

Sur plusieurs points, ce mur, dont on peut suivre presque partout les traces, avait environ 90 centimètres d'épaisseur ; il était en blocage encadré de cordons en grosses pierres de taille, distancés de 2 ^{m} 60.

Quatre portes principales donnaient entrée dans l'enceinte, au N., au N.-O., au S. et à l'O. Outre celles-ci, il existe aussi les vestiges de sept poternes ayant une largeur de 1 m. 25 environ, dont trois sur le front nord-ouest et quatre sur le front est. De ce dernier côté, la muraille était construite sur les flancs escarpés d'une montagne dont le sommet, englobé dans l'enceinte, était couronné par une vaste construction de laquelle il ne reste plus aujourd'hui que les traces des fondations.

Sur le haut de cette montagne, les murs de l'enceinte étaient plus forts qu'ailleurs : ils avaient 2 ^{m} 20 de largeur.

Sur la face occidentale, à l'extérieur du rempart, où la muraille atteint encore 1 ^{m} 80 de hauteur, on remarque un abreuvoir et une conduite d'eau cimentée ; cette dernière déversait les eaux des thermes en dehors de l'enceinte, dans un grand bassin circulaire totalement comblé aujourd'hui. Au nord-ouest de la ville, un pont en pierres de taille avait été jeté sur l'oued Bedjsa ; de ce pont, il reste quelques débris sur la rive gauche ; sur la rive droite, presque toute la culée existe encore.

Ce pont permettait de se rendre à la nécropole, qui se trouve sur la rive droite, à une vingtaine de pas de la rivière, et ensuite à un vaste édifice (un temple, sans doute) situé sur les hauteurs, à 300 mètres au nord de la ville. Ce temple, qui ne présente plus qu'un amas de ruines, avait environ 50 mètres de longueur sur 35 de largeur. Les colonnes, dont on voit encore l'emplacement et même quelques piédestaux, étaient au nombre de 16 sur le côté de la largeur et de 22 sur le côté de la longueur. Elles étaient placées sur deux rangs distants de 4 mètres, l'intervalle entre chaque colonne était de 1 ^{m} 10.

Une autre construction avait été adossée au côté sud de cet édifice. Dans l'intérieur, elle forme encore une cour rectangulaire entourée de plusieurs chambres cellulaires voûtées; on remarque dans chaque chambre une niche faite dans le mur.

En bas, dans le cimetière arabe, là où se trouvait la nécropole, on remarque quelques pierres antiques, des chapiteaux mutilés et des fragments de cippes tumulaires. On y aperçoit aussi un marabout qui menace ruine : à l'un de ses angles, il existe une pierre de taille portant une inscription dont les caractères sont indéchiffrables.

Deux inscriptions tumulaires de peu d'importance, transportées et trouvées sur des tombes musulmanes sont les suivantes :

N° 848. QVARTA   N° 849. DIS............SA
         PIA VIXIT   AGRIA/////////—MA
         ANNIS XIVIII   PIA-VIXIT ANNIS XXVII

Près du marabout, on aperçoit, en outre, un tombeau creusé en terre et bâti en belles pierres de taille; il consiste en trois chambres sépulcrales précédées d'un petit vestibule. Elles sont vides, car toutes ont été fouillées et pillées.

A 600 mètres de là, vers le nord, dans les flancs d'un monticule rocheux, s'étendent trois belles carrières pratiquées à ciel ouvert; elles étaient sans doute exploitées à l'époque où la ville de Bulla Regia a été construite. La plus grande de ces carrières a une étendue de 360 mètres et, à certains endroits, elle a 21 mètres de profondeur.

Entre la carrière et la ville, la plaine est parsemée d'une dizaine de maisonnettes en ruines ; elles ont environ 4 m. 50 de longueur sur 2 m. 80 de largeur.

Près de l'une de ces anciennes habitations voûtées, on remarque dans un four à chaux, construit depuis notre entrée en Tunisie, une belle pierre de taille couchée et encastrée dans le mur; elle porte l'inscription suivante :

N° 850. .GVSHO///ORECON
         OVM-IOM. REIP-RFMISISS
         .OR DOSIAFVAM.PIDESFR.
         .PONENDA.MIF.CENSVI...

En sortant par la porte nord, on rencontre, à 50 pas plus loin, les débris d'une construction carrée ayant 10 mètres de côté; les murs en sont aujourd'hui démolis, à l'exception des assises inférieures qui étaient en pierres de taille.

Cette construction avait peut-être une destination militaire, soit pour la défense de deux puits d'eau froide, soit pour barrer la gorge par où un chemin donne accès à la ville, venant du versant nord de la montagne (Djebel Larbeah), où l'on trouve une dizaine de puits d'eau froide sur un parcours de 6 kilomètres environ. Ces puits sont de création romaine et l'eau en est excellente.

Enfin, en sortant par la porte sud, on aperçoit à 300 mètres du mur d'enceinte, un vaste amphithéâtre qui a été construit dans une échancrure naturelle de forme semi-elliptique. Il est situé au dessous d'une carrière ouverte sur le flanc ouest de la colline; c'est de là que les Romains ont dû extraire les pierres nécessaires à la construction de cet amphithéâtre. En s'approchant du monument, on voit se dresser devant soi une grande muraille ovale construite en blocage; elle est, pour ainsi dire, percée à jour par trois rangs superposés d'arcades éclairant de hautes et larges galeries. On remarque encore à plusieurs endroits, six gradins sur lesquels les spectateurs venaient prendre place, ainsi que les marches de deux escaliers qui reposaient sur des voûtes en blocage.

Le grand axe de cet amphithéâtre présente une longueur de 60 mètres, et le petit une largeur de 45. Sa hauteur primitive devait dépasser 16 mètres, car le faîte existe encore en deux endroits de la muraille. Le grand axe de l'arène a 35 mètres et le petit en a 20. Les loges des animaux, complètement disparues, sont sans doute recouvertes par des pans de murs et des blocs qui se sont détachés de la muraille.

Il n'est pas impossible que la destruction de ce monument ne soit due à un tremblement de terre, ainsi que le laisse supposer l'existence de la source dont l'eau est à la température de 28 degrés.

A 2,500 mètres environ, vers l'est de l'amphithéâtre, près du sommet pierreux du Djebel Larbeah, il existe, au dessus d'une pente très rapide, une construction en fortes pierres de taille, à moitié ruinée; c'était, sans doute, une vigie romaine, car du haut de cette montagne, qui s'avance comme une sorte de promontoire dans la plaine, la vue s'étend de Ghardimaou jusqu'à Beja Gare.

En suivant la crète du Djebel Larbeah, et en se dirigeant vers l'est, on aperçoit au pied des montagnes, à 5 kilomètres de Bulla Regia, les ruines d'un arc triomphal. Il a 14 mètres de face sur 4^m 80 de largeur. Quelques débris de peu d'importance entourent ce monument.

§ II. — *Monuments dont les ruines se trouvent placées dans l'enceinte de la cité.*

Non loin des Thermes (monument qui le premier attire l'attention du visiteur), on aperçoit sur une petite élévation, dans l'angle nord-ouest de la ville, un amas d'une vingtaine de blocs gigantesques; les plus grands ont près de quatre-vingts mètres cubes.

Je ne puis dire quelle a été la destination primitive de cette construction et quelle catastrophe a pu amonceler de pareilles ruines. En faisant le tour de ces immenses décombres, on voit que ce sont les débris d'une grande construction voûtée et de forme carrée. Le terrain occupé par ces ruines mesure environ 50 mètres de côté. Quelques chapiteaux brisés gisent au pied des murailles dont l'épaisseur était de 2^m 20.

Les parois et escaliers, placés intérieurement, n'étaient pas en pierres de taille, mais en petits matériaux couverts d'un enduit avec joints simulés. L'attention est attirée sur ce point par les traces provenant d'une main, dont les doigts ouverts ont été appliqués contre la paroi avant que le ciment fût complètement séché.

Tout près de ces grands blocs, on aperçoit à gauche, en entrant par la porte nord-ouest, les vestiges d'une construction en maçonnerie de blocage. Les voûtes, au nombre de huit, dont elle se compose, ont 7^m 70 de longueur, 3^m 80 de largeur chacune et 4^m 50 de hauteur sous clef; l'épaisseur des murs est de 2 mètres environ.

C'étaient très probablement des citernes, car les murs sont recouverts de plusieurs couches de ciment superposées; ils sont, en outre, plus massifs que ceux des autres constructions voûtées que l'on rencontre.

Vers l'est, entre le mur d'enceinte et le nymphœum, on aperçoit sur une petite élévation des blocs qui sont assez volumineux ; il m'a été impossible de savoir quel monument se trouvait en cet endroit, car il ne reste plus aucune trace des assises inférieures.

En marchant toujours vers l'est, on laisse à droite et à gauche un grand nombre de maisons particulières en ruines ; elles ont, en général, les mêmes dimensions que celles qui existent en dehors de l'enceinte ; la partie extérieure des voûtes, ainsi que le sol des rez-de-chaussée, sont tous recouverts de belles mosaïques, plus ou moins fines, assez bien conservées et offrant des dessins très variés.

Ces mosaïques sont, en moyenne, à 2 mètres sous terre, tandis que près du nymphœum, il faut creuser jusqu'à 3 ou 4 mètres pour arriver à la terrasse qui tenait lieu de premier étage.

C'est en faisant cette expérience que j'ai trouvé, enfouie près d'une de ces anciennes habitations, une statue mutilée en beau marbre blanc ; extérieurement, elle est roussie par le temps. Malheureusement la tête manque, ainsi que les deux jambes, le bras gauche et l'avant-bras droit ; ce qui reste du bras droit est appuyé sur la poitrine et donne au buste l'apparence d'un magistrat romain. Ce buste mesure 1^m 90 de tour, à hauteur du ventre, et 1^m 10 du cou à la naissance des cuisses.

En se dirigeant vers le sud de la ville, et après avoir dépassé le nymphœum, qu'on laisse à sa droite, on remarque sur les hauteurs, à gauche, une assez vaste carrière. A côté d'elle, sur le versant méridional, on aperçoit les vestiges d'un bâtiment carré qui mesurait 16 mètres de côté.

Avant d'arriver à la porte Sud, on voit sur les hauteurs, à une centaine de mètres de chaque côté, des pans de murs construits en fortes pierres de taille ; ces murs avaient une épaisseur de 2^m 20. On pourrait supposer que ce sont les restes de deux constructions qui défendaient ce côté de la ville.

Il se pourrait même que les pans de murs placés à gauche, au dessous de la carrière, fussent des vestiges des remparts de l'acropole derrière lesquels le peuple trouvait un refuge dans un moment de danger.

Les édifices qui méritent le plus d'attention sur le terrain onduleux qu'occupait la cité proprement dite, sont décrits dans l'ordre où je les ai tour à tour examinés.

1° *Le Théâtre*, dont la forme est très reconnaissable; elle est indiquée en partie par des voûtes qui existent encore et par d'énormes pans de murs, soit debout, soit renversés. On ne trouve plus de traces des gradins ni des escaliers que les Romains pratiquaient de distance en distance pour permettre aux spectateurs de circuler facilement. D'un cercle d'arcades, il ne reste plus debout qu'une seule colonne de 4 mètres de hauteur et de 60 centimètres d'épaisseur. Ces arcades pouvaient avoir une ouverture de 3 mètres environ et de 4 à 5 mètres d'élévation. Le mur du postscénium mesurait 34 mètres et la scène avait 25 mètres de rayon. Jusqu'à 2^m 50 de terre, les murs de cet édifice étaient en fortes pierres de taille, le reste était sans doute en blocage.

Entre le théâtre et les bassins, on trouve un terrain presque plat, parsemé d'une grande quantité de fragments de colonnes, d'amas de blocs et de plusieurs pans de murs en maçonnerie de blocage. Autour de ce terrain, il existe les vestiges de salles voûtées dont le sol est recouvert de belles mosaïques formées de dessins représentant des poissons, des oiseaux et d'autres animaux. Était-ce là que se trouvait le forum? Les fouilles que j'y ai fait exécuter n'ont pas donné les résultats auxquels je m'attendais; je n'ai découvert, entre les pans de mur et les blocs situés à 80 mètres du bassin inférieur du nymphœum, qu'une pierre en grès rouge qui paraît être le piédestal d'une statue. Ce piédestal était à 3^m 40 sous terre.

En se rapprochant du bassin inférieur du nymphœum, on aperçoit un trou qui a 12 mètres de longueur sur 6 mètres de largeur; ce trou est entouré de trois assises en fortes pierres de taille cachées par l'eau. A la place de ce trou s'élevait, il y a trois ans, un arc de triomphe qui tenait sans doute lieu de porte d'entrée au nymphœum. Les matériaux de cette porte, disent les indigènes, ont été transportés, il y a quelques années, à Souk el Arba, pour servir à la construction de la petite gare du chemin de fer; et, en 1883, des sujets italiens ont achevé la destruction de cet édifice.

En 1884, l'autorité militaire française, d'accord avec le Bey, s'est opposée à de pareils actes de vandalisme, et aujourd'hui, Bulla Regia est placée sous la surveillance de la brigade de gendarmerie de Souk el Arba.

2° *Le Nymphœum*, se compose de deux bassins. En amont du bassin supérieur, une tourelle en pierres de taille couvre la source (Hammam), d'où la conduite en fonte envoie l'eau à Souk el Arba. Ce bassin était séparé du second réservoir par deux murs distants de 4 mètres. Les murs étaient percés de 26 trous chacun, chaque trou était garni d'un tuyau en plomb qui versait l'eau du bassin supérieur dans le bassin inférieur. Ce dernier était situé à deux mètres plus bas que le premier. L'eau du second réservoir était dirigée sur les Thermes par une conduite souterraine. En 1883, 1884, lors de l'établissement de la conduite d'eau de Souk el Arba, on a trouvé une partie de la conduite en plomb romaine qui envoyait l'eau du nymphœum au monument des Thermes. J'ai découvert cette même conduite en un autre point.

Entre les murs qui séparaient les deux bassins, il existait de chaque côté un escalier en pierre qui permettait de descendre au fond du petit réservoir intermédiaire. ·

Plus bas, on remarque un pont voûté de 3^m 50 de largeur qui couvrait une partie du bassin inférieur. A 4 mètres du nymphœum, du côté est, on retrouve les traces de plusieurs petites salles dont l'intérieur est recouvert de belles mosaïques, et dont les dessins représentent des oiseaux, des poissons et des figures géométriques.

J'ai fait découvrir, puis recouvrir une grande partie de ces mosaïques, afin que les Arabes ne les dégradent pas en y passant avec leurs troupeaux. De l'une des salles, où le pavé est presque entièrement détérioré par suite de la chute de gros matériaux, j'ai pu faire retirer intacte une mosaïque représentant une perdrix rouge, que j'ai envoyée au Musée de Cluny.

3° *Le monument des Thermes* est l'édifice le mieux conservé de Bulla Regia.

De forme carrée, il est situé sur une petite élévation ; sur trois de ses côtés, on remarque des constructions voûtées en partie écroulées aujourd'hui. Chacune des faces de cet ensemble de ruines a environ 50 mètres d'étendue; la partie la mieux conservée du monument proprement dit est la face occidentale: elle mesure environ 17 ^{m} 20 de largeur. De ce côté, il existe une arcade d'un portique qui était sans doute destiné aux exercices gymnastiques auxquels se livraient les baigneurs. Cette arcade a 3 ^{m} 25 d'ouverture et 5 ^{m} 30 de hauteur sous clef. Dans l'intérieur de l'édifice, on ne trouve plus qu'un amas de pierres de taille et de gros blocs en maçonnerie qui se sont détachés des murailles et qui, dans leur chute, ont recouvert ou détruit une partie des voûtes sous lesquelles on ne peut plus circuler.

La seule chambre voûtée qui reste intacte est une piscine où se trouvaient probablement les bains froids.

J'ai hésité quelque temps avant de voir les thermes en cette construction, lorsqu'en cherchant des monuments épigraphiques, j'ai découvert, dans la partie sud de ces ruines, une ouverture que recouvrait une grosse pierre de taille. Cette ouverture n'est autre chose qu'une fenêtre située au centre d'une piscine voûtée et qui en éclairait jadis l'intérieur. Après avoir fait retirer une partie de la terre que cette chambre contenait, j'y ai découvert neuf autres cellules plus petites, toutes groupées autour de la pièce principale qui a 5 ^{m} 20 de diamètre.

Parmi ces neuf petites chambres souterraines, trois d'entre elles, placées du côté sud, ont chacune 2 ^{m} 20 d'ouverture; les six autres sont plus petites. Je ne puis donner la hauteur de ces pièces, car les moyens me font défaut en ce moment-ci pour faire retirer la terre qui en couvre le fond. En passant de la grande chambre centrale dans celles adjacentes, on remarque que la longueur de six d'entre elles est de 4 ^{m} 50; quelques-unes communiquent par une petite porte surmontée d'une niche pouvant recevoir une statuette. Les ouvertures des trois autres pièces sont presque entièrement bouchées; ce sont les trois chambres placées dans la direction de l'est.

Les objets que j'ai trouvés à Bulla Regia sont les suivants, savoir : Pièces de monnaie en bronze, frappées aux effigies de Menenius Agrippa, de Trajan, de Vespasien, des Constantin et de Dioclétien; enfin, d'autres encore, sans oublier deux pièces carthaginoises, dont l'une représente une tête d'homme barbu et un cheval au galop; l'autre une tête de femme et un cheval placé à côté d'un palmier.

Lampes en terre cuite, urnes en terre cuite, lacrymatoires en terre et débris de vase en verre; fragments de colonne en marbre blanc et noir. Tablettes de marbre verdâtre. Une boucle en fer oxydé et une bague.

Avec l'autorisation de l'autorité militaire, je recommencerai les fouilles aussitôt que faire se pourra et, conformément au désir qu'a manifesté à son passage à Bulla Regia M. Boeswillwald, inspecteur général français des monuments historiques, je ferai dégager les chambres voûtées qui existent sous le monument des Thermes, et je relèverai le plan de cet édifice.

Aïn Draham, le 1ᵉʳ janvier 1885.

A. WINKLER.

MUSÉE D'ORAN.

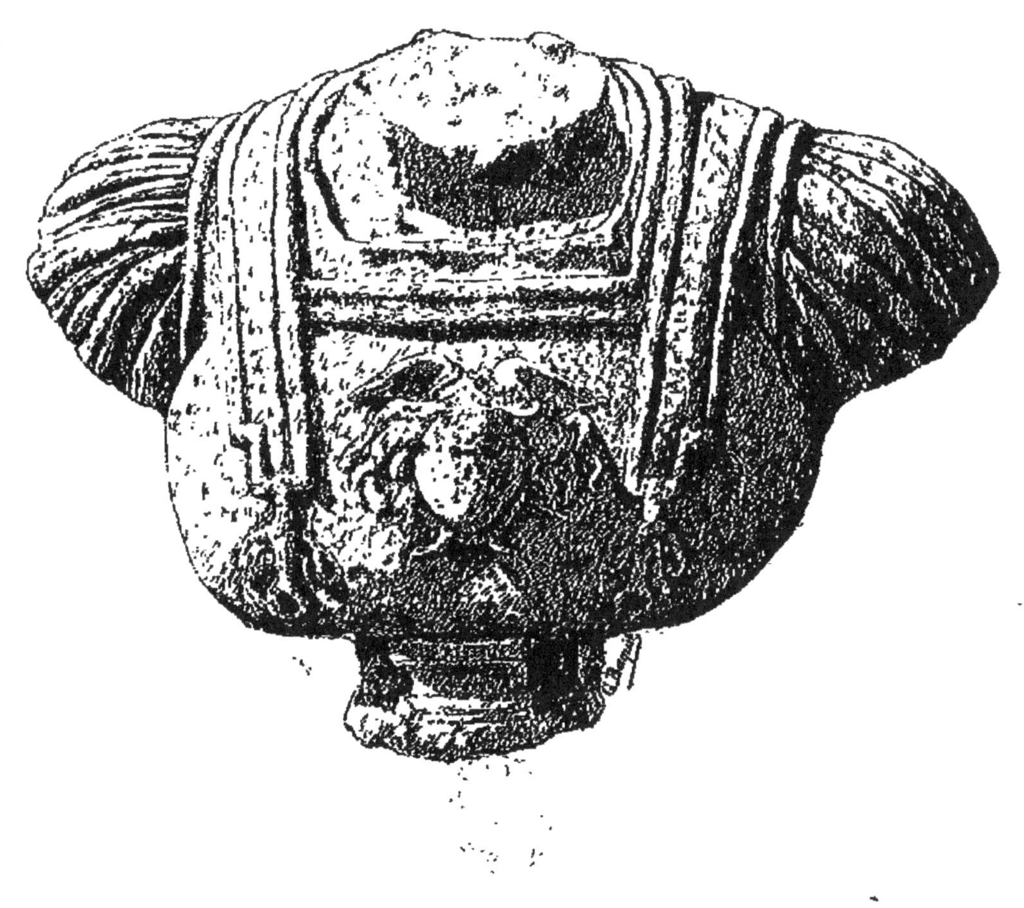

BUSTE ROMAIN.

MUSÉE ARCHÉOLOGIQUE D'ORAN

ÉPOQUE ROMAINE.

Le musée d'Oran, qui vient d'être fondé sous les auspices de notre Société, a été inauguré le 5 mars dernier. Je ne dirai rien ici de cette solennité, dont le compte rendu figure, au reste, à la partie géographique de notre bulletin, ni des collections de toute nature qui sont en formation. Pour me renfermer dans le cadre de cette publication, je me bornerai à passer en revue les antiquités africaines qui se trouvent déjà déposées dans ce musée et dont la conservation, par suite, est désormais assurée.

1° *Buste romain* (pl. 15). — Ce buste, auquel la tête manque, est celui d'un empereur ou d'un chef militaire portant la cuirasse ornée d'une tête de Méduse; il est en beau marbre blanc, et sa hauteur, dans son état actuel, est de 0^m 50. Où a-t-il été découvert? Je n'ai pu le savoir. Il se trouvait depuis fort longtemps dans le jardin de la préfecture d'Oran et a été offert au musée par M. le préfet Dunaigre.

2° *Petite statue trouvée à Inkermann* (province d'Oran). — Cette petite statue, à laquelle manquent la tête, les pieds et le bras droit, représente une femme à demi drapée. Elle est en marbre blanc, et sa hauteur, de la naissance du cou au bas des jambes, est de 0^m 57.

Elle nous a été donnée avec une foule d'autres objets antiques par M. Peyrat, président du Comice agricole d'Inkermann, l'un de ceux qui ont le plus contribué par leurs dons à enrichir la section des antiquités africaines. Nous le prions d'agréer ici l'expression de notre sincère gratitude.

Le centre d'Inkermann est construit sur l'emplacement d'un établissement romain dont les ruines couvrent une superficie de plus de 20 hectares. M. Peyrat, dans les fouilles qu'il a entreprises dans ces ruines, a découvert, en outre de la petite statue dont il s'agit, des colonnes, des chapiteaux, des lampes, un grand nombre d'objets en poterie, des sarcophages, mais jusqu'ici aucune inscription n'est venue révéler le nom de l'antique cité.

3° *Sujet en marbre représentant un fleuve* (pl. 16, fig. 1). — Ce petit sujet, auquel manque la tête et le bras droit, mesure 0ᵐ 70 de longueur. Il a été trouvé autrefois dans les ruines de Safar (Aïn Temouchent). Le fleuve qu'il représente est couché, le bras gauche appuyé sur une urne. Une draperie, dont les plis sont savamment étudiés et habilement rendus, lui recouvre les membres inférieurs.

4° *Bas-relief représentant Cléopâtre se faisant piquer par un aspic* (pl. 16, fig. 2). — Ce bas-relief fort curieux, de 1ᵐ 30 de long, sur 0ᵐ 60 de haut, est divisé en deux compartiments. Le supérieur, de 0ᵐ 20 de hauteur, représente Cléopâtre couchée sur un lit et pressant l'aspic sur son sein. A côté, se tient l'esclave portant la corbeille de fruits traditionnelle. Antoine est représenté dans le compartiment inférieur, qui a 0ᵐ 30 de hauteur.

5° *Moulin à bras romain. Mola manuaria.* (pl. 17, fig. 1). — Ce moulin, de 0ᵐ 85 de hauteur, a été trouvé à Aïn Temouchent. Il est parfaitement conservé et composé comme de coutume du *catillus* et de la *meta*. De chaque côté du *catillus*, à son étranglement, il existe une oreille carrée percée d'un trou rectangulaire pour recevoir la barre de bois qui servait à faire mouvoir le *catillus* autour du cône de la *meta*. Ces oreilles sont percées chacune d'un œillet latéral destiné à recevoir la cheville qui maintenait la barre de bois.

6° *Dolium.* — Ce dolium, de 0ᵐ 90 de hauteur et de 0ᵐ 85 de diamètre, a été offert au musée par M. Genty, ingénieur en chef des ponts et chaussées à Oran. Il a été trouvé à l'Hillil, où l'on voit également les ruines d'un établissement romain d'une certaine importance. Un grand nombre d'inscriptions ont été découvertes autrefois dans ces ruines ; toutes ont été brisées et employées dans les constructions du centre de l'Hillil. Il est temps qu'une bonne loi vienne mettre un terme à ce vandalisme inqualifiable qui dure depuis trop longtemps et continue encore

MUSÉE D'ORAN.

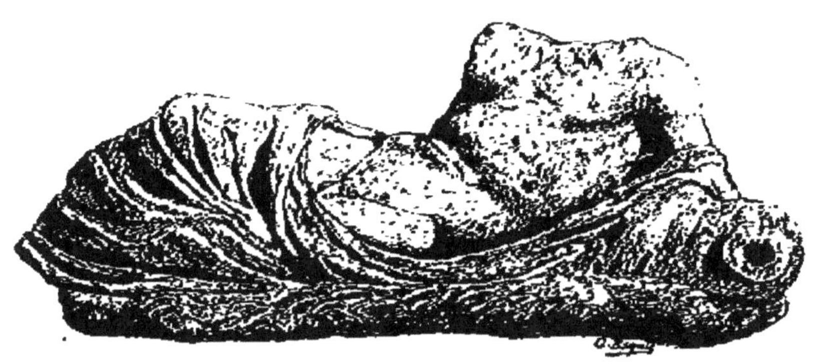

Fig. 1. — Statue provenant d'Aïn Temouchent.

Fig. 2. — Bas-relief.

MUSÉE D'ORAN.

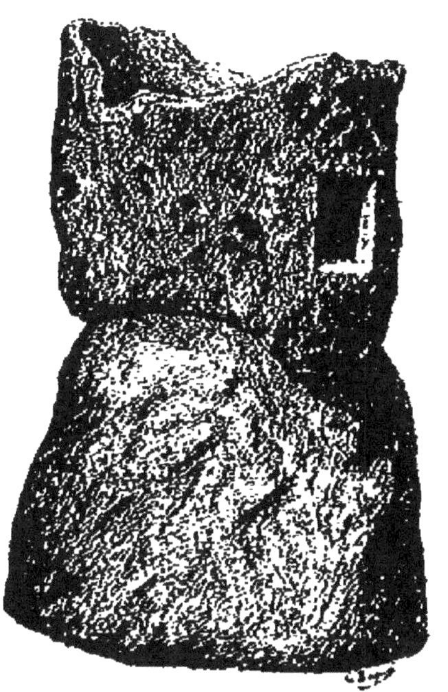

Fig. 1. — Moulin a bras.

Fig. 2. — Amphore.

chaque jour à faire disparaître les documents les plus précieux au point de vue de l'histoire et de la géographie comparée du pays.

7° *Amphore*, (pl. 17, fig. 2). — Cette amphore, en poterie assez fine, de 1^m 15 de hauteur, est fort belle. Elle a été trouvée au fond de la mer, à hauteur de St-Leu (Portus Magnus), par des pêcheurs d'Arzeu, le 21 décembre 1882. Vendue aux enchères publiques par le service de la marine, le 19 avril 1883, elle a été adjugée à notre Société pour la somme de 125 francs.

Si la situation financière de notre Compagnie le permettait, je n'hésiterais pas à proposer aux membres du Comité de faire draguer le fonds de la mer à hauteur de St-Leu. Nul doute que des explorations de cette nature ne fournissent un grand nombre d'objets antiques, car à chaque instant les pêcheurs d'Arzeu qui jettent leurs filets dans ces parages ramènent à la surface des objets et des débris romains. Il y a quelques jours encore, M. le Commissaire de l'inscription maritime à Oran nous faisait connaître qu'ils y avaient trouvé une nouvelle amphore. Nous sommes en pourparlers avec eux pour qu'ils l'offrent ou la cèdent au Musée.

MONUMENTS ÉPIGRAPHIQUES.

8° *Inscription de Bou Tlélis* (n° 676 du *Bulletin des Antiquités Africaines*. — Le Burgum dans les ruines duquel a été trouvée cette inscription était situé sur le Coudiat Sidi Lakhdar, à 1,500 mètres au nord du village de Bou Tlélis (4° station du chemin de fer d'Oran à Aïn Temouchent, à 36 kilomètres à l'ouest d'Oran). Il dominait la voie romaine qui, partant des Andalouses, où l'on trouve d'importantes ruines (peut-être celles de Castra puerorum), se dirigeait vers Arbal (ad Regias ?), en passant par Bou Tlélis et le Coudiat Sidi Halibiz, situé à 3 kilomètres au sud-est du Coudiat Sidi Lakhdar, sur lequel on remarque aussi les vestiges d'un petit établissement romain.

9° *Inscription* 9796 du *Corpus*, trouvée à Aïn Temouchent (Safar).

10° Borne milliaire n° 3 de la route de Portus Magnus (St-Leu) à Caesarea (Cherchel). *Bulletin des Antiquités Africaines*, n° 115.

11° Borne milliaire n° 4 de la même route. *Bulletin des Antiquités Africaines*, n° 116.

12° *Inscription* 9797 du *Corpus*, trouvée dans les ruines de Safar (Aïn Temouchent).

13° *Inscription* 9760 du *Corpus*, provenant de Portus Magnus.

14° Inscription 9757 du *Corpus*, provenant des ruines de Portus Magnus (St-Leu).

Cette inscription n'étant pas exactement reproduite dans le *Corpus*, nous la transcrivons ici, telle qu'elle existe sur la pierre, qui mesure $0^m 94$ de hauteur, $0^m 60$ de largeur et $0^m 51$ d'épaisseur. Les lettres ont $0^m 04$, elles sont gravées dans un cadre à double moulure de $0^m 86$ de hauteur et $0^m 44$ de largeur.

N° 851. P. *S e p t i m i o*
g e t a e   c a e s a r i
SEVERI · AVG· *filio*
ANTONIN · AVG   ☙
fratri EX · TEST
SEX · CORNEL HO
NORATI · PRO
EORVM · E · M · V ·
M · CAECILIVS   ☙
CAECILIANVS   ☙
HERES

A la 3ᵉ ligne, le mot FILO du *Corpus* n'existe pas sur la pierre; il a été martelé comme les noms de Geta et le mot FRATRI qui commençait la 5ᵉ ligne. Ce martelage a sans doute été opéré en l'an 213 de J.-C., après l'horrible forfait de Caracalla. Quant à l'inscription elle-même, sa date est antérieure à la mort de Septime Sévère, puisque le nom de cet empereur n'est pas précédé de l'épithète de DIVI.

Honoratus et M. Caecilianus sont déjà connus par l'inscription ci-dessus, n° 13.

15° Dédicace à Junon, provenant également des ruines de Portus Magnus, n° 9753 du *Corpus*.

Cette inscription est gravée sur un marbre agaté de toute beauté, mesurant 0^m 55 de hauteur, 0^m 45 de largeur à sa partie supérieure qui est intacte, et 0^m 33 d'épaisseur.

La partie inférieure gauche manque avec les premières lettres des dernières lignes. Plusieurs lettres manquent aussi à droite; elles ont disparu avec quelques éclats de la pierre.

16° Petite mosaïque de St-Leu (triomphe bachique).

Cette petite mosaïque dont la description a eté faite par M. Héron de Villefosse dans le dernier *Bulletin des Antiquités Africaines* (fascicule XI, page 1), vient d'être transportée des ruines de Portus Magnus au Musée d'Oran, avec les deux inscriptions qui précèdent, n°s 14 et 15, par notre excellent collègue et ami, M. l'ingénieur Cuinet, qui a pris une si large part à la création du musée d'Oran. Avec le savoir, l'habileté et le dévouement qui le distinguent au plus haut degré, il a su mener à bonne fin une entreprise qui présentait les plus grandes difficultés. Avant la fin du mois de mai, la grande mosaïque des luttes (voir le *Bulletin des Antiquités Africaines*, fascicule VIII, d'avril 1884, page 113) aura également été transportée à Oran. Notre musée possèdera alors les plus beaux spécimens de l'art des mosaïstes anciens qui aient été découverts jusqu'à ce jour dans les provinces romaines du nord de l'Afrique.

M. Cuinet a trouvé sous la petite mosaïque deux petits polissoirs en os qui paraissent tout neufs, bien qu'ils n'aient pas moins de quinze à seize cents ans; des fragments d'amphores, de vases en poterie plus ou moins fine et de tuiles sans marque de fabrique; enfin des fragments de lampes sépulcrales. L'un de ces fragments est orné de deux têtes, l'une et l'autre avec une bouche énorme, comme celles du PLANIPES du dictionnaire d'Antony Rich. Une autre moitié de lampe porte à sa partie inférieure l'inscription MVNIRE qui devait être suivie d'un autre mot.

17° Fragment d'un pavé en mosaïque provenant également des ruines de Portus Magnus.

Ce fragment, de 1^m 05 de longueur sur 0^m 60 de hauteur, provient d'un pavage en mosaïque découvert en 1863 dans la ferme Robert, près St-Leu. Il présente des ornements linéaires sans grande valeur artistique. C'est un échantillon de mosaïque commune.

Toutes les antiquités mentionnées ci-dessus sont conservées dans la grande salle du musée. A l'extérieur, sous la vérandah qui les abrite, on remarque tout d'abord un immense dolium qui n'a pas moins de 1ᵐ 20 de hauteur, et 1ᵐ 10 de diamètre; il a été trouvé à Relizane, dans la propriété de M. Bel-Abbès, située près de la gare, et offert par lui au musée.

Viennent ensuite les inscriptions tombales de :

18° Metilius Ingenuus, 9786 du *Corpus*, rapportée de St-Leu par M. Cuinet, le 22 mars 1885.

19° Nevius Narcissus, 9817 du *Corpus*.

20° Julius Emeritus, 9810 du *Corpus*.

21° Romanus Victorinus, 9798 du *Corpus*.

22° Marisgara, 9813 du *Corpus*.

23° Memoria Evaisse, 9804 du *Corpus*.

24° Q. Asclius, 9801 du *Corpus*.

25° Aurelius Honoratus, 9799 du *Corpus*.

26° Germinia Secunda, 9806 du *Corpus*.

27° Furnius Secundus, 9805 du *Corpus*.

Les inscriptions ci-dessus de 19 à 27 proviennent des ruines de Safar (Aïn Temouchent); elles sont restées longtemps exposées aux intempéries, sur la promenade de Létang à Oran; aussi quelques-unes ne sont-elles plus déchiffrables.

28° Eques alae Ulpie I contariorum Turmae Martini Sti XIX, trouvée près d'Arzeu, n° 46 du *Bulletin des Antiquités Afri-caines*.

29° Julia Crescensa, n° 47 des *Antiquités Africaines*.

30° Julius Italicus, n° 48 des *Antiquités Africaines*.

Ces deux inscriptions ont été trouvées près de Perrégaux.

31° M. Matica, n° 351 des *Antiquités Africaines*, trouvée à la Merdja, station du chemin de fer P.-L.-M., à la limite du département d'Oran et de celui d'Alger.

32° Q. Petronius Castus, n° 49 des *Antiquités Africaines*, de provenance inconnue.

Enfin, dans les vitrines et armoires du musée, on remarque :

15 lampes sépulcrales avec ou sans ornements ou figures ;
48 vases en poterie, trouvés dans les ruines romaines du
département ; une aile d'aigle romaine en bronze, trouvée à
Portus Magnus, et offerte au musée par M. le général Détrie ;
des tuyaux, des fragments de marbre et de mosaïques, ainsi
que quelques ustensiles et menus objets, en terre, en os, en
verre et en métal, trouvés pour la plupart dans les ruines
romaines d'Inkermann.

On voit d'après ce qui précède que notre jeune musée possède
déjà un certain nombre d'inscriptions et d'objets antiques fort
précieux. La Société de géographie et d'archéologie d'Oran ne
faillira pas à la mission qu'elle s'est imposée : appuyée sur le
concours des autorités et de la population, elle continuera à
recueillir tous les documents anciens, tout ce qui peut intéresser
l'histoire et la géographie comparée du pays ; et elle compte sur
le zèle et le dévouement des amis de l'Algérie et de la science,
pour l'aider dans l'accomplissement de l'œuvre qu'elle a entreprise.

L. DEMAEGHT.

NUMISMATIQUE

§ 2. — MÉDAILLES IMPÉRIALES

MARC-AURÈLE (de 161 à 180).

428. Légende effacée. — Sa tête laurée à droite.
℞. Légende effacée. — S. C. Victoire marchant à gauche , tenant une couronne et une palme. — G. B. Don de M. Choisnet, sous-préfet de Mascara.

COMMODE (de 180 à 192).

429. L. AVREL. COMMODVS.... Son buste lauré à droite.
℞. Légende effacée. — S. C. La Liberté debout à gauche, tenant un bonnet et un sceptre. — G. B. Don de M. Choisnet.

ALEXANDRE SÉVÈRE (de 222 à 235).

430. ALEXANDER PIVS AVG. Son buste lauré à droite.
℞. PROVIDENTIA AVG. S. C. — La Providence debout à gauche , auprès du modius rempli d'épis, tenant deux épis et une ancre. — G. B. Don du même.

431. Même tête et même légende.
℞. P. M. TR. P. X. COS III P. P. S. C. Le Soleil radié levant la main droite , tenant un fouet et marchant à gauche. — G. B. Don de M. de Maupassant, conseiller général de Saint-Denis-du-Sig.

PHILIPPE, fils.

432. M. IVLIVS PHILIPPVS CAES. Son buste nu à droite avec le paludamentum.
℞. PRINCIPI IVVENT. S. C. Philippe en habit militaire , debout à droite , tenant une haste et un globe. — G. B. Don de M. Choisnet.

GALÈRE MAXIMIEN (de 305 à 311).

433. MAXIMIANUS NOB. CAES. Sa tête laurée à droite.
℞. SACRA MON. VRB. AVGG. ET CAESS. NN. La Monnaie debout à gauche, tenant une balance et une corne d'abondance. — M. B. Don de M. Gris d'Inkermann.

434. IMP. C. MAXIMIANVS P. F. AVG. Sa tête laurée à droite:
℞. CONSERVATORES VRB SVAE. Temple à six colonnes; au milieu, Rome casquée assise à gauche, tenant un globe et une haste. — M. B. Don de M. Choisnet.

MAXENCE (de 306 à 312).

435. MAXENTIVS P. F. AVG. Sa tête laurée à droite.
℞. CONSERVATORES VRB. SVAE. Temple à six colonnes; au milieu, Rome casquée assise de face, regardant à gauche, tenant un globe et un sceptre; à côté d'elle, un bouclier; à l'exergue P. K. T. — M. B. Don de M. Baudeuf, chef d'escadron de gendarmerie.

CONSTANTIN I (de 306 à 337).

436. CONSTANTINVS.... Son buste diadémé à droite avec le paludamentum.
℞. GLORIA EXERCITVS. Deux soldats debout casqués tenant chacun une haste et appuyés sur un bouclier; entre eux deux enseignes militaires surmontées de drapeaux ornés de couronnes; à l'exergue, SMTS. — P. B. Don de M. Baudeuf.

437. CONSTANTINVS P. F. AVG. Son buste lauré à droite.
℞. SOLI INVICTO COMITI S. C. Le Soleil radié debout à gauche, levant la main droite et tenant un globe. — P. B.

438. IMP. CONSTANTINVS AVG. Son buste lauré à droite avec le paludamentum.
℞. Même revers; dans le champ, une étoile. — P. B. Don de M. Hovelt, d'Ammi-Moussa.

439. CONSTANTINVS P. F. AVG. Son buste diadémé. à droite.

℞. GLORIA EXERCITVS. Deux soldats debout, casqués, tenant chacun une haste et appuyés sur un bouclier; entre eux une enseigne militaire surmontée d'un drapeau. — P. B. Don du même.

LICINIUS père (de 307 à 323).

440. IMP. LICINIVS AVG. Sa tête laurée à droite.

℞. DN. LICINI A.... Couronne de laurier dans laquelle on lit : VOT. XX. — P. B. Don de M. Baudeuf.

CONSTANTIN II (de 337 à 340).

441. CONSTANTINVS IVN. NOB. C. Son buste lauré à gauche avec le paludamentum.

℞. PROVIDENTIAE CAESS. Porte de camp sans battants surmontée de deux tours ; entre les tours, une étoile ; à l'exergue SMTSA. — P. B. Don du même.

MAGNENCE (de 350 à 353).

442. MAGNENTIVS P. F. AVG. Son buste nu à droite avec le paludamentum ; derrière la tête, A.

℞. VICTORIAE DD. NN. AVG. ET CAES. Deux Victoires debout, posant sur un cippe une couronne dans laquelle on lit : VOT. V. MVLT. X ; à l'exergue D. P. L. C. — M. B. Don du même.

443. DN. MAGNENTIVS P. F. AVG. Son buste nu à droite avec le paludamentum.

℞. SALVS DD. NN. AVG. ET CAES. Autour du monogramme du Christ; entre les lettres A Ω; à l'exergue SAL. — M. B. Don de M. Hovelt.

444. Même tête et même légende.

℞. GLORIA ROMANORVM. Magnence en habit militaire galopant à droite en menaçant de sa haste un captif à genoux tendant les bras en suppliant ; sous le cheval, un bouclier et une haste brisée ; à l'exergue R. P. — M. B. Don de M. de Foulques.

445. Même tête et même légende.

℞. VICTORIAE.... Deux Victoires debout, tenant une couronne dans laquelle on lit : VOT. V. MVLT. X. — M. B. Don du même.

446. Même médaille. — M. B. Don du même.

447. Même tête et même légende.

℞. FELICITAS REIPVBLICAE. Magnence en habit militaire debout à gauche, tenant un globe surmonté d'une Victoire et le labarum. — M. B. Don du même.

VALENS (de 364 à 378).

448. DN. VALENS P. F. AVG. Son buste diadémé à droite avec le paludamentum.

℞. SECVRITAS REIPVBLICAE. Victoire marchant à gauche et tenant une couronne et une palme. — P. B. Don du même.

VALENTINIEN (de 364 à 375).

449. DN. VALENTIANVS P. F. AVG. Son buste diadémé à droite avec le paludamentum.

℞. Même revers que le n° 448. — P. B. Don du même.

450. Même tête et même légende.

℞. GLORIA ROMANORVM. Valentinien debout à droite, retournant la tête, appuyant la main sur la tête d'un captif à genoux et tenant le labarum; dans le champ à gauche, V; à droite, Γ; à l'exergue TES. — P. B. Don du même.

451. Même médaille; dans le champ, à gauche, une couronne, à droite III ; à l'exergue NST. — Don du même.

452. Même médaille; dans le champ à gauche, couronne; à droite R II ; à l'exergue VGS. — Don du même.

453. Même médaille ; dans le champ à gauche, un croissant surmonté d'une étoile; à droite S ; à l'exergue L. V. — Don du même.

GRATIEN (de 375 à 383).

454. DN GRATIANVS P. F. AVG. Son buste diadémé à droite avec le paludamentum.

℞. SECVRITAS REIPVBLICAE. Victoire marchant à gauche et tenant une couronne. — P. B. Don du même.

455. Même tête et même légende.

℞. GLORIA ROMANORVM. Gratien en habit militaire, marchant à droite et regardant à gauche, traînant un barbare par les cheveux et tenant le labarum ; dans le champ, une couronne ; à l'exergue TEST. — P. B. Don du même.

456. Même médaille ; à l'exergue SHAOP. — Don du même.

467. Même médaille ; dans le champ à droite, une étoile P ; à l'exergue ANISC. — Don du même.

457. Même tête et même légende.

℞. SECVRITAS REIPVBLICAE. Gratien en habit militaire, debout à gauche, tenant un sceptre et sacrifiant près d'un autel ; à l'exergue CON. — P. B. Don du même.

L. DEMAEGHT.

CHRONIQUE

Voici quelques remarques sur les inscriptions africaines publiées par
M. le Dr Schmidt dans l'*Ephemeris epigraphica*, t. V Nous les extrayons
d'une lettre que M. Otto Hirschfed, professeur à l'Université de Vienne,
nous a fait l'honneur de nous adresser.

« *Eph. ep.*, t. V, nº 465. — V. 8. Peut-être *messibus condendis.*

« *Ibid.*, nº 642. — V. 4. Probablement *regna intr*[a] *Caesaris.*

« *Ibid.*, nº 1046. — V. 16. Il faut lire *Cate*[*ll*]*io* [*Rufino*].

« Ce personnage nous est connu comme procurateur de Gordien et
» de Tranquillina par l'insertion publiée au *C. I.*, t. VIII, nº 9963.

« *Ibid.*, nº 1309. Je pense qu'il faut suppléer [*pen*] *sili quam frequens*
» *fuveas mea membra lavacro.* Les *balneae pensiles* sont bien connus.
» Voyez Valère Maxime, IX, 1. 1. Pline, *Hist. nat.*, IX, 54, 168.
» Macrobe, *Saturn.*, III, 15 § 3. »

O. HIRSCHFELD.

La Revue française de l'étranger et des colonies, fondée il y a quelques
mois par M. EDOUARD MARBEAU, se propose un but éminemment pa-
triotique et utile. C'est l'étude des intérêts français, soit dans nos
colonies, soit à l'étranger, l'accroissement de notre force et de notre
richesse par le développement de nos établissements transmaritimes.
L'Afrique septentrionale occupe nécessairement une place très importante dans cette publication. Ses directeurs sont persuadés que la colonisation de nos provinces africaines est le moyen le plus sûr d'accroître
les forces vives de notre patrie, et que la prospérité de notre colonie est
le meilleur remède à la crise économique et sociale qui pèse en ce
moment sur la mère patrie. Nous espérons que nos lecteurs s'empres-
seront de prêter leur concours à cette œuvre en adressant à son directeur
des informations sur tous les faits, sur toutes les questions qui peuvent
intéresser le présent et l'avenir du pays.

FOUILLES A CARTHAGE. — On sait que, parmi les travaux à exécuter pour
assurer l'alimentation en eau de la banlieue de Tunis, figurent les

travaux de mise en état des citernes de Bordj Djedid, et les visiteurs de
Carthage n'ignorent pas que les recherches entreprises par M. Jean
Vernaz, sur l'ordre de M. Grand, directeur général des travaux publics,
ont fait découvrir un aqueduc souterrain de 800 mètres de longueur,
partant de la Malga, passant au nord de la colline de Junou, et débouchant sur le versant est des collines de Carthage.

Des fouilles plus récentes, entreprises dans le même but, au voisinage
immédiat des citernes, ont donné des résultats d'un intérêt archéologique
beaucoup plus considérable.

En premier lieu, on a retrouvé et on a pu rétablir la communication
souterraine de dimensions considérables (environ 1ᵐ 70 de largeur sur
3ᵐ 50 de hauteur) qui existait entre l'angle S. E. des citernes et le
monument portant le n° 67 de la carte de Falbe, dont les ruines imposantes s'élèvent au bord de la mer au sud de Bordj Djedid ; cet aqueduc
a une longueur de 300 mètres environ.

Le long de cet aqueduc, et à une profondeur variant de 4 à 6 mètres,
22 tombeaux phéniciens de la première époque, entièrement taillés dans
le roc, sans adjonction de maçonnerie, ont été déblayés; il a été retiré
une soixantaine de vases phéniciens de diverses grandeurs, de nombreuses
lampes également phéniciennes, et quelques poteries étrusques dont les
dessins noirs sur fond gris ou brique sont parfaitement conservés.

Mais la découverte la plus intéressante est sans contredit celle d'une
inscription latine de 1ᵐ 50 de longueur, trouvée dans les fouilles faites
sur l'emplacement du monument n° 67 de la carte de Falbe, dont la
destination primitive n'avait point encore été déterminée d'une façon
précise.

Dureau de la Malle en avait fait un gymnase, d'autres archéologues
un théâtre ; le P. Delattre était tenté, par le rapprochement du mot arabe
Dermesch et du mot romain Thermæ, de lui donner le nom de Thermes.
L'inscription trouvée par M. J. Vernaz, et que nous ne pouvons publier
aujourd'hui, met fin à toute discusssion, confirme cette dernière version
par le mot *Thermis* qui y figure en entier et fixe la date de la construction
du monument par le nom de l'empereur auquel il est dû.

(Journal officiel tunisien).

INSCRIPTION DE VULCACIUS RUFINUS

Dans la livraison de janvier 1884 des *Notizie degli scavi*, que chaque mois le Ministère de l'Instruction publique du royaume d'Italie fait communiquer à l'Académie des *Lincei* de Rome, on a publié une inscription relative à un personnage qui touche à l'Afrique. Cette inscription est gravée sur le piédestal d'une statue en marbre, découvert à la profondeur de 8 mètres dans les fouilles pratiquées dans l'ancien jardin des nonnes *Barberine*, pour les fondations du palais du Ministère de la Guerre (reg. VI). Ce piédestal reposait sur un très beau dallage en marbre et était appuyé à une paroi aussi incrustée de marbre. M. Lanciani en donna une première transcription, dont il ne put pas garantir l'exactitude. Quelque temps après, ayant eu l'occasion d'examiner à son aise le piédestal, il en reproduisit de nouveau l'inscription dans les *Notizie degli scavi* de mai 1884 [1]. Voici cette inscription dont les lettres sont très mauvaises ; l'A n'a presque jamais de barre transversale ; le V a une forme qui se rapproche de notre U ; les E, F, L, T sont exprimés quelquefois par de simples barres :

Haut. 1 ᵐ 40. — Larg. 0 ᵐ 85. — Prof. 0 ᵐ 77.

Nᵒ 852. SINGVLARI AVCIORITATIS·SPLENDORE POLLEn
TI ADMIRABILISOVE ELOQVENTIAE BENI
VOLENTIE FELICITATE GLORIOSO CVNC
TARVMQ · DIGNITAIVM · FASTIGIA FABO
RABILI MODERATIᵒNE IVSIIIIAE SVPER
GRESSO VVLCACIO RVFINO · V · C · CONS
ORDIN · PRAEI · PRAETORIO COMITI

---

1. Cette inscription a été aussi publiée par M. Lanciani dans le *Bullelino della commissione archeologica communale di Roma*, XI, p. 233, nᵒ 687, et plus exactement, *ibid*, XII, p. 45, nᵒ 773.

(*sic*) PER ORIENTEM AECYPTI ET MESOPOTAMIAE
(*sic*) PER PASDEMVICE SACRA IVDICANTI
         COMITI·ORDINIS·PRIMI·INTRA CONSISTORI
         VM NVMIDIAE CONSVLARI PONTIFICI MAIORI
(*sic*) OB INNVMRRABILES SVBLIMIS BENIGTATIS TIIVLOS
(*sic*) RAVENNATES MONVMENTVM PERENNIS
         MEMoRIAE IN VESTIBVLO DOMVS STATVALI VENE
              RATIONE DICAVERVNT VT ☿

*Singulari auctoritatis splendore pollenti admirabilisque
eloquentiae benivolenti(a)e felicitate glorioso cunctarumq(ue)
dignitatum fastigia faborabili moderatione iustitiae super-
gresso Vulcacio Rufino v(iro) c(larissimo); cons(uli) ordi-
n(ario), praef(ecto) praetorio, comiti per Or(i)entem, Aegypti et
Mesopotamiae, per (e)asdem vice sacra iudicanti, comiti ordinis
primi intra consistorium, Numidiae consulari, pontifici
maiori, ob innum(e,rabiles sublimis benig(nit)atis titulos
Ravennates monumentum perennis memoriae in vestibulo
domus statuali veneratione dicaverunt.*

   Le personnage auquel la statue était dédiée est connu. C'est
Vulcacius Rufinus, frère de Galla, qui épousa Constance, frère
de l'empereur Constantin, dont elle eut le César Gallus et
l'empereur Julien [1]. Nous savions déjà qu'il avait été consul
ordinaire en l'année 347 [2], préfet du prétoire des Gaules depuis
349 [3]. Une inscription de Savaria, dans la Pannonie supérieure,
inscription qui est antérieure à 350, le montre investi de la préfecture du prétoire [4], sans indiquer la région à laquelle il présidait ;

1. « natus (Gallus).... patre Constantio Constantini fratre imperatoris,
matreque Galla sorore Rufini et Cerealis quos trabeae consulares nobilitarunt
et praefecturae. » Ammien Marcellin, XIV, xi, 27.
   2. Clinton, *Fasti Romani*, p. 440.
   3. Quatre constitutions de l'empereur Constance, de 349, 352, 351, 356
sont adressees à Rufin, préfet du prétoire (*Code Just.*, VI, xxii, 6 ; VI, lxii,
3 ; *Code Théod.*, XI, ii, 6 ; IX, xxiii. 1). C. Godefroy, *Prosopogr. cod. Théod.*,
p. 64, ed. de Mantoue, 1750, t. VI. Une constitution de Julien, de 362, est
adressée à un Rufin ; on n'y lit pas le nom de la charge. Probablement c'est
le meme personnage (*Code Théod.*, XV, i, 10). Que Rufin ait géré la préfecture du prétoire des Gaules, c'est ce que nous apprend Ammien, XIV, x, 4-5.
   4. *C. I. L.*, III, n. 4180. L'inscription porte le nom de l'empereur Constant,
décédé en 350.

cette indication, en effet, à ce qu'il paraît, ne se rencontre
ajoutée aux titres de ces préfets que depuis 365[1]. En 350, les
usurpateurs Magnence et Vétranion envoyèrent à Constantin
une ambassade. Un des députés était Rufin, préfet du prétoire.
L'empereur les fit jeter en prison, à l'exception de Rufin[2]. En
368, sous l'empire de Valentinien et de Valens, il obtint la
préfecture du prétoire d'Italie[3], et mourut dans cette dignité.
Son nom est mentionné en première ligne parmi les patrons
de Thamugadi, dans l'*albus ordinis* de cette colonie[4]. L'inscription de Rome, troisième texte lapidaire qui se réfère à ce
personnage, nous fournit d'autres détails sur sa carrière. Il a
été gouverneur de la province de Numidie, *consularis Numidiae*[5]; membre du conseil impérial, *comes ordinis primi intra
consistorium*; gouverneur du diocèse d'Orient, Egypte et
Mésopotamie, *comes per Orientem, Aegypti et Mesopotamiam*,
et juge en appel, délégué par l'empereur dans ces provinces,
in easdem vice sacra iudicans[6]. Ces provinces, aux derniers
temps de Constantin le Grand, formaient un seul diocèse.
C'est ce qu'on peut déduire de la liste des provinces de Vérone[7].
Une constitution de Constance et de Constant, datée de 342,
c'est-à-dire peu d'années après la mort de leur père, est adressée

1. Mommsen, *De C. Caelii Saturnini titulo*, dans les *Memorie dell' Inst. di
corr. arch.*, II, 1865, p. 306.

2. Petrus Patricius, *Exc.*, 14. Saint Epiphane fait mention d'un *exceptor*
du préfet Rufin : Καλλικράτει ἐκσκέπτορι 'Ρουφίνου τοῦ ἐπάρχου. (*Adv. haer.*,
51, p. 809, éd. de Cologne.)

3. « Vulcacius successit Rufinus, omni ex parte perfectus et velut apicem
senectutis honoratae praetendens sed lucrandi oportunas occasiones occulta-
tionis spe numquam praeteru ittens. » Ammien, XXVII, vii, 2, qui blame
aussi ailleurs (XVI, viii, 13) l'avarice de Rufin. Ce personnage succéda à
Mamertin, « qui regebat potestate praefecti..... Italiam cum Africa et Illyrico. »
(XXVI, v, 5.)

4. *C. I. L.*, VIII, n° 2403. Cf. Mommsen, dans l'*Eph. ep.*, III, p. 75 et suiv.

5. C'est un nom de plus à ajouter à la série des consulaires de Numidie
reproduite par Marquardt, *Röm. Staatsv.*, t. Ier, 2e ed., p. 471, note 7.

6. Voir sur ces fonctions Mommsen, *De C. Cael. Saturn. tit.*, p. 311.

7. Dans l'édition de la *Not. dign.* de M. Seek, p. 247. Une inscription est
dédiée à *M. Maecio Memmio Furio Baburio Caeciliano Placido... com(iti)
Orientis, Aegypti et Mesopotamiae* (*C. I. L.*, X, n° 1700). Cf. Mommsen, *op. cit.*,
p. 306.

à Rufin, *comes Orientis*[1]. On ne saurait douter qu'il ne soit le même personnage de l'inscription de Rome. Enfin, dans cette inscription nous trouvons énoncées les fonctions de *pontifex maior*, de consul ordinaire et de préfet du prétoire, cette dernière, selon l'usage, sans le nom de la région. Ainsi, nous sommes obligés à fixer la dédicace de la statue après 349.

Qu'est-ce que ces *Ravennates* qui l'ont érigée en y faisant graver cette inscription emphatique ? On pourrait croire que ce sont tout simplement les habitants de Ravenne ; mais il est encore possible qu'ils soient des soldats de la flotte de Ravenne détachés à Rome. Cette flotte s'appelait à ce temps *classis Ravennatium*[2] ; les soldats de garnison à Rome étaient même simplement nommés *Ravennates* : ainsi la *Notitia urbis* énonce les *castra Ravennatium* dans la région XIV[3]. Mais quelle relation y a-t-il entre ces soldats de marine et Vulcacius Rufinus ? Quels sont les titres de reconnaissance qui les ont engagés à ériger cette statue dans le vestibule du palais de Rufin, dont les fouilles récentes viennent de déterminer l'emplacement ?

Turin, 21 mars 1885.

HERMANN FERRERO.

---

1. *Co le Théod.*, XII, 1, 33.

2. Voir les inscriptions que j'ai reproduites dans mes livres : *L'ordinamento delle armate romane*, n° 364 ; *Iscr. e ricerche nuove intorno all' ord. delle armate dell' imp. rom.*, n° 699. Cf. *Not. dign.*, Occ., XLII, 7.

3. Ap. Jordan, *Topogr. der Stadt Rom*, t. II, p. 574. Cf. *Ord. delle arm.*, p. 132.

LES

GOUVERNEURS DES MAURÉTANIES

T. VARIUS CLEMENS.

C. I. L., III, 5211, provenant de Celeia dans le Norique, auj.
à Vienne.

```
        T · VARIO · T · FIL
        CLEMENTI · CL · CEL
        PROC · AVG · PROVINCIAR
        RAETIAE · MAVRETAN
   5        CAESARENSIS
        LVSITANIAE · CILICIAE
        PRAEF · AL · BRITANNICAE · MILIAR
        PRAEF · AVXILIARIORVM · TEMPORE
        EXPEDITIONIS · IN · TINGITANIAM
   10         MISSORVM
        PRAEF · EQ · ALAE · II · PANNONIORVM
        TRIB · LEG · XXX · VLP · PRAEF · COH · II
         GALLORVM · MACEDON
        VALER · VRBANVS
   15   LICIN · SECVNDINVS
        DECVRIONES
        ALAR · PROVINC
        MAVRETAN · CAESARENSIS
```

Les inscriptions 5212 à 5216 du tome III sont consacrées au
même personnage. L'expédition en Tingitane à laquelle il prit
part, était partie d'Espagne, car au n° 5212 il est appelé *praefectus auxiliorum tempore expeditionis in Tingitanam ex*

M. César. *Hispania missorum.* Sous le règne de Marc Aurèle et Verus, il est qualifié *ab epistulis Augustorum.* Ce n'est pas le seul que nous verrons passer par le gouvernement des Maurétanies pour arriver à la chancellerie impériale.

Il est encore nommé, nous l'avons vu, au *C. I. L.* VIII, 2728. Les ouvriers chargés de l'exécution de l'aqueduc de Saldae ne pouvant aboutir, T. Varius Clemens écrit à Valerius Etruscus, légat de la 3e légion, de lui renvoyer de nouveau Nonius Datus. L'œuvre fut inaugurée en 152 : *Ergo ego*, dit Nonius Datus à la fin de son récit, *qui primus libram feceram, ductum atsignaveram, fieri institueram, secundam formam quam Petronio Celeri procuratori dederam opus (effeci). Effectum aqua missa dedicavit Varius Clemens procurator.*

SEXTUS BAIUS PUDENS.

Ephem. epigraph., V, n° 1022, à Cherchel.

dis MANIBVS BAiae
YGIAE·LIB·BAI·PVDEN
TIS·PROC·AVG... etc.

C. I. L., IX, 4964, à Cures.

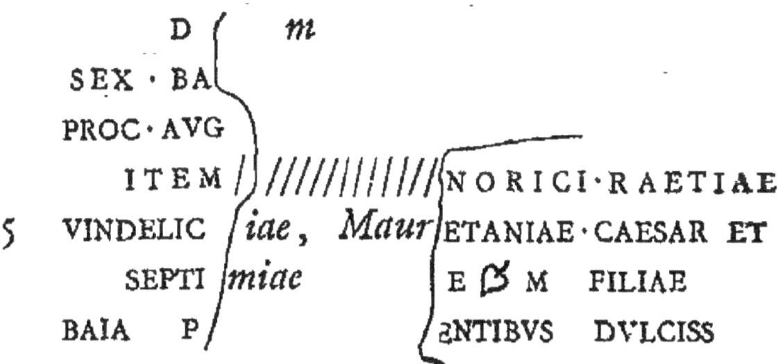

C'est le même personnage, sans nul doute, qui est mentionné au tome V de l'*Ephem.*, n°s 977, 1302 et 955. Ces deux dernières inscriptions sont semblables, et comme elles sont de 167, nous avons l'époque à laquelle S. Baius **Pudens** gouvernait.

......?......

C·I·L 8702, à Aïn-Melloul, au sud de Sétif. — Cette inscription est datée de l'année 191. La lecture des dernières lignes est douteuse. Les rédacteurs du *Corpus* supposent une lacune entre les lignes 13 et 14. La mention de *procurator Augusti* M. César. est cependant certaine.

```
    IMP · CAES · M · AVR COMMO
    DO.. ANTONINO  AVG · PIO  FELI
    CI · SARMATICO  GERMANI
    CO  MAXIMO  BRITTANICO
  5 PONTIfiCI MAX · TRIB · PO
    TEST XV IMP VIII · COS VI
    PP  INDVLGENTISSIMO
    PRINCIPRINCIPI · DIVI
    M · ANTONINI · PII · FIL · DIVI
 10 PII NEPOTI · DIVI  HADRIA
    NI · PRONEPOTI · DIVI  TRAIANI
    PARTHICI · ABNEPOTI · DIVI
    NERVAE ADNEPOTI   · FE/
    NVM SPLEND COLON MAR PROCV
    AVG COLONI DOMINI N̄
      POSVERVNT
```

(*sic*)

CL. PERPETVVS.

Ephemeris epigraphica, tome V, n° 952. Sur la route d'Aumale à Médeah.

```
    IMP  CAESAR  M  AVREL  COMMODVS
ANTONINVS AVG P GERMANICVs SARMATICVs BRITTANICVS
MAXIMVS SECVRITATI PROVINCIALIVM SVORVM CONSVLENS
TVRRES NOVAS INSTITVIT ET VETERES REFECIT OPERa MILITVM
sVORVM .
```

CL PERPETVO   PROC SVO

GN. NUNNIUS MARTIALIS.

C. I. L., VIII, 10351 près de Sétif.

```
      IMP · CAES ·
    L · SEPTIMIVS · SE
    VERVS · PERTINAX
  AVG · P · P · PONT · MAX · TRB
```

M. César.

```
        5   POT·III·IMP·IIII·COS·II   an. 195.
            PROCOS · MILIARIA
            RESTITVIT · PER · CN
            NVNNIVM · MAR
            TIALEM · PROC · SV
            VM · A  SITIFI · M · P
```

Le n° 10364, reproduit le même texte. Il faut sans doute en dire autant du n° 10361 dont il ne nous reste cependant que les dernières lignes. Enfin le n° 9369 est un autre fragment se rapportant probablement au même personnage qui y est qualifié de *procurator praeses justissimus et innocentissimus*.

P. AELIUS PEREGRINUS ROGATUS.

C. I. L., VIII. 9359 (R. 3888).

```
            P · AEL · P · FILIO
               PAPIRIA
              PEREGRINO
               ROGATO
           OMNIVM  VIRTVTVM
            VIRO  PRAESIDI
             DIGNISSIMO
           M · POPILIVS · PALAT
          NEPOS · PRAEF · ALAE
          GEMINAE · SEBASTENE
            · DOMO  ROMA
```

L'inscription suivante achève de nous donner son *cursus honorum* : *C. I. L.*, VIII, 9360, complété par l'*Ephem. epig.*, V, n° 966.

```
            P · AELIO · PEREGR
             NO · PRAES Dii
             PROV · MAVRET
             CAES · PERFEC
         5   TISSIMO · VIRo
             A · COGNITONB
             AVGGG · TIB · CL
             LICINIVS · EX
             PRAEF · COH · I
               FL · HISP
```

P. Aelius Peregrinus Rogatus paraît être resté assez longtemps M. César. au gouvernement de la Maurétanie. Il y était en 201, ainsi que l'atteste le fragment d'inscription n° 9030. On l'y trouve encore dans cette période de 209 à 211, où il y eut trois Augustes : Septime Sévère, Caracalla et Geta (n° 8991).

Le second des textes que je viens de transcrire apprend qu'en sortant de la Maurétanie, il fut appelé, toujours pendant cette période de 209-211, à faire partie de la chancellerie impériale (*a cognitionibus trium Augustorum*).

Les textes suivants se rapportent encore au même personnage : *C. I. L.*, VIII, 8485 (R. 3280) — 10979 qu'il faut rapprocher de l'*Ephem. epig.*, t. V, n° 974, enfin 9361, dont la restitution telle que nous la donne le *Corpus* me paraît bien hasardée.

Dans presque tous les cas il porte le titre de *procurator*. Aux n°ˢ 9359 et 9360, on l'appelle *praeses*. Il est aussi qualifié tantôt *vir egregius*, tantôt *vir perfectissimus*. Aurelius Litua, sous Dioclétien, n'est donc pas le premier, comme semble dire M. Henzen (p. 46), qui ait pris cette dernière épithète.

CN. HAIUS DIADUMENIANUS.

C. I. L., VIII, 9366 (R. 3891), à Cherchel.

<pre>
        CN · HAIO
        DIADVME
        NIANO PROC
        AVGG*g*   V*I*R
   5   *at*VMQUE MA/
        RITANIARVM
        TINGITANA*e*
        et Caes IV*l*
        *Vale*NTINVS
        .... *etc.*
</pre>

Marquardt (*Handb. der Römischen Alterdthum*, IV, p. 484), M. Henzen (*loc. cit.*) le placent dans la période de 209-211, par la restitution du troisième G de la ligne 4. Cette lettre est martelée comme tout ce qui rappelle le souvenir du passage de Geta à l'empire.

M. César.

Q. SALLUSTIUS MACRINIANUS.

C. I. L., VIII, 9371, à Cherchel.

<pre>
   Q · SALLVSTIO · MACriNIANO · PROC   AVGGg
 VTRIVSQ · PROV · MAVreTAlLÆ · PRÆSIDi SVO ET
   Q · SAlluSTIO · MACriNIAlO · C · V · FILIO EIVS
        COMMILITOni RARISSIMO · ET
5 Q SALLVSTIO MACriniAlO C · P · NEPOTI · EIVS
        OB INSIGNEM eORVM · ERGA · SE · HV
        MANITATEM   ANVLLIVS GETA
           EX PRAEF alAE PARTHORVM
</pre>

C. OCTAVIUS PUDENS CAESIUS HONORATUS.

C. I. L., VIII, 9370 (R. 3893), Cherchel.

<pre>
        C · ocTavio · PVDEN
        TI · CAESIO · HONORA
        TO · PROC · AVGGG ·
        A · CENSIBVS
5   CORNELIVS
        PRIMVS
        DEc · alaE · THRAC
        EX · stfATORE
          ℬ eIVS ℬ
10   PRAESIDI · IN
        NOCENTISSIMO
</pre>

Adde n° 9049.

Il appartient encore à la période de 209-211, et ne doit pas
être confondu avec Sextus Baius Pudens, qui gouverna sous
Marc Aurèle. C. Octavius Pudens porte encore le titre de
procurator a censibus. Il y a là une particularité à noter. Les
opérations du cens faites dans les municipes par les *Quinquennales* étaient centralisées au chef-lieu de la province par un
magistrat spécial, qui portait le titre, dans les grandes provinces,
de *legatus Augusti pro praetore censuum accipiendorum*, ou
ad census accipiendos, ou *ad census*, ou enfin *legatus Augusti
propraetore censitor*, et était d'ordre sénatorial. Dans les autres

provinces ; il appartenait à l'ordre équestre, mais cette distinc- M. César.
tion disparut à la fin du Haut-Empire. Or, il arrivait quelquefois
que ces fonctions étaient remplies par le gouverneur lui-même :
nous en avons ici un exemple.

P. FLAVIUS CLEMENS.

C. I. L., 10470 (R. 3801), à Lalla Maghnia ; sur une borne
milliaire.

<pre>
        I M P · C Æ
        M A V R E L
        S E V E R V S
          Alexander
    5   PIVS·FELIX
        A/G · M I L I
        A R I A · P O S.V
        P.E.R. ⌀ P : FL
        C L E M E .T E.m
   10   PROC ⌀ SVum
        etc. . . . .
</pre>

M. Henzen (*Annali del instit. di Corresp. archæol.*, 1860,
p. 44) place ce *procurator* sous Caracalla. Je crois, avec les
rédacteurs du *Corpus*, que c'est à tort, et je préfère restituer le
nom d'Alexandre. Celui d'Antoninus désignant Caracalla n'est
jamais martelé, à ma connaissance, en Afrique.

L. LICINIUS HIEROCLES.

C. I. L., VIII, 9367 (R. 3909), à Cherchel.

<pre>
        L · L I C I N I O
        H I E R O C L E T I
       V E PROC AVG N̄
        P R A E S I D I
    5   I V S T I S S I M O
        I V R E G L A di
        //////////////////
        //////ER////////
        P A T R O N O
   10. D I G N I S S I M O
</pre>

M. César. Le n° 9354 daté de l'année 227, nous donne l'époque à laquelle ce personnage exerçait ses fonctions. Il est aussi nommé dans l'inscription qui porte le n° 9355. J'ai, dans l'introduction à cette étude, parlé du titre de *praeses jure gladii*.

T. AELIUS DECRIANUS.

Huit bornes milliaires nous ont conservé son souvenir. En voici une trouvée à Lalla Maghnia. *C. I. L.*, VIII, 10468 (R. 3803).

<pre>
            MP·CAE*sar*
        M · AVRELIVS *Severus*
        Alexander · PIV*s*
        FELIX·AVG·P·P·COS·DIVI
    5   MAGNI·ANTONI
        NI·FILIVS·DIVI
        SEVERI·NEPOS
        MIL·NOVA·PO
        SVIT·PER·T·AELI·
   10   VM·DECRIANVM
        PROC·SVVM
        A·N·SEVERIA
        NVM·*Alexan*
        drianum
   15   SYR
        M·P·II
</pre>

Les dernières lignes doivent être lues ainsi : *ad Numerum Severianum Alexandrianum Syrorum, millia passuum duo.* Ces noms sont ceux de Lalla Maghnia.

Les autres bornes sont publiées sous les nᵒˢ 10432, 10436, 10461, 10462, 10465, 10469.

T. FLAVIUS SERENUS.

C. I. L., VIII, 9002 à Dellys :

<pre>
    T·FL·SERENO *a co*
    GNITIONIB*us* *Aug.*
    VTRVBIQVE *praesi*
    DI·OPTIMO PA*trono* ·
</pre>

```
 5   INCOMPARABili
     IVLII·SABINVS a mi
     L I T I I S
     PONTIANVS ex de
     CVRIONE  Adjutor
10   E T · S T R A T O R
     E I V S
```

Cette inscription soulève une double difficulté :

En premier lieu quelle est la valeur de l'expression *utrubique?*
Cf. *Bulletin des Antiq. Afric.*, 1885 (pp. 5 et 6), et la note du
Corpus sous le texte que je viens de citer. Je suis de ceux qui y
voient une allusion à ce fait que T. Flavius Serenus aurait eu
le gouvernement des deux provinces. On peut rapprocher de
cette formule celles usitées pour les gouvernements qui se sont
trouvés dans ce cas. *C. I. L.*, VIII, 9366, 9371 ; le fragment au
C. I. L., VI, 1638, présente aussi quelque analogie.

Maintenant à quelle époque faut-il placer ce gouverneur ?
C'est la seconde difficulté. M. Demaeght vient de publier (*Bullet.
des Antiq. Afric.*, 1885, p. 5) une inscription inédite de Bou
Tlélis se rapportant à ce même T. Flavius·Serenus. Le nom de
l'empereur s'y trouvait bien, mais la portion la plus importante a
été martelée et il ne reste que le commencement : *M. Aurelio...*
Or, six empereurs se sont appelés ainsi. M. Demaeght a fait
l'identification avec Maximien Hercule. Sur ma demande, il a
eu l'obligeance de m'envoyer deux estampages, ajoutant dans
sa lettre d'envoi qu'il avait reconnu sur la pierre, dans le nom
martelé, la trace des lettres XI. L'examen le plus attentif des
estampages ne m'a rien révélé.

```
IMP · CAES / / / M ·
AVRELIO / / / / / / /
/ / / PIO FEL / / / E AVG
T · P · P · P · PONTI
BVRGVM  H  STITV
PER · T  FLAVIVM  POS
```

Je suis très éloigné d'admettre l'identification de M. Demaeght,
car il n'y a pas un seul exemple, au tome VIII du *Corpus*, ni
dans le supplément de l'*Ephemeris*, du titre de *pater patriae*

M. César. donné à Maximien. D'autre part, le titre de *praeses* indique une époque postérieure à Commode; comme enfin on peut, je crois, poser cette règle que le nom d'Antonin Caracalla n'a pas été martelé en Afrique, je m'arrêterais volontiers à l'idée que notre texte se rapportait à Alexandre Sévère.

P. SALLUSTIUS SEMPRONIUS VICTOR.

C. I. L., VIII, 8828, à Kherbet Gidra.

```
IMP · CAES · M · AVR · SE
VERVS   ALEXANDER
PIVS · FELIX · AUG · MVROS ȣ
PAGANICENSES · SERTE
ITANIS · PER · POPVL ȣ SVOS
FECIT · CVR · SAL · SEMP · VICTORE
PROC · SVO · INSTANTBVS · HEL
vio crescente dec//////
et cl · capitone · pr//////
```

Adde n° 10438. L'*Ephemeris epig.*, t. V, n° 1317, donne une autre inscription publiée dans le *Bulletin des Antiq. Afric.*, 1882, p. 60.

Ce personnage continua ses fonctions sous Maximin, ainsi que l'atteste le n° 1316 de l'*Ephemeris*, d'après le *Bulletin des Antiq. Afric.*, 1884, p. 288. C'est donc à dessein que je le place à la suite de T. Aelius Decrianus et de P. Flavius Clemens. Il est encore mentionné au *C. I. G.*, 2509.

CAPELLIANUS.

J'ai dit dans l'introduction à ces listes pourquoi, malgré l'opinion communément admise, je plaçais ici ce personnage. C'est lui, on le sait, qui organisa la résistance contre les Gordiens et mit fin à leur empire éphémère en battant le fils et en amenant le père à se donner la mort.

Capellien se montra cruel dans la victoire. (Capitol., *Maximin* 19. — Herod. VII, 9, 11.) La seule inscription qui mentionne son nom a été gravée sur la tombe d'une de ses victimes qui *pro amore romano quievit ab hoc Capeliano captus* (*C. I. L.*, VIII, 2170).

On ne sait ce qu'il devint dans la suite. Dans tous les cas, il M. César. ne faut pas le confondre avec C. Julius Geminus Capellianus, *legatus Augusti pro prætore* de la Pannonie inférieure, qui vivait sous Antonin le Pieux, ainsi que l'a démontré Borghesi. (OEuvres III, p. 66.)

On a pu remarquer d'après les textes cités qu'on n'est pas bien fixé sur l'orthographe de son nom que l'on écrit tantôt Capellianus, tantôt Capelianus.

CATELLIUS RUFINUS.

C. I. L., VIII. 9963. — R., 3804, à Lella Maghnia.

pro salute
imp·Caes M *Antoni*
*g*ORDIANI · PII · *fel*
AVG · N · ET · SABINIAE·*Tran*
QVILLINAE · AVG · N · CON
IVG · AVG · N · TOTAQ · DO
MVS·DIVINA EOR · CATELLI
VS·RVFINVS·PROC·EOR

Nous avons vu que, suivant M. Mommsen, il ne s'agit pas d'un *praeses*. Le monument étant élevé en l'honneur de Gordien et de sa femme, le savant professeur dit : *eum (titulum) adsumptio uxoris ostendit non proficisci a procuratore praeside* (indrod. au tome VIII du *Corpus*, p. xx, note 5). M. Henzen, *loc. cit.*, p. 46) le fait cependant figurer dans sa liste, et telle paraît être aussi l'opinion de M. Hirschfeld, à une communication obligeante duquel je dois cette autre observation que le nom de Catellius doit sans doute être lu à la dernière ligne du n° 1046 de l'*Ephemeris* (tome V).

LIVIANUS.

Ephem. epig. v. 1044, à Aïn Shiba, près Frenda.

PRO SALVTE
ET·VICTORIA
ET · REDITV
GORDIANI AVG

M. César.   5   D I I S   I M M O R
                              TALIB Ƀ LIVIAN
                                   PROC Ƀ

Cette inscription est attribuée au retour et au triomphe de
Gordien III, à la fin de 342 ou au commencement de 343. —
Les épigraphistes qui s'en sont occupés ne paraissent pas douter
qu'il s'agisse ici d'un *procurator Augusti*. Cf. de la Blanchère,
Bulletin de Corr. Africaine, 1882, p. 122 ; 1883, p. 108.
— Poinssot, *Bulletin des Antiq. Afric.*, 1882, p. 52.

. . . . ? . . . .

Ici se place un *procurator* que mentionne Capitolin, sans
nous dire son nom. J'ai parlé plus haut des évènements auxquels il fut mêlé.

*Venusto et Sabino Conss. inita est factio in Africa contra
Gordianum tertium, duce Sabiniano ; quem Gordianus per
praesidem Mauretaniae obsessum a conjuratis ita oppressit ut
ad eum tradendum Carthaginem omnes venirent et crimina
confidentes et veniam sceleribus postulantes. (Capitolin. Gordiani tres* XXIII[1].)

M. AURELIUS ATHO MARCELLUS.

C. I. L., VIII, 8809, à Bou Areridj, provenant de Lemellef.
— Ce texte rappelle la restauration d'un aqueduc sous le règne
de Philippe :

· · · ·INSTANTIA·M·AVRELII·ATHONIS MARCELLI·V·E·PROC AVG·RARISSIMI·PRAESIDIS.N̄· · · ·

C'est un des témoignages que j'ai invoqués plus haut pour
faire tomber l'hypothèse d'après laquelle il n'y aurait pas eu de
procuratores en Maurétanie de Gordien à Valérien.

M. AURELIUS VITALIS.

Ephem. epig., v. 953, à Aïn-Bou-Did.

---

1. Je rappelle seulement pour mémoire Titus, un des trente Tyrans dont
Trebellius Pollio (*Tyrann. trig.*, XXXII, 1) nous dit qu'il avait été *tribunus
Maurorum*. C'était sans doute un de ces *praefecti gentium* si nombreux sur les
frontières de l'empire et particulièrement dans nos provinces.

```
   i OPt ⏃ MAX
     gE N I I S Q V E    D I I S
     iM  M  O R T A L I B V S
     vi c t O R I I SQ   D  D  N  N
 5   i N V I C t O R · M · AVRE  V I T A L I S
     V · E · P · P · MAVR  ⏃  CAESARIEN
     V L P · C A S T V S · D E C · A L A E
     THRACVM   ⏃  OB  ⏃  BAR
     BAROS   ⏃  CESOS   ⏃  AC
10   FVSOS  ⏃  V  ⏃  s  ⏃  L  ⏃  A  ⏃
     /  ⏃  IDVS  ⏃  AVG  ⏃  A  ⏃  P · CC
                         · ET · XV    (254)
```

FLAVIUS PECUARIUS.

C. I. L., VIII, 8474 , à Setif, an 288.

```
     D · N · I M P · C A E S
     C · VALERIO · AVRE
     LIO  . DIOCLETIANO
     INVIC  PIO  FEL  AVG
 5   PONTIF  MAX  TRIB
     P  V  CONS  III · P P
       P R O C O S
     F L A V I V S   P E C V
     ARIVS  V · P · PRAE
10   SES  PROV  MAVR
     CAES  DEVOTVS
       N V M I N I   M A I E S
     T A T I Q V E   E I V S
```

Le lieu où l'inscription se trouvait prouve que la Sitifienne
n'existait pas encore. — La date nous indique aussi que
Flavius Pecuarius fut prédécesseur de T. Aurelius Litua qui
suit.

T. AURELIUS LITUA.

Quatre inscriptions le mentionnent, et nous apprennent qu'il
joua un rôle important dans la répression de l'insurrection que
Maximien en personne dut venir étouffer. (*C. I. L.*, 8924, 9041,

M. César. *an 290*, 9324.) L'*Ephem. epigr.*, V, 932, a publié le dernier texte qui nous donne les noms complets de ce gouverneur :

```
IMPP  CAESS·C·AVREL·VAL·DIOCLETIANO
ET·M·AVREL·VAL·MAXIMIANO·IN
VICTIS  PIIS  FF  AVGG  ET  CONSTANtio
ET  MAXIMIANO  NOBILISSI
MIS  CAESARIBVS  T·AVREL·LITVA
V·P·P·P M·CAES·CENTENARIVM·
AQVA  FRIGIDA  RESTITVIT  Al
quE  AD  MELIOREM  FACIEM  REFORMA
vit Salvis dominis nostris multis Annis FELICITER
```

C'est pendant son gouvernement, je le rappelle, que la Siti-fienne fut détachée de la Césarienne. — L'inscription que je viens de citer est postérieure au 1ᵉʳ mars 292, époque à laquelle Constance et Galère furent créés Césars.

ULPIUS APOLLONIUS.

L'*Ephem. epig.*, v. 956, donne une inscription de Soùr Djoùab, qui rappelle la restauration du *Municipium Rapidense*, *ante plurima tempora rebellium incursione captum ac dirutum.*

```
CVRANTE
vlPIO  APOLLONIO·V·E·P·P·M·C.......
```

Cette inscription postérieure à 292, puisqu'elle mentionne Constance et Galère, doit être rapprochée du n° 9324 du *Corpus*, tome VIII, qui ne contient pas encore ces noms; on en conclura qu'Ulpius Apollonius est postérieur à T. Aurelius Litua.

ÆLIUS JANUARIUS.

C. I. L., II, 4135, à Tarragone.

```
AEL·IANVARIO
pROC·HEREDIDATium
PROC·CHOSDROEnes
proc·SYRIAE·COELES
```

M. César.

```
  5   proc VECT·ILLYRICor
      ...  PROV·HISPAniae
      citeRIORIS·TARRACon
      prae SIDI · PROV · TINGit
      praesi DI · PROV · MAVret
 10   Caesariensis
```

Marquardt (*Handb. der rom. Alterth*, IV, p. 485, note 1) le place sous Dioclétien. Il parait avoir été gouverneur de la Tingitane avant de passer à la Césarienne ; mais rien n'indique qu'il ait eu les deux provinces en même temps. — On trouvera des renseignements sur la Chosdroene dont il fut *procurator* dans Marquardt (IV, p. 436). C'est ici une forme orthographique nouvelle du nom qui s'écrit ordinairement Osdroena (*C. IH. 79*, de Decur., XII, 1), Osrhoena, Osrhenia, Osremia (*Notit. digni-tat.*, pp. 9 et 140, édit. Böcking).

VALERIUS FAUSTUS.

Ephem. epig., v., 980, à Cherchel.

```
      FILIO DIVI MAXIMI
      ANI GENERO DIVI
      MAXIMIANI FELICIS
      SIMORV IMPP IMP TO
  5   TIVS ORBIS PERPETVO
      D N M AVR VAL MAXEN
      TIO PIO FELICI INVICTO
      ET GLORIOSISSIMO SEM
      PER AVG VAL FAVSTVS
 10   VPPP MAVR CAES DEVO
      TVS NVMINI MAIESTA
      TIQVE EIVS
```

On sait que Maxence était fils de Maximien Hercule et gendre de Galère (Galerius Valerius Maximianus), morts le premier en 310, le second en 311, et tous deux divinisés.

En cette même année 311, Maxence reconquit l'Afrique sur Alexandre, qui y avait été proclamé empereur et en était resté

M. César. maître pendant trois ans. — Maxence ayant péri en 312, nous
avons, à une année près, la date exacte de cette inscription et
l'époque du gouvernement de Valerius Faustus.

FLAVIUS TERENTIANUS.

C. I. L., VIII, 8412, à Aïn Roua (R. 3555).

```
     I M P.  C A E S.  F L A V I
     O · C O N S T A N T I N O
     MAXIMO · PIO · FELICI·IN
     VICTO · AVG · PONT·MAX·GER
 5   M A X I M O · III · S A R M · M A X
     BRIT · MAX · CARP · MAX · ARAB
     M A X · M E D · M A X · A R M E N
     MAX · GOTH · MAX · TRIB · PO
     TEST · XIIII · IMP · XIII · CON
10   SVL·IIII·PATRI·PATRIAE
     P R O C O N S V L I
     F L A V I V S · T E R E N T I A
     N V S · V · P · P R A E S E S
     P R O V I N C I A E · M A V
15   R E T A N I A E · S I T I F.
     N V M I N I · M A I E S
     T A T I Q V E · E I V S · S E M
     P E R · D I C A T I S S I
     MVS
```

Constantin ayant été consul pour la cinquième fois, en 319,
et sa quatorzième puissance tribunitienne correspondant à 318,
il faut, suivant Wilmanns (*Exempla inscript.*, 1075), corriger
l'une des deux dates de ce texte.

Un peu plus tard, car Constance ne fut fait César qu'en 322,
Flavius Terentianus réunit sous son gouvernement la Césarienne
et la Sitifienne, *C. I. L.*, VIII, 8932, à Bougie.

?.....IANUS.

Ephem. epig., v. 1038, à Sidi Brahim. Deux fragments
appartenant à deux exemplaires d'une même inscription. Nous

donnons la restitution du fragment *b*, et nous indiquons en M. César.
capitales soulignées les lacunes que nous avons complétées avec
le fragment *a*.

IMPERATORI *Caesari flavio Valerio Constantino*·INVICTO·PIO FELICI AVG
pontificis Maximo Germanico MAXIMO SARMA*lico Maximo g*OTICO MAXIMO
BVNICIAE POTESTA*tis*
et Constantino et CONSTANTIO *et Constanti nobilissi*
*mis ac florentissimis Caesaribus extruxit arcu*M ORDO SPLEN*didissimus*
*Coloniae Gunuzitano*RVM INSTANTE AC *de*
dicante .... IANO·V·P
*praesidi provinciae Maure*lANIAE
Caesariensis

Cette inscription se place entre 333, époque à laquelle
Constantin II reçut le titre de César, et 337, date de la mort de
Constantin le Grand.

CHAPITRE II

MAURÉTANIE TINGITANE

TREBONIUS GARUCIANUS.

Il ne nous est connu que pour avoir tué Clodius Macer par ordre de Galba (Tacite, *Hist.*, I, 7. Plutarq., Galba, XV). Ces auteurs ne disent pas précisément qu'il eut le titre de *procurator Augusti*, mais je ne crois pas qu'on puisse émettre de doutes à ce sujet. Cf. Mommsen, introd. au tome VIII du *Corpus*, p. XX. — Il est parfois appelé Trebonianus.

Il ne peut avoir gouverné que la Tingitane : Néron avait placé à la tête de la Césarienne Lucceius Albinus qui y resta jusque sous Vitellius.

LUCCEIUS ALBINUS.

Procurator des deux Maurétanies sous Galba et Othon. — Cf. *suprà*, Maurétanie césarienne. — Il dut, en Tingitane, succéder à Trebonius Garucianus.

P. BÆSIUS BETUINIANUS. C. MARIUS MEMMIUS SABINUS.

C. I. L., VIII, 9990, trouvée à Tanger, mais aujourd'hui à Oxford.

P·BESIO·P·F·QVIR·BETVINIANO
C·MARIO·MEMMIÓ·SABINO
PRAEF·COH·I·RAETORVM·TRIB·LEG·X·G·P·F
PRAEF·ALAE·DARDANORVM·PROCVRATORI
IMP CAESARIS·NERVAE TRAIANI·AVG·GERM·DACICI
MONETAE·PROC·PROVINC·BAETICAE·PROC·XX̅·HERED·PROC·PRO
LEG·PROVINC·MAVRETANIAE·TINGITANAE·DONIS·DONATO·AB
IMP·TRAIANO·AVG·BELLO·DACICO·CORONA·MVRALI·VALLARI·HASTIS·PVR·VEXILLO ARGENT
EXACTI EXERCITVS

La guerre Dacique commença en 201. Trajan prit le titre de M. Tingit. Dacicus à la fin de 202 ou au commencement de 203; ce qui nous donne la date à peu près précise de cette inscription.

C. VIBIUS SALUTARIS.

C. I. L., III, n° 6065, trouvée dans les ruines du théâtre d'Ephèse :

```
 DIANAE  ☿ EPHESIAE  ET
   PHYLE  ☿  CARENAEON
c u IBIVS C · F · VOF (sic) · SALVTARIS · PROMAG · PORTVVM
 pr OVINC · SICILIAE · ITEM PROMAG  FRVMENTI · MANCIPALIS
5  pr AEFEC  COHOR · ASTVRVM · ET  CALLAECORVM · TRIB · MIL
leg x XII  PRIMIGENIAE · P · F · SVB  PROCVRATOR · PROVINC
maur. ETANIAE   TINGITANAE · ITEM · PROVINC · BELGICAE
   ARGENTEAM · ITEM · IMAGINES · ARGENTEAS   DVAS   VNA
   ETALIAM PH //// SVA PECVNIA FECIT · ITA VT., etc.
```

La même inscription en langue grecque a été trouvée avec celle-ci et a permis de restituer complètement les noms de C. Vibius Salutaris. — J'ai fait remarquer que ce titre de *subprocurator* paraît coïncider avec l'époque où Besius Betuinianus était *procurator pro legato* de Tingitane.

Cf. Hermes, t. IV, p. 218-219.

C. VALLIUS MAXIMIANUS.

C. I. L., II, 1120,

```
   C · V A L L I O
   M A X I M I A N O
   PROC · PROVINCIAR
   MACEDONIAE · LVSI
5  TANIAE · MAVRETAN
   TINGITANAE · FORTIS
   SIMO · DVCI
   RES · P · ITALICENS · OB
   MERITA · ET · QVOT
```

M. Tingit.

```
       10   PROVINCIAM · BAETIC
            CAESIS HOSTIBVS
            PACI · PRISTINAE
            RESTITVERIT
            etc . . . . . . . . . . . .
```

. Au n° 2015 du même volume, on trouve une autre inscription élevée par l'Ordo Singiliensis Barbensis *ob municipium diutina obsidione et bello Maurorum liberatum*, en l'honneur de ce même personnage qui est ainsi nommé :

```
       C · VALLIO · MAXVMIANO
       PROC · AVGG · E · V
       etc . . . . . . . . . . . . .
```

. Les deux Augustes sont Marc-Aurèle et Verus, d'après M. Hübner, qui ajoute : *Huic tempori litterarum formae prorsus conveniunt.*

RUFINUS.

Muratori, 244[1] et 1993[6].

```
   AVG · INVICTO · IMP · CAES · L · SEPTIMIO
   SEVERO · PIO · PERTINACI · DIVI · M · ANTONINI
   FIL · DIVI · COMMODI · FRATRI · DIVI · ANTONINI
   PII · NEPOTI · ARABICO · ADIABENICO · PONTIF
 5 MAX · TRIB · POTEST · IIII · IMP · VIII  COS II
   PROCOS · P · P · PRO · VICTORIA · ET · REDITV
   IPSIVS · RVFINVS · LIB · PROCOS  PROVINCIAE
   MAVRITANIAE  TINGITANAE
   SALVO · SEVERO · AVG · ET · ANTONINO
        CAES  FIL  VARR
```

Ce texte, si je ne me trompe, n'est connu que par la publication de Muratori. Il proviendrait de Ravenne. M. Henzen se contente de faire observer qu'il doit renfermer à la ligne 7 une erreur de copiste (*imperito trascrittore*), qui aurait traduit l'abréviation PROC par PROCOS. — (Henzen, *loc. cit.*, p. 43.

Je ne voudrais pas poser une affirmation trop nette, et c'est pour cela que je laisse ce personnage dans ma liste. Cependant

je ne dissimule pas que tout dans cette inscription me la rend M. Tingit.
suspecte. Sans m'arrêter à la forme *Mauritaniae* pour *Mauretaniae*, qui est rare, je ferai remarquer que l'ensemble du texte
s'écarte de toutes les formules de cette époque. Rufinus ne pouvait être qu'affranchi de l'empereur : alors pourquoi n'y a-t-il
pas AVG LIB? — Joignez à cela ce titre de proconsul de la
province de Maurétanie. Enfin les deux dernières lignes ajoutées
par Muratori (p. 1993[6]) me paraissent inexplicables.

Les puissances tribunitiennes, le consulat et les salutations
impériales nous reportent à l'année 196.

CN. HAIUS DIADUMENIANUS.

C. I. L., VIII, 9366, *procurator* des deux Maurétanies, de
209 à 211. Cf., *suprà*, Maurétanie césarienne.

Q. SALLUSTIUS MACRINIANUS.

C. I. L., VIII, 9372, fut *procurator* des deux Maurétanies
entre 209 et 211. Cf. *suprà*, Maurétanie césarienne.

FURIUS CELSUS.

Est connu par ce texte de Lampride (*Alex. sev.*, LVIII, 1) :
*Actae sunt res feliciter et in Mauretania Tingitana per Furium
Celsum...* L'auteur ajoute que les honneurs consulaires lui
furent accordés comme récompense de ses succès.

T. FLAVIUS SERENUS.

Cf. Maurétanie césarienne. — J'ai dit que ce personnage, que
je supposais être de l'époque d'Alexandre Sévère, fut sans doute
aussi gouverneur de la Tingitane.

ANASTASIUS FORTUNATUS.

C'est devant lui, en 298, que fut conduit le centurion
Marcellus qui avait professé publiquement la foi chrétienne. Les
actes de ce martyr ajoutent qu'Anastasius Fortunatus commandait la *legio trajana* à laquelle appartenait Marcellus. Il s'agit
vraisemblablement de la legio II Trajane, cantonnée en *temps*
ordinaire à Alexandrie, mais que l'empereur Maximien avait
fait venir pour la pacification du pays. Ce texte semble bien

M.Tingit. dire qu'Anastasius Fortunatus était gouverneur : *in civitate Tingitana procurante Fortunato praeside;* cependant, dans le reste du récit, il ne l'appelle plus que *praeses legionis.* Cf. Ruinart, *acta primorum martyrum,* édit. d'Amsterdam, 1713, p. 302 , édit. de Paris , 1689, p. 312. — Morcelli *Africa Christiana,* ann. 298, II.

AELIUS JANUARIUS.

Voir le même nom dans la liste des *praesides* de la Maurétanie césarienne qu'Aelius Januarius paraît avoir gouvernée en sortant de la Tingitane. Il ne paraît pas, selon moi, qu'il ait eu les deux provinces en même temps.

J'ai dit aussi avec Marquardt qu'il fallait sans nul doute le placer au temps de Dioclétien.

FLAVIUS MEMORIUS.

Il nous est connu par l'inscription funéraire suivante qui se trouve au Musée de Marseille :

Bene pausanti in pace, fl. Memorio v. p. qui milit | inter iovianos annos XXVIII, pro dom an VI, prae (fectus) lanciaris sen (io) rib... an III, comes ripe an 1, Com Mauret Ting., an III | Vix an LXXV. Praesidia con (jux m)arito dulcissimo.

Ce *cursus honorum* a été l'objet d'une intéressante étude de M. Camille Jullian, insérée dans le *Bulletin épigraphique,* 1884, p. 1. L'auteur y établit que la carrière de Flavius Memorius se place entre les deux dates extrêmes 286 et 378. — Il fait remarquer aussi qu'on ne doit pas confondre ce personnage avec Memorius, *praeses* de la Cilicie, mentionné en 363 par Ammien Marcellin (XXIII, 2, 5) : l'un était fonctionnaire civil, l'autre fonctionnaire militaire.

CHAPITRE III

MAURÉTANIE SITIFIENNE

T. AURELIUS LITUA.

Peut-être faut-il, en s'appuyant sur l'inscript. *C. I. L.*, VIII,
8924, le considérer comme le premier gouverneur de la Maurétanie sitifienne. On se rappelle qu'il y rend grâce d'un succès
qu'il vient de remporter *Coadunatis secum militibus... tam ex
Mauretania Caesariensi quam etiam de Sitifensi.* Il ne prend
cependant à la fin que le titre de *praeses* de la Césarienne.

Pour le surplus, voir ce qui a été dit de ce personnage.
dans le chapitre précédent.

SEPTIMIUS FLAVIANUS.

C, I. L., VIII, 8477 (R 3286), à Sétif, de l'année 315.

MAGNO ET INVICTO PRINCIPI DNIMP CAESARI
FLAVVAL CONSTANTINO PIO FELICI SEMPER AVG
VOT X PONT MAXIMO SARMATICO MAX GERM MAX GOT MAX MVL XX
TRIB POT X CONS IIII IMP VIIII PP PROCONSVLI
SEPTIMIVS FLAVIANVS V P P P MAVR SITIF
NVMINI MAIESTATIQ EIVS SEMPER DICATISSIMVS

Nous avons une autre inscription mentionnant le même
gouverneur en 316 (*C. I. L.*, 8476 R 3285), et une troisième de
date moins certaine : 8713.

FLAVIUS TERENTIANUS.

Voir Maurétanie césarienne. D'abord gouverneur de cette
dernière province, Flavius Terentianus y joignit dans la

M. Sitif. suite la Maurétanie Sitifienne. Il y était, nous l'avons vu, à une époque postérieure à 322, et y avait succédé, sans doute, à Septimius Flavianus. J'ignore quels évènements ont provoqué alors la réunion des deux provinces dans la même main.

FLAVIUS AUGUSTIANUS.

C. I. L., VIII, 8475 (R 3284), à Sétif.

```
        FELICISSIMO
        AC  FORTISSIMO
        PRINCIPI  DN
        FLAVIO CLAVDIO
    5   CONSTANTIO
        NOBILISSIMO CAES
        FLAVIVS AVGVSTIA
        NVS·V·P·P·P· MAVR · SI
        TIF · DEVOTVS . NVMINI
    10  MAIESTATIQ· EIVS
```

Ces noms de Flavius Claudius Constantius ne conviennent ni à Constantin II, ni à Constance II. M. Mommsen (*C. I. L.*, VIII, *additam*, p. 972, et *Ephemer*, V, n° 1148), conclut à une erreur du lapicide. Le fait n'est pourtant pas isolé et se reproduit au n° 1112 du même recueil à Tabarca, en pleine Proconsulaire.

On retrouve la même faute (puisque faute il y a) en Gaule, sur une borne milliaire trouvée à Andance (Ardèche), qu'il me paraît intéressant de rapprocher du texte qui nous occupe.

```
        IMP · CAES
        FLAVIO·
        CLAVDIO
        CONSTANTIO
    5   PIO NOB·CAES
        DIVI CONSTANT
        PII · AVG NEPOTI
        M·P·XIII /////
```

M. Allmer (*Inscript. de Vienne*, I, p. 164) cite une lettre de M. Henzen qui conclut aussi à une erreur du lapicide, et tous deux attribuent ces noms à Constantin II. Ce prince étant M. Sitif. qualifié de *nob. Caesar*, l'inscription serait antérieure à 337 et au partage de l'empire.

JUCUNDIUS PEREGRINUS.

Deux inscriptions permettent de reconstituer ses noms. Quant à la date de son passage on ne peut la déterminer que d'une façon très vague.

C. I. L., VIII, 8479, à Sétif.

```
///////// DDNN IMPP
///////// ConsTANTI
///////////////// IES
///////P////// STVS
//////////////////////
PEREGRINO V P P P M SITIF
```

Le n° 8811 qui n'est pas daté du tout donne le nom complet de Jucundius Peregrinus.

Les deux empereurs dont il s'agit ici peuvent être Constantin et Licinius (312 à 323), Constance II et Constant (340 à 350), Constance II et Julien (360-361).

SEXTILIUS AGESILAUS ÆDESIUS.

C. I. L., VIII, 8397, à Ain Kebira :

```
////////////
DESI   V·C·P·P·M·S
NE SVO OBLA////
DIES VITAE BREV
IO   VOTI  MOI
        P
```

Quelque incomplet que soit ce fragment, j'hésite peu à identifier ce personnage avec le Sextilius Agesilaus Aedesius dont nous trouvons le *Cursus honorum* au *C. I. L.*, VI, 510 : ...*vir clarissimus, causarum non ignobilis Africani Tribunalis orator at in Consistorio principum, item magister libellorum et cognitionum sacrarum, magister epistularum, magister memoriae,*

M. Silif. *vicarius praefectorius per Hispanias vice sacra cognoscens.*
Cette inscription (reproduite dans Orelli, 2352, et Wilmanns, 110) est de l'année 376.

Ce personnage me paraît être aussi celui qu'Ammien Marcellin désigne parmi les personnes impliquées vingt ans auparavant dans une conspiration contre Constance (XV, 5, 4, ann. 355) : *Aedesio ex magistro memoriae.....*

Si ces rapprochements sont exacts, Aedesius dut gouverner la Maurétanie Sitifienne sous Constance; c'est de là, suivant une règle hiérarchique dont ces listes mêmes présentent plusieurs exemples, qu'il passa à la chancellerie impériale.

FLAVIUS MÆCIUS CONSTANS.

Est connu par une inscription de Sétif, rappelant que cette ville lui doit la restauration d'un moulin et d'une boulangerie publiques.

C. I. L., VIII, 8480 (R 3289).

```
       PRO FELICITATE TEMPORVM BEATORVM dominorum
       NOSTRORVM  VALENTINIANI  THEODOSI  ET  arcadi
       AETERNORVM  PRINCIPVM  VNVM  QVO  DD  E  PRinci
pALES AC CIVES GRAVI QVATIEBANTVR INCOmmodo molas propter Annonam
       puBLICAM  AVETERIBVS  INSTITVTAS  OMNi  renova
       tV  OPERIS  RVINIS  IMMINENTIBVS  DESTITui  detersa
       VETERIS  SQVALORIS  INLVVIAE  ADIecto  novo
       CVLTV  SVA  INSTANTIA  REFORMAVIT  instrumento
       PISTORIO  EXORNATAS  AD  ANNONae  publicae
       COCTIONEM  PISTORIBVS  TRADIdit et·ita populum
       PAVIT  FL  MAECIVS  CONSTANs v·p praes prov
       MAVRETANIAE  SITIF  CVRAM  agente  curatore
          REIP  SPLENDD  COL  SITIFENSis
```

Sur ces boulangeries publiques, Cf. Houdoy, *Le droit municipal*, 1876, p. 469. D'après les noms des empereurs Valentinien II, Théodose I et Arcadius, l'inscription se place entre 383 et 392.

CHAPITRE IV

INCERTAINS

SEXTUS SENTIUS CÆCILIANUS.

C. I. L., 4194 (inscr. regn. neap., 5944), à Amiternum.

<pre>
    N T I O   ẞ   S E X   ẞ   F
        C A E C I L I A N O ___
xvir stL · IVD · TR · MIL · LEG · VIII · AVG
AET · AED · PL · PRAEt · leg þR · PROV
cur al VEI·TIB·ET·RIPAR·leg lEG·XV APOLLINAr
  G · LEG · PR · PR · VTRIVSQ · MAVRETAN
        COS · ARBITRATV
    I VXOR · ET · ATLANTIS · LIb
</pre>

Une borne, fort mutilée du reste, trouvée sur la route de Theveste à Carthage, nous donne les noms presque complets de ce personnage.

C. I. L., VIII, 10165.

<pre>
    SEX·SENTIO / / / / / /
    · CAECILIANO LEg
      AVG · PRO · PR
</pre>

J'ai, plus haut, fait allusion à ce titre anormal de *legatus pro praetore utriusque Mauretaniae*. On a vu que M. Mommsen le place à l'époque du licenciement de la IIIe légion, et comme cette borne se trouve sur le territoire de Numidie, il conclut que le pouvoir de ce légat s'étendait sur les trois provinces. — Pour M. Henzen (*loc. cit.*, p. 45), ce titre anormal se réfère à un soulèvement des Maurétanies qu'il ne cherche pas à préciser davantage.

Incert.

L. ALFENUS SENECIO.

C. I. L., VIII, 9046, à Aumale.

L · ALFENO · SENECIONI ❦

PROC ❦ AVG. ❦

OB EGREGIAM TANTI

VIRI INDVSTRIAM PRO

QVE SINGVLARI EIVS

INNOCENTIA DECRE

TO DECVRIONVM ❦

OMNIVM PRIMO

RES PVBLICA MV*ni*

cipi AVZIEN *sium*

Ce gouverneur est peut-être le même que cet Alfenius Senecio qui fut *subpraefectus* de la flotte de Misène (*C. I. L.*, X, 3334. Inscript. Regn. Neap. 2646). Borghesi (œuvres VIII, p. 121) pense que ce dernier vivait vers l'époque de Septime Sévère. — Dans tous les cas, il n'y a pas à confondre ce ou ces personnages avec l'Alfenius ou Alfenus Senecio qui fut légat impérial de Bretagne au commencement du iiie siècle, et appartient à l'ordre sénatorial. M. Hirschfeld (*Rœm. Verwaltungsgeschichte*, p. 125) suppose que le légat de Bretagne était fils du nôtre.

TIBERIUS CLAUDIUS PRISCIANUS.

C. I. L., VIII, 9363 (R 3889), à Cherchel.

TI · CL PRISCIANO

PROC AVG

PROC · PROVINCIAE

PANNONIAE

SVPERIORIS

PROC · REGNI NORICI

PRO XX HEREDITATIVM

PROC · PROVINCIAE

Q//////N//////////IO

RIVS · SEVERVS

PRAEF · COH

SIGAMBRO

RVM·PRAEPO

SITVS · CLAS

SIBVS

Le n° 9364 reproduit ces noms. — Cf. aussi *C. I. L.*, X,
3849 (*Inscript. regn. Neap.*, 594) :

CLAVD·TI·FIL·FAL PRISCIANVS

PROC·XX · HEREDITATIVM

M. Mommsen avait émis des doutes sur l'authenticité de ce
dernier texte publié par un seul auteur (Lupulus, *Iter Venu-
sinum*, 1793, p. 113). — La découverte postérieure des deux
inscriptions de Cherchel que nous venons d'indiquer, me paraît
devoir faire évanouir ces doutes, en rendant une supercherie
tout à fait invraisemblable.

La date de ce gouvernement demeure incertaine.

M CORNELIUS OCTAVIANUS.

Ephem. epig., v. 301 , à Bijga.

M CORNELIO·OC

TAVIANO·V·P·PRAEF

CLASSIS PRAET MISEN ·

DVCI PER AFRICAM

NVMIDIAM · MAVRETA

NIAM QVE · SPLENDI

DISSIMVS·ORDO·

MVNICIPI·BISI CENSIS

PATRONO·INCOMPARA

BILI·OB·MERITA

C'est au même personnage que se rapporte un fragment
publié au *C. I. L.*, VIII, 8435 (R, 3302), et trouvé à Sétif.
M. Ferrero (*Bulletin des Antiq. Afric.*, 1883, p. 301) le place
après Septime Sévère et avant Dioclétien. Le savant historien
des flottes romaines a maintenu cette opinion dans ses *Iscrizioni
e ricerche nuove intorno all'ordinamento delle armate*, p. 32
et s.

Incert.   Il est difficile de déterminer les attributions que lui conférait
son titre de *dux*.

———

C. I. L., VIII, 9790 (R, 3792), à Arbal.

DIANAE VICTRICI
C·IVL·MAXIMVS
PROC ☖ AVG
PRAEPOSITVS·LIMITIS

J'ignore s'il faut voir là un *praeses*.

———

C. I. L., VIII, 8487 (R, 3281), à Sétif.

INI P MI
ETINO   MORV
ET VECTIGALIV
MAVRIT·CAESARII
ANN LXV

M. Henzen (*loc. cit.*) voit là un *procurator* anonyme de
la Césarienne. Cela me paraît bien douteux.

———

C. I. L., VIII, 9357, à Cherchel.

MA
PRO
VET
PRRESI*di*
MAVR*et Caes*
OB INS*ignem ae*
QVITA*tem at*
QVE V
MES
P
M//T
RATO
GERM

REGULUS.

Ephem. epig., v. 1051, à Saint-Denis du Sig :

C Q N S V M M A V I *t*
sy G A M B R O R V M · C V *r a v i t*
REGVLVS *Ȣ* PRAES*es m caes*

Cf. *Bullet. des Antiq. Afric.*, 1882, p. 47.

CLAUDIUS CONSTANS.

C. I. L., VIII, 9288, à Tipaza :

VICTORIAE · AVGVSTAE
DVCATV   INSTANTIAQVE
CLAVDI   CONSTANTIS
PROC AVG CONTIGIT DE
/ / / / / / / ES ET MVSVLA
mios *civ*ITATESQVE ALI
as / / / / / / / / / / / / NMIN
/ / / / / / / / / / MERVM P
/ / / / / / / / / / IEST ANNO
/ / / / / / ⸳ / / / / / / / VSQVE

FLAVIUS HYGINUS.

C. I. L., II, 2110, sur une plaque de bronze :

A   ☧   ω
FL · HYGINO · V · C · COMITI
ET PRAESIDI · P · M · C
OB MERITA · IVSTITIAE
EIVS TABVLAM PATRO
NATVS POST DECVRSAM
ADMINISTRATIONEM
ORDO · TIPASENSIVM
OPTVLIT

Incert.

C. I. L., VI, 1642 (Gruter, 493 ⁷), Rome.

> ... *procur*ATORI · ET · PRAESIDI · ALPIVM COTTI*arum*
> .... *pro*VINCIAE · MAVRITANIAE · TINGITANAE
> ...... NI · PROCVRATORI · ET · PRAESIDI · PROVIN*ciae*
> .... *per*ORIENTEM · PRAEFECTO · MESOPOTAMI*ae*

CLAUDA......UDIUS.

C. I. L., VIII. 8772, à Ain Mafra.

> /
> T R I V M F O R V M P A R I D *e*
> *corato* GLORIA E*t* VIR*tv*IS
> / / / / / / / / VICTORI D N T
> / / / / / AVG / / / / / / CONSTANTI
> / / / / / / VS PEIVO꘎I VICTOR
> *i o* ꟍ I S S I MO S E M P E R
> *a u* G V S T O C L A V D A
> / / / / / / / VDIVS V · P P PRES
> *pr o* V I V C I A E M A V R I T A
> *niae devot*VS

T. ATILIUS.

C· I. L., VIII, 8484 (R, 3299), à Sétif.

> · TITVS ATILIVS
> EX RATIONALIB
> S V M M A R V M
> V R B I S R O M
> P · P · M · SITIF*ens*
> C V R A V*it*

C. I. L., VIII, 8503, à Sétif (R, 3321).

> I V M
> TIAN
> S T I
> *Mauretan* IAE SITIFE *nsin*

AURELIUS DA.....

Ephem. epig., v. 941, à Sétif :

<pre>
          M   E   M   O   R   I   A   E
     opt I   M   I   E   T   P   R   A *estantissimi*
          A   V   R   E   L   I   D   A...
   praes E   S · P   R   O   V   M   A *ur sitif*
        ...N E · SI   A   P R O V I *ncia*
        ...VIIS   IMPLEVIT   ET
      ...EQI7 //// IXOREI
     ...TIS OBSEQVI C·NO···
     ...EPVLA   DEDIT   DIE *dedicationis*
</pre>

Cf. Poinssot, *Annuaire de Constantine*, 1883, p. 204.

ACASTUS.

C. I. L., X, 6081 (*Inscript. regni neap.* 4083), Formies.

<pre>
             D   M
       ACASTO · AVG · LIB
       P R O C V R A T O R I
       P R O V I N C I A E
       M A V R E T A N I A E
       ET · TRACTVS · CAMPAN
       NONIA · CRISPINILLA
       V X O R · M A R I T O
          B · MERENTI
</pre>

M. Mommsen, dans ses inscriptions du royaume de Naples, donne celle-ci comme très suspecte, tant à cause de ce poste de *procurator* confié à un affranchi que parce qu'il ne voit pas quel lien peut exister entre le procuratelle de Maurétanie et celle du *Tractus Campaniae*.

Au tome X du *Corpus*, elle a été reproduite sous le n° 6081, mais sans observations. — M. Mommsen est-il revenu sur sa première opinion? Pour ma part, je serais fort disposé à porter sur Acastus le jugement que j'ai porté plus haut sur Rufinus.

C. PALLU DE LESSERT.

VOYAGE ARCHÉOLOGIQUE

EN TUNISIE

Exécuté en 1882-1883,
sur l'ordre de S. E. le Ministre de l'instruction publique,

Par M. J. POINSSOT.

LES ROUTES DE CARTHAGE A THÉVESTE
ET DE CARTHAGE A SICCA VENERIA
(Suite)[1].

A en juger par les nombreuses ruines qui jalonnent notre route au delà de Messaoudi, la plaine du Ghorib, aujourd'hui couverte de broussailles, a dû être très florissante et fort peuplée.

A 6 kilomètres environ de Thacia, à Henchir Nadja, on voit les restes d'un centre de quelque importance. Ses ruines couvrent un espace de plusieurs hectares; on y voit de nombreuses pierres de taille, les fondations d'édifices assez considérables, de nombreuses citernes, des colonnes, des fragments d'architecture, mais tout est détruit ou renversé.

Le seul texte épigraphique que j'aie relevé à cet endroit est l'inscription gravée sur une borne milliaire transportée au milieu des ruines.

N° 853. Lettres de 0ᵐ 08.

```
PACATISSIMO
I M P   D O M
ITIO   AVREL
IANO PIO FE
LICI INVIC
T I S S I M O
    N   CI
```

---

1. Voir *Bulletin des Antiquités africaines*, t. Iᵉʳ, pp. 289, 294 et suiv. — T. II, pp. 68, 150, 226. — T. III, pp. 16 et 89.

TUNISIE.

BORDJ-MESSAOUDI. — LE TOMBEAU DE RUFUS.

N° 854. A environ 10 kil. de Bordj Messaoudi, près de l'oued Krelakrel, borne milliaire, couchée sur le bord de la voie romaine.

```
IMP  CAES  M  AVRE
LIO  CARO  INVICTO
PIO  FELICI  AVG  P
M · PP  II  ET  M
AVRELIO   CARINO
NOBILISSIMO   C A E
SARI  FILIO  EIVS
ET  M  AVRELIO
N V M E R I A N O
NOBILISSIMO   CAES
```

Bientôt on débouche dans la plaine de Korib et on ne tarde pas à atteindre le bord de l'oued Tesâa. A cet endroit, la route se bifurquait. Tandis que la voie principale pénètre dans le Khanguer el Kdime, on voit une autre chaussée parfaitement conservée se diriger vers le sud-ouest, longeant les pentes sud-est du Djebel Kbouch. Là se trouvent plusieurs groupes de ruines ; le principal, qui couvre une surface de plusieurs hectares sur la rive gauche de la rivière, porte le nom de Henchir Sebâa Rgoud ; j'y ai copié quelques inscriptions.

N° 855. Borne milliaire, lettres de 0^m 09.

```
I  M  P  E  R  A  T  O  R  I
CAES  MAVRELIO  seV
ERO  Alexandro  PIO  FEL
A V G  P O N T  M A X
P P  TRIB  POT  II
C O S  P R O C O S
C I
```

A côté, gît un autre milliaire dont l'inscription placée en dessous est cachée par la terre. Sa pesanteur ne m'a pas permis de le retourner, mais, à ma prière, M. le lieutenant Lanchon, alors en garnison à Messaoudi, a eu l'obligeance de faire relever cette borne et de m'envoyer une copie du texte.

N° 856. *conservu*

TORIVRBIS
M CLAVDIO
TACITO PIO
FELICE AVG
Ṅ
C· I

N° 857.   DMS

PRAESIDIA
P//////S
VIX ANX
HSE

Un autre groupe de ruines couvre un mamelon qui domine la
rive droite de la Tesâa. Au milieu, se dresse une borne milliaire
dont l'inscription est extrêmement fruste.

N° 858.   IMP C/////////
CO IM/////////
L/// RIO N//////
ANO PIO ///////
AVG PM/////////
COS PP/////////
LXXXX/////////
//VREL/////////
MAXIMIAN ///////
//////////////
PM

Au débouché de l'O. el Kdime dans la plaine du Ghorib, on
voit, sur un mamelon qui couronne sa rive droite, une petite
ruine appelée Henchir Zaza, où je n'ai trouvé que ce fragment
d'inscription. Lettres de 0^m 10.

N° 859. ⸨AE
⸨ENI
⸨OI

Au pied de ce mamelon, sur la rive gauche de l'oued et dans
les ruines d'une koubba envahies par un énorme olivier, on
trouve trois bornes milliaires, l'une est très fruste, les deux

autres sont à demi couvertes par les racines de l'arbre qui cachent une partie du texte.

N° 860. / / / / / / / / /
/ / / / / / / / / /
/ / / / / / / / / /
/ / / / / / / / / /
/ / TR / / / / /
/ / AN / / / / /
/ / PER / / / / /

N° 861. IMP / / / / / / /
/ / / DIVI / / /
/ / / / A / / / /
/ / / / / / / / / /
/ / / / / / / / / /
/ / / / / / / / / /
/ / / / / / / / / /
/ / / / LIANAE
CVI

D'après une conjecture de M. Tissot, les six dernières lettres de l'inscription, n° 861, seraient peut-être la fin du mot (Drusil LIANAE.

En effet, la position de cette ville s'accorde avec le chiffre de distance inscrit sur le milliaire.

La route de Sicca Veneria remonte ensuite le cours de l'oued Kdime, et suit le défilé par lequel il se fraye un passage entre le Djebel Khouch au sud, et au nord, le massif qui domine le Kef Kdime. La chaussée antique, encore apparente en bien des endroits sur la rive gauche de la rivière, est jalonnée de petites ruines. Si l'on gravit les escarpements qui la bordent, on en retrouve d'autres assises sur les plateaux supérieurs. Enfin, à l'issue du défilé, autour d'un pont dont les fondations paraissent dater de l'époque romaine, mais qui a depuis été reconstruit en grande partie, s'étendent de vastes ruines, formant plusieurs groupes appelés Henchir Qaoussat, Henchir Metouia, Henchir bou Zitouna, etc. Nous sommes à 18 kilomètres de Kef, et à pareille distance de Bordj Messaoudi.

Henchir Qaoussat est la plus considérable de ces ruines, elle couvre un plateau limité au nord par les berges escarpées de l'Oued Kdime et au sud-est par celles de l'Oued el Hāmri. On y voit encore trois des portes de la ville, renversées il est vrai, mais dont l'une a conservé ses piles intactes ; les restes d'un pont-aqueduc fait de blocage, une citadelle carrée qui dominait toute la ville, les fondations de divers temples et de divers édifices, un théâtre, etc., le sol est jonché de fragments d'architecture et de blocs où se lisent quelques inscriptions.

N° 862. Partie supérieure d'un autel; hauteur 0ᵐ 80, larg. 0ᵐ 70, lettres de 0ᵐ 10.

DEO SOLI

HONORI

ET VIRTVTI

PRO SALVTE

N° 863. Partie supérieure d'un autel; haut. 0ᵐ 50, larg. 0ᵐ 90, lettres de 0ᵐ 10.

MARTI

AVG

Marti Augusto/////

N° 864. Calcaire; haut. 0ᵐ 45, long. 1ᵐ 10, lettres de 0ᵐ 05, très fruste

{///////EII///////}
{VO ET////////MA}.
{///EORVM SVORVM}
{*orn*AMENTIS SVA PEC}

N° 865. Cippe; haut. 1ᵐ 50, larg. 0ᵐ 60, lettres de 0ᵐ 05.

/////////////
/////////////
/////////////
////////////
////////////
NIC/////////CV
BITAN/////E CON
LATO POSVERVNT
METTIVS SECVNDVS
MEMMIANVS PIARCE
IVS NVMIDICVSIIVIR
QQ DEDICAVERVNT
DD

TUNISIE.

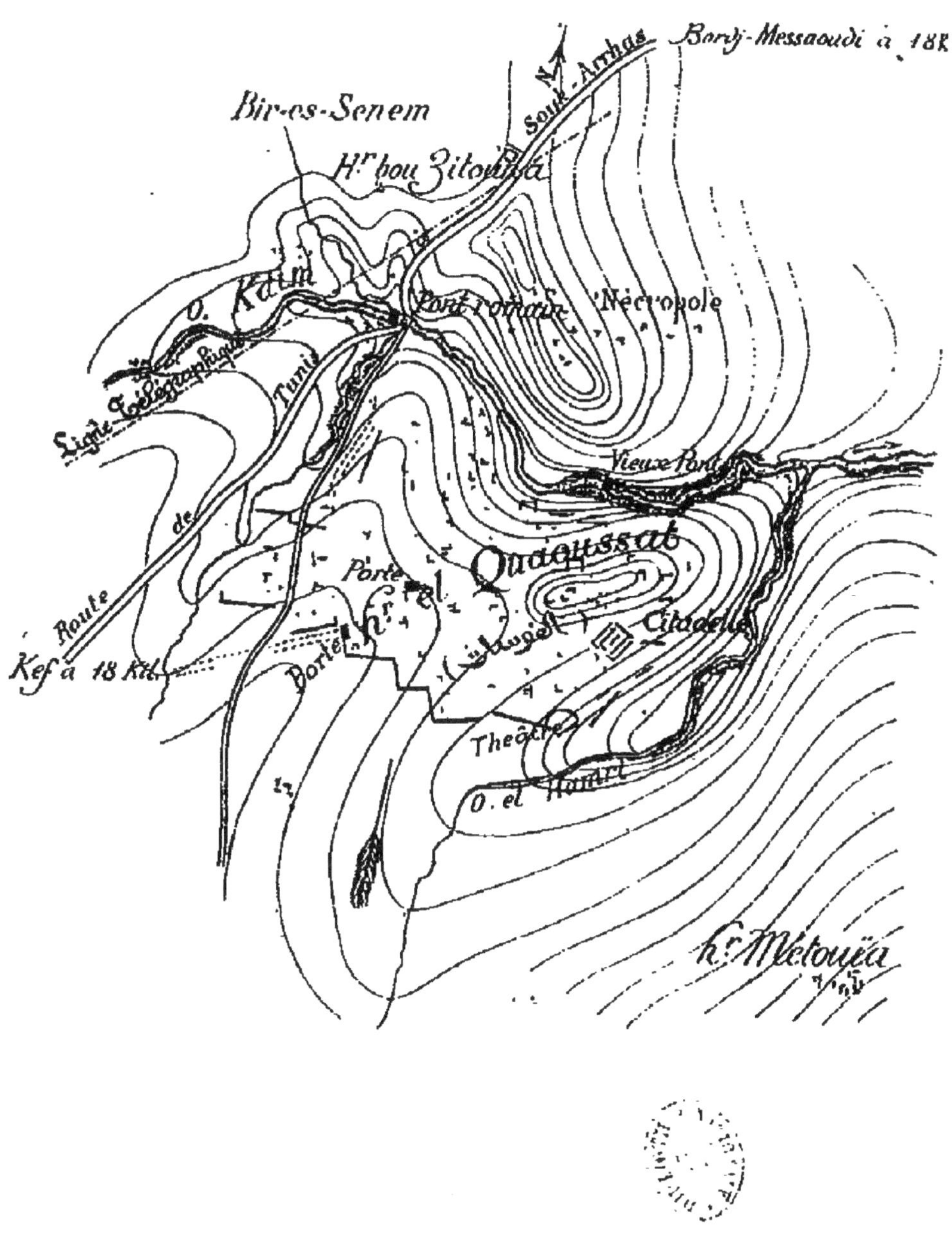

PLAN DES RUINES ROMAINES DE KHANGUET-EL-KDIM.

(Dessin de M. Espérandieu.)

Les deux lettres qui terminent la cinquième ligne de cette inscription et les cinq lettres qui commencent la ligne suivante, ... CVBITAN (*orum*), appartiennent évidemment à un nom ethnique.

Ptolémée, L. IV, ch. 3, § 33, cite parmi les villes de la Numidie proconsulaire, non loin de Thacia, de Musti et de Zama Regia, la ville de Τουσχούβις (ou Τουρχούβις). On peut donc sans trop de témérité, compléter ainsi ce qui s'est conservé de ce texte mutilé : [....*Mu*]*nic*[*ipium Tus*] *cubitan*[*orum aer*]*e conlato posuerunt. Mettius Secundus, Memmianus Piarceius Numidicus, duoviri quinquennales dedicaverunt d*[*ecreto*] *d*[*ecurionum*].

Voici maintenant quatre bornes milliaires trouvées dans le voisinage du Pont-Romain, et qui m'ont été communiquées par M. Roy, vice-consul de France à Kef.

N° 866. Hauteur des lettres 0ᵐ 66.

PIISIMIS

IMPERATORI//

FLAVIO VALE

RIO CONSTAN

TIO ////////

////////////

///////////

CVII

Pont-Romain).

N° 867. Haut. de la pierre 0ᵐ 80, diamètre 0ᵐ 55, haut. des lettres 0ᵐ 10.

PACATISSIMO

IMP L DOMITIO

AVRELIANO

FELICI INVICTO

AVG NOSTRO

CVIIII

N° 868. Hauteur des lettres 0^m 06.

P N

CONSTAN

TINVS AVG

////////

POT//////

///ON////

////////

N° 869. Haut. des lettres 0^m 07.

D N

FLAVIO C

AVG / / ///

/////////

/////////

C A E S

////////

M. Roy a bien voulu me communiquer également la copie de deux bornes milliaires trouvées entre le Pont-Romain et Lorbeus, et appartenant sans doute à la voie de Carthage à Théveste. Les voici :

N° 870. A Sidi Amor Berraï el Begueur, à 7 kilomètres du Pont-Romain. Haut. 0^m 75, diamètre 0^m 48, lettres de 0^m 05.

DD NN

FLAVIO VALERIO

CONSTANTINO

///RIO///////

//////////N

GERMANICIS

SARMATICIS

////////////

////////////

INVICTIS AVGG

CXIIII

N° 871. Henchir Meyala, à 9 kilomètres du Pont-Romain.

Haut de la pierre 0ᵐ 80, diamètre 0ᵐ 50, lettres de 0ᵐ 09.

```
FORTISSIMO
IMP ET PACAT
ORI ORBISM
CLAVDIO TACI
lo PIO FELICE
   AVg N
```

Voici encore quelques inscriptions tumulaires recueillies dans les ruines qui avoisinent le pont romain.

N° 872.
```
DMS
C · MEMMI
COLONI CV
PIVS VIX
ANNIS LX
HSE
```

N° 873.
```
DMS
C · GEMELLI
VS · C · FIL QVIR
LATRO PIVS
VIXIT AN
NIS LXXI
HSE
```

N° 874.
```
DMS
VINNIA
CF
SECVN
DAVIX
ANN
```

N° 875.
```
DMS
L CATTIVS
L FARNIEN
SIS VICTOR
PIVS VALV
```

N° 876.
```
DMR
CORNELI
A · C · F · FILIA
MVSTACI
A PIAVI
X I T A N
NIS XXXII
HSE.
```

N° 877.
```
DMS
LIVNIVS
QVIRINA
MARCEL
LINVS PIVS
VIXIT
ANNIS LXXI
HSE
```

N° 878.
```
DMS
LIVNIVS
MARCELLI
NVS LIVIA
NVS PIVS
VIXIT
ANNIS
XXXVIII
HSE
```

N° 879.
```
///////
LIVLIVS
LF QVIR
NEPOS
PROCV
LIANVS
VIXIT
ANNIS
LII
HSE
```

Après le Pont Romain, la chaussée antique traverse dans sa longueur la plaine d'El Baharan, très fertile et semée de nombreuses petites ruines, qui débouche dans la grande plaine du Kef, à 14 kil. de cette ville.

N° 880. Inscription tumulaire relevée à Henchir-el-Ghrdoui, à 1 kil. du Pont Romain.

DMS

SALLVSTIA

MATVRA

PIA VIXIT

ANNIS XVIII

Un peu plus loin, sur le bord de la route et sur la rive droite de l'Oued bou Djerida, qu'elle franchissait sur un pont construit en blocage dont les culées subsistent encore, on voit les fondations de deux constructions rectangulaires d'environ vingt mètres de long sur quinze de large, laissant entre elles le passage de la voie.

Une heure avant d'atteindre le Kef, sur la rive droite de l'Oued bou Djerida, on rencontre une borne milliaire couchée à côté de la route. Elle a déjà été publiée au *Corpus Inscriptionum*, mais elle porte le chiffre de distance CXVII et non CXXI.

N° 881.   PACATISSIMO

IMP CAES M

C L A V D I O

TACITO PIO

FELICI AVG

N O S T R O

CXVII

La voie romaine longe les dernières pentes du Dir el Kef, qui bordent au nord l'immense et fertile plaine dominée par la ville arabe qui a succédé à Sicca Veneria. Avant de l'atteindre, on traverse deux ponts de construction antique, le Kantaret el Djami à 3 kil., et à 2 kil., un autre pont ayant, ainsi que le premier, environ 3 mètres d'ouverture, est jeté sur le ravin où coule l'Oued Foula. Bientôt on atteint la forêt d'oliviers qui entoure vers le sud la ville du Kef. Au dessus s'élèvent par étages ses blanches maisons, les coupoles et les minarets de ses mosquées et son imposante citadelle qui domine toute la cité (pl. XIX).

J. POINSSOT.

(*A suivre.*)

INSCRIPTIONS INÉDITES COMMUNIQUÉES PAR M. ROY, VICE-CONSUL DE FRANCE A KEF.

Bornes milliaires.

1° *Route de Kef à Soukahras*

A environ 2 kil. à l'ouest du Kef.

N° 882. //// RELIO
         //// ATORI
          O T · P · P
            COS

A 9 kil. environ du Kef.

N° 883. Hauteur de la borne, 1^m 90; diamètre, 0^m 50; lettres de 0^m 08.

D D N N F L A V I O
V A L E R I O C O N S T A
NTIO ET GALERIO VA
L E R I O M A X I M I A N O
N O B I L I S S I M I S
C A E S A R I B V S

La lecture des 3ᵉ et 4ᵉ lignes est douteuse.

N° 884. Hauteur, 0^m 70; largeur, 0^m 37; lettres de 0^m 45.

/ / / / / / / / / / / / /
AE POTESTATIS PP
COS PROCOS ET HE
RENNIAE ETRVSCIL
LAE AVG CONIVGI
A V G N

N° 885. *Ibid.*

Hauteur du milliaire, 1 ᵐ 90 ; diamètre, 0 ᵐ 48.

Hauteur des lettres, 0 ᵐ 07, excepté à la 7ᵉ et à la 8ᵉ ligne, où elle n'est que de 0 ᵐ 05.

```
MAGNO  ET  INVICTO
IMP  CAES  VALE
RIO  DOCLETIANO
INVICTO  PIO  FEL
A V G · P M · P P · I I
COS · II · PROCOS · II
ET · VALERIO  MAXI
miaNO  PIO  FEL  AVG
T R I B   P O T   I I
C O S   P R O C O S
```

N° 886. Lettres de 0 ᵐ 06.

```
P I I S S I M I S
IMPERATOR AVG
FLAVIO  VALE
RIO  CONSTAN
TIO / / / / / / / / /
/ / / / / / / / / / / /
/ / / / / / / / / / / /
/ / / / / / / / / / /
C V I I
```

N° 887. *Ibid.*

```
D N FLAVIO
V A L E R I O
CONSTANTIO
```

2ᵉ *Route de Karthage à Théveste.*

A Zafran.

N° 888. Hauteur, 0 ᵐ 82 ; hauteur des lettres, 0 ᵐ 06.

```
DD  NN
FL  VALEN
T I N I A N O
ET  VALEN
M   PA
TRI / / M / / AT
OR / / S AVG / /
```

LE KEF. — Vue prise des jardins (côté sud).

N° 889. A Henchir Meyala.

Hauteur des lettres, 0 ^{m} 12 à la 1re ligne et 0 ^{m} 11 aux suivantes.

PERPETVO
IMPL DOMITIO
AVRELIANO
PIO FELICE
INVICTO
AVG NOSTRO
CV

N° 890. *Ibid.*

////N///
I COSTAN
TIO /////
TVA/////
M///////
NOBILISSIM
CESAR   (*sic*)
CXV

Inscriptions funéraires.

Aux Oulad Yacoub, près de Djezza, dans le jardin de Salem ben Ali.

N° 891. Hauteur de la pierre, 0^m 41 ; largeur, 0^m 40 ; hauteur des caractères, 0^m 05.

D M S
FABIA ROG
ATA VIXIT
AN · XXXV
H S E

N° 892. Hauteur de la pierre, 0^m 28 ; largeur, 0^m 42 ; haut. des caractères, 0^m 05.

D · M · S
M · IVLIVS
NIPTHEVS
VIXIT AN LXXV

N° 893. Largeur, 0^m 39 ; hauteur des lettres, 0^m 05.

```
VIX  AN · XI
 H   S   E
```

N° 894. Hauteur de la pierre, 0^m 51 ; largeur, 0^m 12 ; lettres, 0^m 05.

```
D  M  S
C SEXTILI
R V F V S
VIXIT AN
L I I I  II
/ / / E · S /
```

TUNISIE

INSCRIPTIONS INÉDITES DÉCOUVERTES PAR M. WINKLER.

M. Winkler, qui poursuit avec autant de succès que de zèle l'exploration archéologique du territoire compris dans la circonscription d'Aïn Draham, a bien voulu nous adresser les estampages des inscriptions reproduites ci-dessous, qu'il a recueillies pendant sa dernière tournée.

N° 895. Borne milliaire trouvée au Meridj, entre Aïn Draham et Fernana, sur la voie romaine de Simittu à Tabraca. Lettres de 0^m 05.

```
          DD N · N
          FLAVIO
          VALERIO
    IMP   CONSTAN
 5  CAES  TINO ET
    VALE  LICINIO
    PIO   LICINIANO
    PO    / / / BR / / /
          X V I I I
```

Cette inscription en a remplacé une autre, gravée en caractères plus petits, et dont on voit les restes à gauche du texte.

Les quelques lettres de la huitième ligne que j'ai pu, quoique à grand' peine, discerner sur l'estampage, appartiennent à l'inscription effacée.

Tabarca.

Deux inscriptions funéraires.

N° 896.   TITINIA · L · F   N° 897.   M V N A T I V S
SATVRNINA   FELIX · V · A · LI
VIXIT ANN · V   HSE
H · S · E S T

Bulla Regia.

Un estampage qui nous est envoyé par M. Winkler nous permet d'apporter quelques corrections au fragment de texte que nous avons publié récemment sous le n° 850.

N° 850 bis.   CVS HO*NO*RE CONT*entus*
VMTVM·REIP·REMIS*set*
ORDO STATVAM PEDES*trem*
PONENDAM EI CENSV*erunt*
P   P

N° 898. Hauteur 0ᵐ 25, largeur 0ᵐ 35, lettres de 0ᵐ 03.

D   M   S
VALERIVS FELI
CIO PIVS VIXIT
ANNIS XXXV DI
EBVS NOVE//

N° 899. Hauteur 0ᵐ 25, largeur 0ᵐ 25, lettres de 0ᵐ 02.

Patella   D   M   S   *Patella*
L FLAVIVS CRES
C E N S   P I V S
V I X I T   A N N I S
X X X X I I I I
H   S   E

N° 900. Hauteur 0ᵐ 25, largeur 0ᵐ 40, lettres de 0ᵐ 045.

IVLIA   MARINA
PIA   VIXIT
ANNIS   XXXX
H   S   E

J. POINSSOT.

NOTES D'ÉPIGRAPHIE AFRICAINE

(*Suite*)[1].

XVII.

(*Les Souama de Mecherasfa*[2]).

La nécropole des Souama de Mecherasfa est située sur le cours de la Mina, au nord de Frendah et à l'ouest de Tiaret. Ce point a été visité par M. de la Blanchère qui, le premier, a fait ressortir l'intérêt des ruines qui s'y rencontrent[2]. En 1882, le docteur Tomasini, de Mascara, y fit faire des fouilles, et y découvrit une des inscriptions chrétiennes dont nous allons parler[3]. Enfin, plus récemment, en 1884, le commandant Derrien, pendant une tournée géodésique, eut l'occasion de camper avec son détachement près des ruines de Mecherasfa, et il y releva les copies de cinq inscriptions chrétiennes qui ont été publiées par M. Demaeght[4]. Malheureusement ces copies étaient fort incorrectes, de sorte que le docteur J. Schmidt ne les inséra pas dans le supplément du *Corpus* d'Afrique; il se contenta de les signaler et d'en reproduire une seule qui lui paraissait moins mauvaise que les autres[5].

M. J. Poinssot, qui vient de parcourir une partie de la province d'Oran, s'est rendu à Mecherasfa et il a bien voulu m'adresser des copies et des estampages de trois de ces textes. Ces estampages sont mal venus; l'un d'eux est même illisible, j'y suppléerai à l'aide des copies prises par M. P.

1. Voir le fasc. X, p. 344-357.

2. La gravure placée en tête de cet article représente l'un des tombeaux de la grande nécropole de Mecherasfa, celui sur lequel on voit des poissons grossièrement figurés en relief; nous avons pensé que la représentation d'un monument dont il a été souvent question dans ce bulletin ne serait pas sans intérêt pour nos lecteurs.

J. P.

3 Les *Souama de Mecherasfa* (dans les *Mélanges d'archéol. et d'hist.*, publiés par l'Ecole française de Rome, 1882, 2e année, p. 390-396).

4. *Bulletin des Antiquités Africaines*, fasc. II, 1882, p. 150-151.

5. *Ibid.*, fasc. IX, p. 290.

6. *Ephem. epigr.*, V, n. 1309.

PROVINCE D'ORAN.

Les Souama de Mecherasfa. — Tombeau.

N° 901.

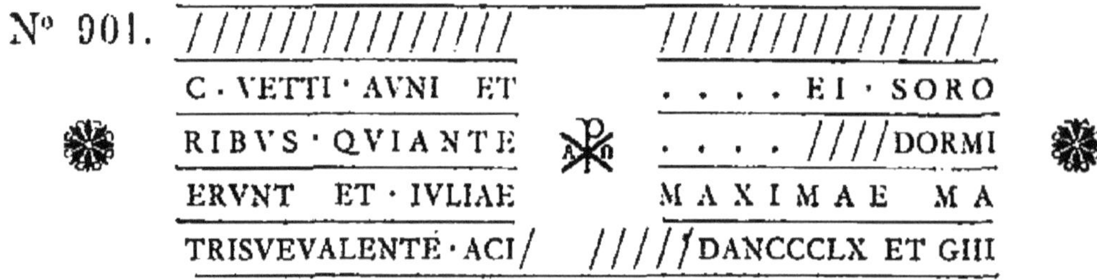

La pierre a 1ᵐ 10 de long. sur 0ᵐ 30 de larg.

Cf. *Bull. des Antiq. Afric.*, fasc. II, 1882, p. 151 ; fasc. IX, 1884, p. 290, n° 582, les copies Tomasini et Derrien-Demaeght.

Il faut probablement conjecturer *memoriae* à la 1ʳᵉ ligne qui est absolument illisible.

La formule *qui ante [me (ou nos) in pace] dormierunt* est nouvelle. Elle rappelle la formule *qui praecessit nos in pace* (Orléansville)[1], *qui in pace dominica nos precessit* (Saint-Leu)[2], (Arbal)[3],

L'inscription est datée de l'année 369 de l'ère provinciale, correspondant à l'année 408 de l'ère chrétienne.

N° 902.

DE DI ET XPI VMBRIVS FELIX·MAG
FECIT VOTVM REDDIDIT DO PRECA 
TVR PRO SVIS PECCATIS SALVI
FICETVR AP CCCLX ET GIII

(*Estampage*).

La pierre a 1 mètre de longueur.

Cf. *Bull. des Antiq. Afric.*, fasc. IX, 1884, p. 290, n° 583 ; J. Schmidt, *Ephem. epigr.*, V, n. 1309.

L'inscription est votive, il me semble qu'il faut la lire ainsi :

De [donis] D(e)i et Cr(ist)i Umbrius Felix, mag(ister) fecit ; votum reddidit D(e)o ; precatur pro suis peccatis ; salvificetur ! a(nno) p(rovinciae) CCCLX et VIIII.

Je crois que le complément *de donis dei et Christi* est possible ici. Voir de Rossi, *Bull. d'arch. chrét.*, édit. franç.,

<hr>

1. *C. I. L.*, t. VIII, n° 9709.
2. *Ephem. epigr.*, V, n. 1056.
3. *C. I. L.*, t. VIII, nᵒˢ 9793, 9794.

1873, p. 168, à propos du disque de Pérouse : *de donis Dei et domni Petri* ; et surtout, 1877, p. 127, le commentaire de l'inscription africaine d'Aïn-Abid qui se termine par CRISTE- TETV*is* DO*nis colunt*.

On peut songer aussi à sous-entendre *jussu* en se référant à l'inscription d'Orléansville (*C. I. L.*, vol. VIII, n° 9714) *iu* BENTE DEO ET XPO. La formule serait analogue à celles des inscriptions païennes, *ex visu, ex monitu, ex jussu*. Umbrius Felix a sans doute fait bâtir la chapelle ou contribué à sa décoration.

Dans un texte de la province proconsulaire (*C. I. L.*, t. VIII, n° 992), on lit la même formule ; il faut rejeter l'interprétation de Wilmanns, *d(omus) d(ei) et Cristi*. Une autre inscription relevée en Byzacène (*Ibid.*, n° 603), contenait peut-être aussi cette formule. —

L'association des noms de Dieu et du Christ se retrouve dans toute la Maurétanie ; à Orléansville, *jubente Deo et Christo* (VIII, 9714); *in nomine Dei et Cristi* (VIII, 9715); à Sétif : *in nomine Dei et Cristi ejus* (*Ephem. epigr.*, V, n. 944).

Comme la précédente, l'inscription est datée de l'année 369 de l'ère provinciale = 408 de l'ère chrétienne.

N° 903.

    D M S   DEDEI   ET   CRISTI   VOLVMTAS
    PIVS   DEMETRI   VNA   CVM   DOMITIAS
    SORES   MARTI   V   LVCCIOSA   FECERVNT//////
    PATRI   SVI   DONATI   S   A//////ANNO//////

Copie de M. Poinssot.

La pierre a 1 mètre de longueur.

Cf. *Bull. des Antiq. Afric.*, fasc. IX, p. 290, n° 584.

Nous retrouvons ici la même formule *de donis Dei et Cristi*, précédée de DMS, ce qui est singulier. A la ligne 4, il faut probablement lire VNA CVM DOMITIA *uc*SORE (Cf. *C. I. L.*, t. VIII, n° 9794 : VNA CVM VCSO*re*).

Les copies de deux autres inscriptions signalées à Mecherasfa par M. Derrien (*Bull. des Ant. Afr.*, fasc. IX, p. 290, n°s 581 et 585) ne me sont pas parvenues.

XVIII.

(Arbal).

M. l'abbé Polacci, aumônier d'Arbal, qui a déjà fait dans cette localité d'intéressantes découvertes[1], a adressé à M. Demaeght le texte suivant, récemment trouvé par lui.

N° 901.

```
        D  M
L · EPPIDIVS   CASSVS
QVI NOS PRECESSIT IN P
ET VICSIT AN P M LXXIII
VXOR VNA CVM FILIO FEC
ERVNT  AN  P  CCCLXXX
```

Copie de M. l'abbé Polacci.
Largeur de la pierre 0ᵐ 70, hauteur 0ᵐ 50.

D(iis) m(anibus). L. Eppidius Cassus qui nos precessit in p(ace) et vicsit an(nos) p(lus) m(inus) LXXIII. Uxor una cum filio fecerunt an(no) p(rovinciae) CCCLXXX.

Le D·M et les *tria nomina* dans une inscription chrétienne du commencement du Vᵉ siècle sont remarquables. Observer aussi la forme du M (M) et du E (E). La formule *qui nos precessit in pace* est fréquente à Arbal[2]. Le surnom *Cassus* est rare[3].

L'inscription est datée de l'année 380 de l'ère provinciale, correspondant à l'année 419 de l'ère chrétienne.

1. Cf. *Bull. des Antiq. Afr*, fasc. IX. p. 286.
2. *C. I. L.*, t. VIII, nᵒˢ 9793, 9794 et *Bull. des Ant. Afr.*, fasc. IX, p. 286.
3. Cf. De Vit, *Onomasticon.*

A. HÉRON DE VILLEFOSSE.

LES PROVINCES AFRICAINES [1]

CHAPITRE EXTRAIT DU T. V. DE L'HISTOIRE ROMAINE DE TH. MOMMSEN
TRADUIT PAR M CL. PALLU DE LESSERT.

L'AFRIQUE DU NORD ET LA RACE BERBÈRE. — L'Afrique du Nord représente, au point de vue physique comme au point de vue ethnographique, une sorte d'île.

Au point de vue physique, la nature l'a isolée de toutes parts : d'un côté par l'Atlantique et la mer Méditerranée ; d'un autre côté, par les immenses et stériles plaines de sable de la grande Syrte qui correspondent aujourd'hui au Fezzan, et enfin par les déserts fermés à toute civilisation qui séparent au sud la région des steppes et les oasis du Sahara.

Au point de vue ethnographique, les indigènes de ce vaste pays représentent une grande famille de peuples absolument différente des races noires du sud, mais aussi rigoureusement distincte des Egyptiens, quoique peut-être elle ait eue autrefois avec ces derniers une même origine. Le nom qu'ils se donnent est Amâzigh dans le Rif, près de Tanger, Imôschagh dans le Sahara. Une appellation présentant de l'analogie avec celle-ci se retrouve plusieurs fois dans les auteurs grecs et latins, donnée aux *Maxyes* à l'époque de la fondation de Carthage [1], et aux *Mazices* [2], qui dans la période romaine occupent divers points des côtes septentrionales des Maurétanies. Ces dénominations identiques restées à des débris épars de ce grand peuple démontrent que si son homogénéité a disparu, son nom s'est imprimé d'une façon durable à sa conscience comme souvenir d'une origine commune.

Pour les races qui se sont trouvées en relation avec celle-ci, les choses ont été peu apparentes. Aussi bien, les différences entre les diverses tribus n'éclatent-elles pas seulement aujourd'hui, après une promiscuité continue de plusieurs siècles avec

---

1. Les Μάζυες d'Hérodote. Cf. Tissot, *Géog. comparée de la prov. rom. d'Afrique*, I, pp. 104 et 438. (Note du T.)

2. Cf. Tissot, *op. cit.* pp. 392, 451, 464. (Note du T.)

les peuples voisins et surtout avec les nègres dans le sud, les Arabes dans le nord; mais encore, il est certain qu'avant que cette influence étrangère ne s'exerçât, il existait des différences déjà importantes qu'impliquaient la dispersion et l'éloignement.

Les idiomes étrangers manquent d'expression générale pour embrasser toute la nation. Lorsqu'il y a une dénomination pour désigner la race, elle ne la comprend jamais tout entière[1].

Celle de Lybiens, que les Egyptiens et, après leur chute, les Grecs avaient coutume d'employer, appartient originairement aux familles orientales voisines de l'Egypte ; et elle est toujours restée appliquée de préférence à celles de ces familles qui habitaient à l'est. Celle de nomades, d'origine grecque, n'exprime d'abord que l'absence de fixité ; lors de la transformation romaine, elle a été changée en celle de Numides et attachée aux habitants des contrées que le roi Massinissa réunit sous sa domination. Celle de Maures, d'origine indigène et employée couramment dans la suite par les Grecs et les Romains, se limite aux parties occidentales du territoire; elle est restée ensuite aux royaumes qui s'y sont formés, puis aux provinces romaines qui en sont sorties. Les races du sud étaient comprises sous le nom de Gétules, qui cependant n'embrasse, dans l'usage le plus strict du mot, que les habitants du pays situé sur le bord de l'océan Atlantique, au sud des Maurétanies. Quant à nous, nous sommes habitués à donner à cette race le nom de Berbère, que les Arabes emploient pour désigner les habitants du nord.

A en juger par leur aspect extérieur, ils tiennent beaucoup plus des indogermaniques que des peuples sémitiques. Aujourd'hui encore, depuis que, par l'invasion de l'Islam, le nord de l'Afrique est devenu le domaine de la race sémitique, ils pré-

1. Le nom d'*Afer* n'appartient pas à cet ordre d'idées. Aussi loin que nous pouvons en suivre la trace dans l'usage des langues, il n'est jamais donné au Berbère, par opposition aux autres races de l'Afrique, mais à tout habitant du continent situé en face de la Sicile, et même au Phénicien. Il peut avoir désigné autrefois un peuple déterminé, le premier, par exemple, avec lequel les Romains se seraient trouvés en rapport dans ces régions. L'origine hébraïque de ce nom que nous avons indiquée au tome I de cette histoire se trouve en opposition avec les données de la linguistique et de l'histoire. — Une étymologie satisfaisante n'a pas encore été trouvée.

sentent le contraste le plus frappant avec les Arabes. Ce n'est pas sans raison que plusieurs géographes de l'antiquité se sont refusés à faire de l'Afrique une troisième partie du monde et ont rattaché l'Egypte à l'Asie, le pays des Berbères à l'Europe. Comme la flore et la faune sauvages du nord de l'Afrique correspondent dans leur essence à celles des côtes méridionales de l'Europe qui lui font face, de même aussi la race des hommes, dans les lieux où elle s'est conservée pure, paraît orientée vers le nord. Les cheveux blonds et les yeux bleus d'une partie considérable de cette population, sa haute stature, la taille élancée, la forte structure des membres, la monogamie générale et la situation relevée de la femme, le tempérament vif et mobile, le penchant pour la vie sédentaire, les communes fondées sur la base d'une complète égalité de tous les hommes adultes, et qui, par leur réunion en confédération, offrent fréquemment l'image d'un état politique plus développé : tels sont les caractères dominants[1].

A aucune époque, cette nation, opprimée par les nègres, les Egyptiens, les Phéniciens, les Romains, les Arabes, n'a eu cependant d'existence politique propre, une civilisation complète. Elle a dû s'en approcher le plus sous le gouvernement de Massinissa. L'alphabet particulier, dérivé du Phénicien, dont les Berbères se servaient sous la domination romaine, et que ceux du Sahara emploient encore aujourd'hui, le sentiment de l'homogénéité nationale qui leur est toujours resté, d'une façon remarquable, peuvent bien remonter au grand roi de Numidie et à ses successeurs que les générations venues après

---

1. Un bon observateur, Charles Tissot (*Géogr. de la province romaine de l'Afrique*, I, p. 403), affirme que plus du tiers des Marocains ont les cheveux blonds ou châtains, et les deux tiers des habitants du Rif, près de Tanger, sont dans la même condition. Les femmes lui font l'impression de celles du Berry ou de l'Auvergne. « Sur les hauts plateaux de la chaîne atlantique ; d'après les renseignements qui m'ont été fournis, la population tout entière serait remarquablement blonde. Elle aurait les yeux bleus, gris ou verts, comme ceux des chats, pour reproduire l'expression même du cheik qui me renseignait. » Ces caractères se rencontrent dans les chaînes de montagnes de la grande Kabylie et de l'Aurès, comme dans l'île de Djerba en Tunisie et dans les Canaries. Aussi les peintures égyptiennes nous représentent-elles les Libu non point rouges comme les Egyptiens, mais blancs, avec des cheveux blonds ou châtains.

eux honoraient comme des dieux [1]. En dépit de toutes les invasions, ils ont, dans une mesure considérable, défendu leur domaine originaire. On compte encore au Maroc à peu près les deux tiers, en Algérie environ la moitié des habitants qui sont de race berbère.

Invasion phénicienne. L'immigration, à laquelle toutes les côtes de la Méditerranée ont été soumises dès les temps les plus anciens, a fait de l'Afrique du nord une colonie phénicienne. Avec les Phéniciens, les indigènes ont perdu la plus grande et la meilleure partie des côtes septentrionales. Les Phéniciens ont soustrait tout le nord de l'Afrique à la civilisation grecque. La grande Syrte devient encore, au point de vue politique et au point de vue du langage, une ligne de démarcation. Comme à l'orient, la pentapole de Cyrène appartient aux Grecs, de même à l'ouest, la Tripolitaine de Leptis la Grande est devenue, puis est demeurée phénicienne. Nous avons raconté plus haut comment, après une lutte de plusieurs siècles, les Phéniciens furent soumis par les Romains. Nous avons ici à considérer le sort de l'Afrique après que Rome eut pris possession du domaine de Carthage et rendu dépendantes les contrées voisines.

Le gouvernement de la République romaine. L'absence de vues et l'égoïsme, on peut même dire l'absurdité et la brutalité du gouvernement de la République romaine dans les provinces, ne se sont nulle part manifestés aussi bien qu'en Afrique. Dans la Gaule méridionale, et plus encore en Espagne, Rome poursuit une extension durable du territoire et, à moitié involontairement, opère sa latinisation. Dans l'Orient grec, la domina-

---

1. Saint Cyprien : *Quod idola dii non sint.* C. 2 : *Mauri manifeste reges suos colunt nec ullo velamento hoc nomen obtexunt.* Tertullien, *Apolog.* 24 : *Mauretaniæ (dii sunt) reguli sui.* — *C. I. L.* 8834 : Iemsali L. Perconius. L. f. Stel. Rogatus v. s. l. m. Cette inscription a été trouvée à Thupusuctu, aux environs de Sitifis, lieu qui peut avoir justement appartenu au royaume numide d'Iempsal. — Il en est de même de l'inscription de Thubursicum, *C. I. L.* VIII, nᵒ 7* (Cf. *Ephem. epig.*, V. p. 651, nᵒ 1478), que l'on avait d'abord notée comme fausse. — On rapporte qu'en l'an 70, un prétendant au trône dans la Maurétanie se donne encore le nom de Juba. (Tacite, *Hist.*, II, 58.)

tion étrangère est adoucie et souvent effacée par la puissance même de l'hellénisme qui forçait sans cesse la main à une politique brutale. Mais dans cette troisième partie du monde, la vieille haine contre le punique semble régner encore sur les ruines qui couvrent la ville natale d'Hannibal d'un linceul. On tient fortement le domaine que Carthage possédait lors de sa chute, mais moins pour en tirer une utilité propre que pour n'avoir pas à l'envier à un autre, non pour éveiller là une vie nouvelle, mais pour garder le cadavre. Ce n'est point la recherche de la domination et le désir d'étendre ses possessions qui ont porté Rome à ériger l'Afrique en province. C'est la crainte et l'envie. Aussi cette contrée n'a-t-elle pas d'histoire sous la République. La guerre de Jugurtha n'est pour elle qu'une chasse au lion. Son importance au point de vue historique est dans le rôle qu'elle a joué pendant les guerres de partis qui ont agité la fin de la République.

Le pays était, cela se comprend sans peine, épuisé par les spéculateurs romains. D'un autre côté, la ville détruite n'osait pas se relever, et nulle cité voisine ne pouvait arriver à une efflorescence semblable. Il n'y avait aucun camp permanent comme en Espagne et dans les Gaules, la province enfermée dans des limites étroites était entourée de tous côtés par les possessions à demi civilisées du roi vassal de Numidie, qui avait aidé à l'œuvre de destruction de Carthage, et maintenant avait reçu comme salaire moins les dépouilles de la cité punique que la tâche de défendre celles-ci contre les hordes sauvages de l'intérieur des terres.

Cependant la politique romaine, préoccupée uniquement de conjurer l'ombre de Carthage, créait des dangers sérieux de ce côté. On arrivait à donner au roi de Numidie une importance politique et militaire exceptionnelle. C'est ce que devait montrer le rôle joué par ce prince dans les guerres civiles. Jamais, pendant toutes les crises intérieures de Rome, soit avant, soit après celles-ci, un client n'a joué un rôle aussi important que celui du dernier roi de Numidie dans la lutte des républicains contre César.

(A suivre).

NÉCROLOGIE

Tous ceux qui ont étudié les antiquités romaines, tous ceux qui s'intéressent aux études historiques ont ressenti vivement la perte que la science vient de faire en la personne de notre vénéré maître Léon Renier. C'est à lui que les Sociétés savantes de l'Algérie doivent l'honneur d'avoir pris rang parmi les Sociétés des départements; c'est lui qui a donné à l'exploration scientifique de l'Afrique romaine cette vigoureuse impulsion à laquelle nous devons notre existence. Il a été le premier et le plus illustre patron du *Bulletin des Antiquités africaines*. En attendant que nous puissions faire ressortir d'une manière spéciale le côté particulièrement africain de ses études, nous tenons à rendre ici un premier hommage au savant et à l'homme de bien, en reproduisant une courte notice qui a été publiée dans la *Revue critique* du 20 juillet 1885 par un de nos collaborateurs :

M. L. Renier laisse de nombreux manuscrits. Ce sont des notes et des fiches préparées et déjà classées pour le *Recueil des Inscriptions de la Gaule* et pour la continuation de son *Recueil des Inscriptions de l'Algérie*, de plus, une immense quantité de documents, d'estampages et de travaux qui lui ont été communiqués de toutes parts pour l'œuvre dont il avait été officiellement chargé.

Ces papiers ont tous les caractères des papiers d'Etat sur lesquels le public a un droit de propriété. Ils doivent donc être soigneusement inventoriés et déposés à la Bibliothèque nationale.

Nous partageons entièrement l'avis de M. Mowat, l'honorable directeur du *Bulletin épigraphique*.

Une commission doit être formée pour la publication des œuvres de L. Renier.

Cette commission doit être partagée en deux sous-commissions. L'une serait chargée de donner le *Recueil des Inscriptions de la Gaule*.

L'autre élaborerait une édition française du *Recueil des Inscriptions de l'Afrique*. Les élèves de L. Renier tiendront à honneur d'édifier le monument dont il a tracé le plan et dont il a jeté les fondements.

J. P.

LÉON RENIER.

Charles-Alphonse-Léon RENIER, né à *Charleville* (Ardennes), le 2 mai 1809, est mort à Paris le 11 juin 1885. Il était membre de l'Académie des Inscriptions et Belles-Lettres, professeur au Collège de France, président honoraire du Comité des travaux historiques (section d archéologie), conservateur-administrateur de la bibliothèque de l'Université, président de la section des sciences historiques et philologiques à l'Ecole pratique des hautes études, membre honoraire de la Société des Antiquaires de France.

Après de bonnes études au collège de Reims, il allait être admis à l'Ecole normale pour la section des sciences, avec l'espoir de devenir professeur de mathématiques, lorsque la Révolution de 1830 éclata. Il avait été porté sur la liste de M. de Fraissynous pour entrer à l'Ecole ; le nouveau ministre dressa une nouvelle liste sur laquelle il ne figurait pas. Loin de se laisser décourager par cet échec, L. R. chercha sa voie d'un autre côté ; deux ans plus tard, en 1832, il devint principal du collège communal de Nesles (Somme). Cette situation ne lui convenait guère ; il l'abandonna pour se rendre à Senlis auprès de ses parents, et occupa ses loisirs en classant l'importante bibliothèque de cette ville. Bientôt il se décida à venir chercher fortune à Paris où, pendant les premiers temps de son séjour, il eut à lutter contre les difficultés de l'existence.

Il se consacra d'abord à l'enseignement privé. M. le professeur Yanoski lui ouvrit le *Journal de l'Instruction publique* ; puis, il entra en relations avec Philippe Le Bas, dont il devint le secrétaire et l'ami ; cette liaison eut une influence décisive sur sa carrière. — Sous la direction de ce savant, il collabora au *Dictionnaire encyclopédique de la France*, et pendant une mission que Le Bas accomplissait en Orient (1843-1845), il fut chargé de terminer ce grand ouvrage qui ne comprend pas moins de 14 vol. in-8°. La maison Firmin Didot lui confia ensuite la direction de l'*Encyclopédie moderne*, dans laquelle il a publié de nombreux articles (1845-1851, 30 vol. in-8) : il faut signaler surtout l'article *inscription*, dont il fit faire un tirage à part ; il y a esquissé l'histoire de l'épigraphie et démontré l'utilité de cette science. Dès cette époque, il s'était adonné à l'étude des inscriptions et des antiquités romaines. — En 1844, l'année même de la fondation de la *Revue archéologique*, il publia dans un des premiers numéros des *Observations sur diverses inscriptions thessaliennes* dont le texte avait été envoyé par Ph. Le Bas ; depuis, il ne cessa de collaborer à cette revue ; pendant vingt-cinq ans, il y fut le champion incontesté de l'épigraphie romaine ; les articles dont il a enrichi ce recueil sont très nombreux.

Nommé membre de la Société des Antiquaires de France en 1845, il déploya au sein de cette compagnie une grande activité, surveillant lui-même les publications et s'occupant de les améliorer. C'est à lui qu'on doit la fondation du *Bulletin* auquel pendant plusieurs années il a donné d'intéressantes notes épigraphiques. Dans les *Annuaires* de cette Société, outre de nombreuses communications sur les antiquités de la Gaule et de l'Afrique, il a publié la traduction française de la *Géographie de Ptolémée, partie concernant la Gaule* (1848), et un excellent et très utile travail sur les *Itinéraires romains de la Gaule* (1850). Dans les *Mémoires*, il a commenté les *Inscriptions antiques recueillies par M. de la Mare sur la route de Constantine à Lambèse* (1850), et il a fait paraître ses *Mélanges épigraphiques* (1852) comprenant quatre dissertations importantes.

En 1845, il fonda la *Revue de philologie, de littérature et d'histoire ancienne* (1845-1847, 2 vol. in-8) : on y chercherait en vain un travail épigraphique signé de son nom, mais il y inséra trois articles critiques d'une grande valeur. C'est à cette période de sa vie (1850) qu'il faut rattacher les *Notes sur Tite-Live*, publiées à la suite du Tite-Live de la collection Nisard : ces commentaires furent la première révélation qui ait été faite en France de l'administration et des magistratures romaines. Trois ans auparavant (1847), il avait fait paraître une petite édition de *Théocrite*.

Ses travaux sur l'épigraphie romaine le firent désigner à deux reprises pour remplir des missions archéologiques en Algérie (1850 à 1854); ces missions sont restées célèbres : les principaux résultats en sont consignés dans des *Rapports au ministre* publiés dans les *Archives des missions scientifiques* (1850, 1851, 1854). Au cours d'un de ces voyages, en 1852, il fonda, avec le général Creully et Cherbonneau, la *Société archéologique de Constantine* et donna ainsi une vigoureuse impulsion aux études archéologiques en Algérie. Chaque fois il revint d'Afrique avec une abondante récolte de documents épigraphiques. Il en entreprit la publication. Son grand recueil des *Inscriptions romaines de l'Algérie* (14 fasc., 1855 à 1858, in-4) comprend 4417 textes presque tous inédits. Jusqu'à la fin de sa vie il conserva l'espoir d'éditer un second volume aussi considérable que le premier.

Nommé en 1853 membre du Comité de la langue, de l'histoire et des arts de la France, il fut désigné deux ans plus tard par ce comité pour réunir les éléments d'un *Corpus des inscriptions romaines de la Gaule* et, depuis cette époque, il ne cessa de rechercher et de classer les matériaux qu'on lui envoyait de tous côtés pour ce grand travail resté malheureusement à l'état d'ébauche. Il devint président de la section d'archéologie du Comité des travaux historiques; la *Revue des Sociétés savantes* renferme de nombreux rapports de L. R. sur les communications envoyées au Comité par les correspondants provinciaux et en particulier sur les découvertes épigraphiques faites en territoire français. Pendant sa présidence il a publié le premier volume d'un *Recueil de diplômes militaires* (Impr. nat., 1876, in-4° de 248 p. et XXXVII planches); il serait très important de terminer cet ouvrage pour l'achèvement duquel L. R. doit avoir laissé toutes les notes nécessaires.

Le 12 décembre 1856, l'Académie des Inscriptions et Belles-Lettres lui ouvrit ses portes; il y remplaça Fortoul : depuis 1858, les *Comptes rendus* de cette Académie contiennent presque chaque année des notes de L. R. sur l'épigraphie de la Gaule et de l'Afrique et sur toutes les questions qui touchent à l histoire romaine. Son célèbre *Mémoire sur les officiers qui assistèrent au conseil de guerre tenu par Titus avant de livrer l'assaut au temple de Jérusalem* et son travail sur *Velleius Paterculus* ont paru dans les *Mémoires de l'Académie*, le premier en 1867, le second en 1875. Dans les différentes commissions dont il faisait partie, et surtout dans celle des Antiquités de la France, son influence s'est toujours fait sentir d'une manière utile et juste. La droiture de son jugement et la sûreté de son érudition lui donnaient une grande autorité.

Les honneurs ne ralentissaient pas son activité, car il collaborait en même temps au *Bulletin de l'Institut de correspondance archéologique* de Rome (1857, 1859, 1860), au *Bulletin archéologique de l'Athenaeum français* (1855-1856), à la *Revue archéologique* (1841 à 1875) et aux différentes publications des corps savants dont il faisait partie. — En 1854, il faisait paraître ses *Mélanges d'épigraphie*, réunion de 11 dissertations modèles dans lesquelles sont éclaircis au moyen des inscriptions plusieurs points jusqu'alors obscurs de l'histoire et de l'administration romaines; les questions traitées dans ce livre sont présentées d'une manière méthodique et claire qui ne pouvait manquer d'être féconde. — En 1855 il travaillait avec M. Edmond Le Blant, aujourd'hui membre de *l'Institut et directeur de l'école française d'archéologie de Rome*, à la révision et à la correction de toutes les inscriptions insérées dans le grand ouvrage de Perret sur *les Catacombes de Rome*. En 1858, il donnait au public une nouvelle édition de la *Recherche des antiquités et curiosités de la ville de Lyon*, *par Jacob Spon*, en y joignant des notes dont quelques-unes sont de véritables mémoires, par exemple, celle qui est relative à C. Furius Sabinius Timesitheus, beau-père de Gordien III ; un supplément intitulé *Inscriptions relatives à l'administration de la province* renferme trois dissertations importantes sur les fonctionnaires de la Lyonnaise.

En 1860, après la mort de Bartolomeo Borghesi, Napoléon III institua une commission chargée de publier, aux frais de la liste civile, les *Œuvres* du savant numismatiste et épigraphiste. L. R. fut l'âme de cette commission : il mit les manuscrits en ordre, rechercha et classa la correspondance si instructive de l'illustre Italien, revit et corrigea lui-même toutes les épreuves, travailla aux tables et enrichit surtout de précieuses notes les neuf volumes (1862 à 1885) de cette grande publication continuée aujourd'hui par les soins de l'Académie des Inscriptions et Belles-Lettres. — En 1861, il fut envoyé à Rome par le chef de l'Etat, pour traiter, conjointement avec M. Sébastien Cornu, de l'acquisition du *Musée Campana ;* il contribua ainsi à un enrichissement considérable de nos musées. Il était chargé en même temps de négocier pour l'empereur l'acquisition des jardins Farnèse qui occupaient l'emplacement d'une partie du palais des Césars ; il dirigea plus tard les fouilles qui furent faites sur ce terrain.

La même année, on créa pour lui une *chaire d'épigraphie et d'antiquités romaines* au Collège de France ; c'est là que, pendant vingt années, avec une méthode et une clarté admirable, il exposa les règles et la doctrine de l'épigraphie romaine, science dont il fut en France le véritable initiateur. Trop difficile envers lui-même, il ne voulut jamais se décider à publier des leçons qui faisaient sa gloire, de peur de mêler quelques éléments imparfaits aux précieux *résultats de ses travaux*.

Nommé en 1860 administrateur de la bibliothèque de l'Université à la place de Philippe Le Bas, il donna asile, en 1868, dans la vieille Sorbonne, à la section des sciences historiques et philologiques de l'Ecole pratique des hautes études dont il devint le président ; pendant l'année 1868-1869, il trouva le temps de prendre part à l'enseignement intérieur de l'Ecole dans une suite de conférences très intéressantes sur les lettres de Pline le Jeune. Un de ses derniers articles, *Inscription inédite de Beyrouth*, a été publié en 1878 dans le volume de *Mélanges* que l'Ecole a dédié à M. Victor Duruy pour le dixième anniversaire de sa fondation.

Son dernier travail, *Monument élevé à Grenoble en l'honneur de Claude II le Gothique*, a paru en 1881, en tête du *Bulletin épigraphique de la Gaule* à la fondation duquel il s'était particulièrement intéressé et auquel il voulait témoigner ainsi toute sa bienveillance. Tous ceux d'ailleurs qui se sont occupés d'épigraphie romaine, savent qu'on ne s'adressait jamais en vain à L. R.; il était heureux de faire profiter ses élèves et ses amis de ses observations et des notes qu'il avait recueillies. On trouvait toujours auprès de lui un accueil cordial et d'affectueux conseils.

Léon Renier s'est éteint à la Sorbonne près de sa chère Ecole, au milieu même de ses occupations d'administrateur de la bibliothèque de l'Université qui n'avaient, pour ainsi dire, pas été interrompues. Il avait été fait chevalier de la Légion d'honneur en 1853, officier en 1862, commandeur en 1870.

Ant. Héron de Villefosse.

TÊTE DE PTOLÉMÉE, ROI DE MAURÉTANIE
Trouvée à Cherchell (Algérie), et conservée au Musée du Louvre.
(D'après une photographie de M. Baquié.)

NOTES D'ÉPIGRAPHIE AFRICAINE

(*Suite*)[1].

XIX

(*Buste de Ptolémée, roi de Maurétanie*)
(*Musée du Louvre*).

En 1843, on découvrit à Cherchell, l'antique Caesarea, un
buste d'homme, en marbre blanc, d'un travail remarquable et
d'une conservation exceptionnelle. Ce buste fut apporté à Paris
et offert l'année suivante au Musée du Louvre par M. le capitaine d'Agon de la Contrie. Il est actuellement exposé dans la
galerie de la Melpomène.

Dans une note insérée au *Journal des Débats* du 24 janvier
1844, Ch. Lenormant a prouvé que ce buste représente le dernier roi de Maurétanie, Ptolémée fils et successeur de Juba II.
Il offre, en effet, une ressemblance frappante avec certaines
têtes de ce prince qu'on voit sur les monnaies datées des premières années de son règne[2]. On sait que sur ses monnaies
Ptolémée est tantôt imberbe, tantôt barbu ; il porte la barbe sur
tous les deniers datant des trois années qui suivirent son avènement au trône[3].

Le buste du Louvre est gravé dans la première série de la

---

1. Voir le fasc. XIII, p. 188-194.

2. Cf. la monnaie portant au revers un palmier avec la date R.A.I, dont
un exemplaire a été gravé dans Visconti, *Iconographie grecque*, t. III,
pl. 55.

3. Müller, *Numismatique de l'ancienne Afrique*, t. III, p. 133. Sestini et
Berbrugger ont étudié les monnaies de Ptolémée à ce point de vue particulier ;
Müller a résumé leurs observations.

Revue archéologique [1] ; la planche accompagne une *courte notice* par L. Renier. Mais cette gravure ne rend que très imparfaitement le style et le caractère de la belle tête dont nous donnons ici une reproduction plus exacte (voir la pl. XXI) d'après une photographie exécutée par M. Baquié.

Ptolémée est représenté la tête ceinte du bandeau royal dont les extrémités, nouées sur la nuque, viennent retomber à droite et à gauche derrière les épaules. La barbe dénote un homme jeune encore ; elle est légèrement frisée et forme comme un collier autour de la figure ; la moustache, paresseuse à venir, n'est pas même indiquée : le dessus des lèvres et le haut du menton sont dégarnis de poils, particularité commune chez les individus de la race Berbère et qu'on observe encore aujourd'hui chez certaines populations du nord de l'Afrique. La physionomie est très personnelle ; le front est un peu fuyant, le nez légèrement busqué s'aplatit vers les narines [2] ; les yeux sont longs et bien ouverts ; la bouche accentuée et un peu dédaigneuse se détache nettement du menton arrondi ; les lèvres sont épaisses ; la chevelure abondante a ses racines jusque dans le cou et couvre une partie du front. C'est un beau type Africain, d'une figure originale, avec des caractères de race sous lesquels on sent la réalité vivante du portrait. Une main sûre d'elle-même a taillé le marbre et a su exprimer, sans hésitation, tous les traits qui concourent à former la physionomie individuelle. La figure est pleine et respire la jeunesse ; la tête est bien plantée sur un cou solide : d'après le mouvement des muscles au dessus de l'épaule droite, on voit qu'elle devait être légèrement tournée à droite. Ajoutez à cela que l'épiderme du marbre a pris un ton chaud, coloré, une sorte de patine dorée comme le soleil d'Afrique sait en donner à tout ce qu'il éclaire.

Le buste, tel qu'il nous est parvenu, mesure 0,355 de hauteur. Indépendamment de l'intérêt artistique de l'exécution, au point de vue purement ethnographique il nous paraît aussi curieux que la belle tête en bronze de chef Libyen, trouvée par

---

1. T. XIV, p. 406-408, et pl. 347.

2. L'extrémité du nez était brisée ; elle a été très soigneusement réparée en plâtre dans les ateliers du Musée. On peut voir, d'après la gravure ci-jointe, que le bord de l'oreille gauche est déchiré.

MM. Smith et Porcher dans les fouilles du temple d'Apollon à Cyrène et conservée aujourd'hui au Musée Britannique [1].

A la mort de son père, Juba II, lorsque Ptolémée régna seul, le rebelle Tacfarinas tenait en échec les Romains, reparaissant sans cesse à la tête de nouvelles bandes et avec une audace toujours croissante. On le supposait vaincu et anéanti, repoussé dans le désert, sans forces et sans partisans ; il vint porter la guerre jusqu'en Maurétanie. Ptolémée comprit que la protection de Rome pouvait seule lui assurer le trône et il s'efforça de la mériter en secondant de tout son pouvoir l'armée du proconsul P. Cornelius Dolabella qui mit fin à cette longue insurrection. Tibère, en récompense des services rendus par Ptolémée, lui envoya les insignes des triomphateurs et lui accorda le titre de roi ami et allié du peuple romain. « Cognitis dehinc Ptolemaei « per id bellum studiis repetitus ex vetusto more honos mis- « susque e senatoribus qui scipionem eburnum, togam pictam, « antiqua patrum munera, daret regemque et socium atque « amicum appellaret [2]. » On remarque, en effet, ces insignes triomphaux, le bâton d'ivoire, la toge brodée, ainsi qu'une chaise curule et une couronne d'or au revers de quelques monnaies de Ptolémée [3].

L'assistance qu'il prêta aux Romains contre Tacfarinas est le fait le plus connu de son règne dont la fin paraît avoir été paisible. On sait la date de sa mort, mais celle de la mort de Juba II, son père, est restée incertaine. Les uns la placent en 18, 19 ou 20 après J.-C., les autres veulent qu'il ait quitté la vie en 22 ou 23 [4]. De là une même divergence d'opinions pour fixer l'avènement de Ptolémée. L'année 23 est cependant plus généralement adoptée [5].

---

1. S. Trivier, *Gazette archéologique*, t. IV, 1878, p. 60-62, pl. 8. Cf. *ibid.* p. 159, la tête d'homme barbu, en bronze, trouvée dans un ancien temple à Sétif, avant l'année 1846 et que j'ai publiée d'après un croquis de M. Fourtier. — Voir aussi O. Rayet, *Les Monuments de l'Art antique*, t. II, n° 57, liv. VI, pl. XII.

2. Tacite, *Ann.* IV, 26 ; cf. 23 et 24.

3. Müller, *op. cit.*, t. III, p. 136 et p. 129, les n°s 183 à 195.

4. Cf. Müller, *op. cit.*, t. III, p. 114.

5. Cf. R. de la Blanchère, *De rege Juba, regis Jubae filio*, 1883, p. 84-85.

Mais si l'année 23 peut être considérée comme celle de la mort de Juba II et de l'avènement définitif de Ptolémée, il faut cependant admettre que ce dernier avait été associé au trône de Maurétanie par son père et qu'il a régné avec lui. Il existe, en effet, des monnaies portant, d'un côté, la tête de Juba II avec la légende REX IVBA, et de l'autre côté, la tête de Ptolémée avec la légende REX PTOLEMA*eus*[1]. C'est une preuve convaincante de cette association ; les deux têtes, celle du père et celle du fils, sont ceintes du bandeau royal. Sur d'autres pièces, on remarque également ces deux têtes diadémées ; mais au revers, au lieu du nom de Ptolémée, on lit la date R XXXXVIII[2], qui paraît se rapporter à la dernière année de Juba, à cette même année 23. On peut donc affirmer que Ptolémée partageait le pouvoir royal avec son père au moment de la mort de Juba II.

Müller[3] repousse cette déduction proposée par Eckhel[4]. Il s'appuie sur le texte connu de Tacite[5] qualifiant Ptolémée « *juventa incuriosus* » en l'année 23. Cette expression peut cependant s'appliquer à un homme de 25 ou 30 ans. On a vu des rois de cet âge qui méritaient une pareille épithète.

D'ailleurs, un autre document numismatique établit que, dès l'année 14, Ptolémée portait le titre de roi. C'est une monnaie frappée en Espagne, à Carthago nova. Elle présente, d'un côté, la tête d'Auguste avec la légende AVGVSTVS DIVI F ; au revers, à l'intérieur d'un bandeau royal, on lit REX PTOL[6]. Il est certain que cette pièce se rapporte à Ptolémée de Maurétanie, duumvir de Carthagène[7]. Or, elle a été frappée avant le 15 septembre de l'année 14, puisque Auguste n'y est pas qualifié de *divus*. On est donc forcé d'admettre que, à cette date, Ptolémée avait reçu de son père le titre de roi et une partie du pouvoir royal. Si ce jeune prince

1. Müller *op. cit.*, t. III, p. 110, n° 105.
2. *Ibid.*, n° 106.
3. *Op. cit.*, t. III, p. 116 et 137.
4. *Doctr. num. vet.*, t. IV, p. 160.
5. *Ann.* IV, 23.
6. Eckhel, *op. cit.*, t. IV, p. 160 ; — Aloïss Heiss, *Monnaies antiques de l'Espagne*, p. 269, n°s 6 et 7.
7. Borghesi, *Œuvres*, t. I, p. 470.

« *incuriosus* » était âgé de 25 ou 30 ans en l'année 23, il avait
de 16 à 21 ans au moment de la mort d'Auguste. Il me semble
que c'est un âge très acceptable pour un jeune monarque qui
apprend son métier sous l'œil paternel.

On a trouvé à Cherchell, en 1881, un fragment d'inscription
qui paraît venir à l'appui de cette opinion. Il a été publié par
M. Schmitter[1] :

$$. . . . . . rEGI \cdot PTOLEMAEO$$
$$. . . . . . pATRONIS \cdot ET \cdot$$
$$. . . . . . OB \cdot MERITA$$

La pierre est brisée à gauche. Le mot *patronis* indique
qu'il y avait au moins deux personnes honorées. Or, rien
n'est plus naturel et ne paraît meilleur que d'admettre les
compléments proposés par M. Schmitter : [*Regi Jubae et r*]*egi
Ptolemaeo* [*regis Jubae f.*] *patronis et....* L'inscription aurait
donc été élevée pendant le règne simultané de Juba II et de
Ptolémée.

D'après Tacite[2], Ptolémée, au moins dans sa jeunesse, lais-
sait ses affranchis gouverner son royaume. La mort de Tibère lui
fut funeste ; le nouvel empereur, Caligula, le fit assassiner en
l'an 40. Les auteurs anciens ne sont pas d'accord sur les motifs
qui déterminèrent ce crime.

Selon Suétone, Caligula avait fait venir Ptolémée à Rome
et le traitait avec une grande considération lorsqu'un jour, pendant le spectacle, il fut choqué de l'attention que le peuple
paraissait prêter au vêtement de pourpre dont le roi de Maurétanie était revêtu. Il n'en fallut pas davantage pour décider sa
mort. « Ptolemaeum, de quo retuli, et arcessitum e regno, et
« exceptum honorifice, non alia de causa repente perculit,
« quam quod, edente se munus, ingressum spectacula, conver-
« tisse hominum oculos fulgore purpureae abollae animad-
« vertit[3]. » Suétone fait remarquer ailleurs que Ptolémée traité

<hr>

1. *Bulletin épigr. de la Gaule*, t. II, 1882, p. 139; — Cf. *Ephem
epigr.*, t. V, p. 462, n° 978.

2. *Ann.* IV, 23.

3. Suétone, *Caligula*, 35

si cruellement par Caligula était non seulement son ami, mais même son proche parent. « Leve ac frigidum sit his addere, « quo propinquos amicosque pacto tractaverit, Ptolemaeum, « regis Jubae filium, consobrinum suum (erat enim et is « M. Antonii ex Selene filia nepos)[1]. »

Dion Cassius prétend de son côté que les richesses de Ptolémée excitèrent l'envie de Caligula et que ce fut là le vrai motif de son trépas prématuré[2]. « Γάϊος δὲ ἐν τούτῳ τόν τε Πτολεμαῖον τὸν τοῦ « Ἰόβου παῖδα μεταπέμψας, καὶ μαθὼν ὅτι πλουτεῖ, ἀπέκτεινε » D'après Sénèque[3], Ptolémée serait resté un certain temps en prison : « Ptolemaeum Africae regem,... inter Caianas custodias « vidimus. »

En dehors des monnaies, on ne connaît que cette représentation figurée du roi Ptolémée[4]. Cependant sur une pierre gravée rapportée d'Algérie par M. J. Poinssot, et provenant de Tenèz, l'antique Cartenna, cité voisine de Cherchell et qui était

une des principales villes de la Maurétanie, j'ai cru retrouver l'image du même prince[5].

---

1. Suetone, *Ibid.* 26. — Suétone parle une troisième fois de Ptolémée, *ibid.* 55. Il raconte qu'un jour Caligula remarquant un chevalier romain très bruyant lui donna l'ordre, par un centurion, de partir sans retard pour Ostie et de passer de là en Maurétanie afin de remettre au roi Ptolémée une lettre qu'il lui adressait et qui était ainsi conçue : *Ne fais ni bien ni mal à celui que je t'ai envoyé.*

2. Lib. LIX, c. 25; cf. Zonaras, *Epitome*, lib. XI, c. 6.

3. *De tranquillitate animi*, c. 11.

4. Les monuments iconographiques se rapportant à Juba II sont également très rares. On a trouvé à Athènes en 1860 une tête de ce prince, précisément dans le gymnase dit de Ptolémée où Pausanias (I, 17) raconte qu'il existait une statue de Juba; cf. Pervanoglu, *Bullettino dell'Instituto*, 1861, p. 43; H. Brunn, *Annali*, 1861, p. 412-413; *Monumenti*, vol. VI, tav. LVII, 3-4. — Une autre tête de Juba a été découverte à Cherchell; cf. H. Brunn, *Annali*, 1857, p. 194-197, tav. d'agg. E.

5. *Bulletin des Antiquaires de France*, 1884, p. 116.

On sera peut-être surpris de cette identification en comparant le buste du Louvre avec l'intaille de M. Poinssot, mais il ne faut pas oublier que le premier est un portrait de Ptolémée, exécuté dans sa jeunesse, pendant la première période de son règne, à l'époque où les monnaies nous le montrent laissant croître sa barbe à la mode indigène, tandis que la pierre gravée présente le prince à une époque de sa vie plus avancée, correspondant à la période pendant laquelle les monnaies offrent son effigie imberbe, c'est-à-dire lorsqu'il était devenu tout à fait Romain et avait adopté les usages et les modes de Rome au premier siècle de notre ère. Si l'on veut bien jeter les yeux sur les monnaies gravées dans Müller[1], sous les n°ˢ 197 et 202, on sera frappé de la ressemblance des têtes que portent ces pièces avec la tête ornée du bandeau royal dont nous avons intercalé ici le dessin.

On a retrouvé à Bougie, *Saldae*, une inscription gravée en l'honneur de Ptolémée[2]. Elle est ainsi conçue :

R E G I · P T O

L E M A E O ·

REG · IVBÆ · F

Une autre, découverte à Alger dans les démolitions de l'ancien bureau de police, en face la mairie, au mois d'août 1856, porte la dédicace suivante[3] :

r E G I · P T O L E M A E *o*

R E G · I V B A E · F ·

L · C A E C I L I V S · R V F V S

A G I L I S · F · H O N O R I B V S

O M N I B V S · P A T R I A E

S V A E · C O N S V M M A T I S

D · S · P · F · C · ET · CONSACRAVIT

1. *Op. cit.*, t. III, p. 130.
2. *C. I. L.*, VIII, n° 8927.
3. *Ibid.* n° 9257.

Enfin à Cherchell, *Caesarea*, dans la capitale même de son royaume, on a recueilli en 1844, dans les thermes orientaux, un texte mutilé qui est aujourd'hui déposé au musée municipal[1].

GENI*O*
REGIS · PTO*lemaei*
REGIS *iubae f*

Les autres inscriptions découvertes en Maurétanie et qui renferment le nom de Ptolémée se rapportent à ses esclaves ou à ses affranchis[2]. L'un de ces derniers nommé Aedemon voulut venger la mort de son maître et organisa la résistance contre les Romains[3]. La lutte fut longue et acharnée ; mais ses efforts restèrent impuissants : la Maurétanie fut réduite en province romaine et complètement pacifiée en l'an 42[4].

1. *C. I. L.*, t. VIII, nᵒ 9342.

2 *Ibid.*, nᵒ 9351 ; *Eph. epig.* t. V, p. 472, nᵒ 1043 et p. 473, nᵒ 1047, 1048. Le nᵒ 10984 se rapporte à un ancien esclave de Ptolémée, affranchi par Claude.

3. Pline, *Hist. nat.*, l. V, c. 1, 11.

4. Voy. l'excellent travail de M. Cl. Pallu de Lessert, *Les gouverneurs des Maurétanies* (dans le *Bulletin trim. des Antiq. africaines*, fasc. 13 et 14).

TUNISIE

MOSAÏQUE DÉCOUVERTE A HADRUMÈTE

(Musée du Louvre.)

D'après une photographie de M. Baquié.

XX

(Mosaïque romaine d'Hadrumète)
(Musée du Louvre).

L'administration des Musées nationaux a reçu récemment cinq fragments d'une mosaïque romaine, découverts au mois de novembre 1882, à Sousse (Hadrumète) et offerts en don par le commandant Malaper, au nom du 27ᵉ chasseurs à pied.

Le plus important de ces fragments dont nous donnons la gravure (voir la pl. xxii) représente une course singulière. Des Amours debout sur des poissons accouplés les conduisent à l'aide de longues guides et en agitant leurs fouets, comme les auriges du cirque ; ils nous offrent une parodie des courses romaines ; la scène se passe au fond de l'eau. Trois Amours se disputent la première place. Sur un autre fragment, malheureusement très mutilé et qui n'a pas été reproduit, on distingue le corps d'un quatrième Amour également debout sur des poissons et tenant de la main gauche la palme du triomphe. C'est le vainqueur, placé en tête de la course. Il a été impossible de le rattacher matériellement au grand fragment précédent à cause d'une solution de continuité. Ces quatre concurrents rappellent les quatre factions du cirque, la blanche, la rouge, la verte et la bleue (*albata*, *russata*, *prasina*, *veneta*).

Rien n'est plus commun parmi les représentations figurées de l'antiquité romaine que celles relatives aux jeux du cirque ou aux spectacles de l'amphithéâtre. Ces jeux et ces spectacles occupaient une telle place dans la vie des Romains, surtout à l'époque impériale, que les artistes en ont multiplié les scènes à l'infini et de la façon la plus variée. Non contents d'en reproduire l'image fidèle et de représenter au vrai les cochers et les chevaux célèbres, dont les noms sont ainsi quelquefois parvenus jusqu'à nous par les inscriptions lapidaires[1] ou par celles des mosaïques[2], ils ont imaginé de faire jouer aux Amours les

1. Cf. *C. I. L.*, t. VI, p. 1307-1321, *tituli ad ludos circenses pertinentes;* Garrucci, *Graffites* de *Pompei*, p. 98, pl. xxx.

2. Cf. la mosaïque de l'Oued-Athménia, dans le *Recueil de Constantine*, t. XIX, p 431, et l'atlas in-f°; la mosaïque de Cherchell dans le *Bulletin des Antiquaires de France*, 1884. p. 490 ; la mosaïque de Barcelone dans les *Annali dell'Instituto*, 1863, t. XXXV, p. 135.

rôles des auriges et sur un grand nombre de monuments nous voyons les Amours montés sur des biges ou sur des quadriges [1] se livrer au milieu de l'arène à un exercice très mouvementé. Le Musée du Louvre possède plusieurs bas-reliefs provenant pour la plupart de petits sarcophages ou de plates-bandes des couvercles de sarcophages qui mettent sous nos yeux ces parodies du cirque [2].

Les Amours apparaissent du reste sur une foule de monuments antiques avec des rôles très divers. On prit l'habitude de les mettre en scène à la place des hommes ou des héros dans beaucoup de représentations [3]. L'introduction de cette troupe joyeuse d'espiègles donne une animation singulière et beaucoup de vie aux moindres scènes dans lesquelles ils figurent en même temps qu'elle leur prête un charme que n'aurait pas toujours la reproduction fidèle de la réalité. L'artiste devenait poète et se permettait bien des licences autorisées par la présence de ces délicieux bambins. Dans les scènes du cirque, par exemple, non content de remplacer les cochers par des Amours, souvent à la place des chevaux il attelait des sangliers [4], des gazelles [5], des dromadaires [6], des cygnes ou des dauphins [7]. Sur notre mosaïque les quatre concurrents, debout sur des poissons, au lieu d'être montés dans des chars, se livrent à une course effrénée.

Voici la description détaillée de ces deux fragments.

1° Petit fragment, non reproduit, qui doit prendre place en tête de toute la scène. On y voit le corps d'un Amour, debout sur deux poissons, calme et paraissant arrivé au but ; les rênes sont passées autour de la taille ; de la main gauche il porte une palme ; une draperie verdâtre, à reflets blancs et rouges, flotte sur ses épaules ; son bras droit est

1. Visconti, *Musée Pie-Clémentin*, éd. fr., t. V, p. 234-252, pl. xxxviii à xli ; A. Kluegman, *Annali dell'Instituto*, 1871, t. XLIII, p. 10, tav. d'agg. A.

2. Clarac, *Musée de sculpture*, pl. 190 ; Frœhner, *Notice de la sculpture antique*, n° 360-367.

3. A ce sujet, voir E. Petersen, dans les *Annali dell'Instituto*, 1860, t. XXXII, p. 404-409.

4. Visconti, *Musée Pie-Clémentin*, t. IV, p. 101, pl. xiii ; Clarac, *Musée de sculpture*, pl. 162, 89.

5. Clarac, *ibid.*, 88.

6. Clarac, *ibid.*, 90.

7. Au Louvre, escalier Daru.

orné d'armilles. Manquent la partie antérieure des poissons, les pieds, la tête et les épaules de l'Amour. Long., 0,48; haut., 0,52.

2° Grand fragment (voir la pl. xxii). Le premier Amour, qui espère arriver second, est courbé sur ses montures qu'il dirige à bride abattue ; il les excite du fouet, tournant avec anxiété la tête en arrière pour voir si ses camarades ne le gagnent pas de vitesse ; il conduit de la main gauche ; on ne distingue pas son écharpe. Manquent les poissons ; on aperçoit cependant la queue fourchue de l'un d'eux. — Le troisième Amour debout, bien campé avec une écharpe rouge nouée en ceinture autour de la taille et dont les bouts flottent à droite et à gauche, paraît vouloir passer à droite de son concurrent; tout en agitant son fouet, il lance sur l'Amour qui le précède et qu'il serre de près un regard observateur. — Le quatrième, dont l'écharpe est d'un ton bleu foncé, se penche légèrement en avant. — Long., 1ᵐ 72; haut., 0ᵐ 80. Encadrement; restes d'une bordure en torsade.

On le voit, les poses des quatre rivaux sont différentes et l'artiste a cherché à exprimer sur le visage de chacun la pensée qui l'agite. Les écharpes de couleur désignent les factions différentes : les verts arrivent en tête ; viennent ensuite les blancs, puis los rouges et en dernier les bleus. La scène se passe au fond de la mer ainsi que le montre la présence des poissons et comme l'indiquent les lignes 'de petits cubes noirs et gris, légèrement ondulées et tracées sur le fond blanc pour représenter les flots. On aperçoit un poisson en liberté, une dorade, figuré entre les deux derniers groupes ainsi qu'une plante marine. Le Musée du Louvre possède un charmant bas-relief représentant une course de chars conduits par des Amours et attelés les uns de dauphins et les autres de cygnes, course qui a lieu également sur l'espace humide de la mer, au milieu des vagues.

Il est très évident que les couples de poissons appartiennent chacun à une espèce différente. Le premier couple est à peu près détruit; on distingue cependant un corps allongé; le ventre est blanc et le dos est vert foncé. Le second couple, presque entièrement disparu, se composait de poissons gris à queue fourchue. Les deux derniers couples, au contraire sont des poissons à queue arrondie, mais bien distincts les uns des autres. Les premiers, assez replets du corps et de la tête, ont le ventre rose et le dos rouge brun orné de bandes transversales avec de gros yeux jaunes; ils ressemblent à des serrans ; les seconds, presque noirs, avec des tâches jaunâtres sur le corps et des raies blanches sur les flancs, ont un museau pointu et de petits yeux ; ils se rapprochent par leur forme du brochet. Ces distinctions de forme et de couleur entre les couples de poissons ont été certainement faites à dessein en souvenir des quatre factions du cirque.

Les couleurs de la mosaïque sont assez vives et ajoutent à l'intérêt de cette scène. Le corps des Amours est couleur de chair; chacun d'eux porte aux bras, aux poignets et aux jambes des armilles rouges; les colliers dont ils sont parés sont également rouges ; le troisième Amour porte un collier avec un pendant triangulaire, sans doute une amulette comme les cochers du cirque avaient l'habitude d'en avoir sur eux. Les rênes sont figurées par des petits cubes rouges et roses ; elles sont attachées autour de la ceinture de chacun des conducteurs.

J'ai dit plus haut, et on peut le voir sur la gravure, que sur la mosaïque d'Hadrumète la course avait lieu sans chars, contrairement à l'usage habituel. Les Amours sont debout, un pied sur chaque poisson, dans la position des *desultores*. On sait, par les auteurs anciens, que dés courses à cheval dans lesquelles chaque cavalier avait deux chevaux à conduire se donnaient aussi dans l'arène. On peut en voir une parodie par des Amours sur un bas-relief publié par Visconti[1]. Mais sur ce monument les Amours sont montés à califourchon. La difficulté était plus grande pour les écuyers lorsqu'ils étaient forcés de se tenir debout, un pied sur le dos de chaque cheval : cette façon de courir est encore en usage dans nos hippodromes modernes et est désigné sur les programmes sous le nom de *course romaine*.

Le *desultor* avait deux chevaux en main ; il sautait d'un cheval sur un autre. C'était un talent très apprécié, surtout quand on accompagnait cet exercice de mille tours d'adresse. Ces équilibristes sont représentés au revers de quelques mon-

1. *Musée Pie-Clémentin*, t. V, pl. xxxix.

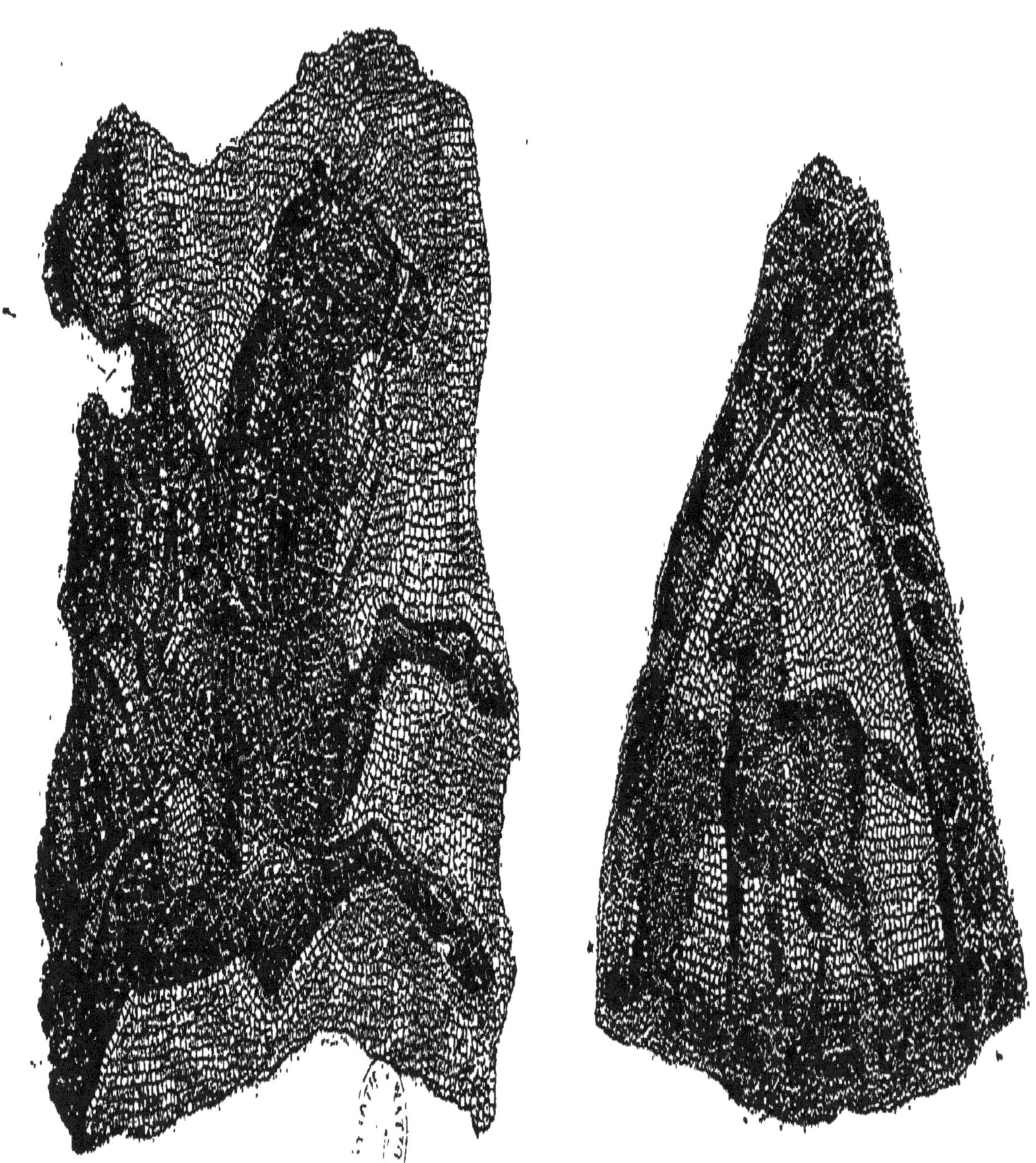

MOSAÏQUES DÉCOUVERTES A HADRUMÈTE

(Musée du Louvre.)

D'après une photographie de M. Baquié.

naies consulaires[1] ainsi que sur des lampes romaines[2]. Les auteurs en parlent également[3].

D'après des renseignements que je dois à l'obligeance de M. le commandant Malaper, la mosaïque avait, au moment de sa découverte, 3ᵐ 50 de longueur. Les trois autres fragments parvenus au Louvre en même temps que ceux dont nous venons de donner la description ne paraissent pas se rapporter au même sujet. S'ils ont fait partie du même pavage, ils figuraient probablement dans une bordure qui entourait la scène principale.

Le premier nous offre l'image d'une panthère à l'affût ; blanc jaune, moucheté noir, sur fond blanc. Des branches de laurier forment autour de l'animal un encadrement à peu près triangulaire. C'est l'angle supérieur gauche de l'œuvre. — Haut., 0ᵐ 80 ; larg., 0ᵐ 67.

Sur le second fragment, un singe assis, de face, les jambes posées comme celles du tireur d'épines, joue d'un instrument qui ressemble à une mandoline. Il est isolé au milieu d'un encadrement de feuilles de laurier. Dans un compartiment contigu, un lion. Fond blanc ; singe brun ; lion jaune et rouge. — Haut., 0ᵐ 55 ; larg., 0ᵐ 80.

Sur le troisième fragment, on voit un cheval en liberté, rose et rouge foncé sur fond blanc ; encadrement de feuilles de laurier (pl. xxiii, 2). — Haut., 0ᵐ 56 ; larg., 0ᵐ 53.

Si l'on admet que ces différentes figures d'animaux doivent avoir entre elles un lien commun, si on ne les considère pas comme des représentations isolées, la présence du singe musicien entouré d'un lion, d'une panthère, d'un cheval et sans doute d'autres quadrupèdes, fait naturellement penser à une parodie d'*Orphée charmant les animaux* aux sons de sa lyre[4]. On sait combien ce sujet fut cher aux mosaïstes de l'antiquité[5].

1. Cf. Cohen, *Monnaies consulaires*, pl. xxvi ; *Maecia*, n° 7, et pl. xxxvii ; *Sepullia*, nᵒˢ 9, 10, 11.

2. Bartoli, *Lucerne antiche*, tav. 24.

3. M. Manilius, *Astronomicon*, l. V, v. 67-90 ; cf. Firmicus Maternus, 8, 6 ; Cicéron, *Pro Murena*, 27.

4. Cf. notre article sur *Une caricature antique de Ganymède*, dans la *Revue archéologique*, nouvelle série, t. XXII, p. 373.

5. *Bulletin des antiquaires de France*, 1883, p. 319-322.

XXI

*(Troisième rapport[1] sur les fouilles du lieutenant Marius Boyé
à Sbeïtla,* Sufetula, *Tunisie.*

———

J'ai l'honneur de rendre compte à l'Académie[2], des derniers
envois du lieutenant Boyé. Les fouilles qu'il a dirigées à Sbeïtla,
l'antique *Sufetula*, avec une activité et une intelligence remarquables, ont été très fructueuses. Cet officier a découvert et mis
en lumière plusieurs documents épigraphiques importants ; les
inscriptions recueillies par lui s'élèvent au nombre de 99. Un
travail manuscrit qu'il a adressé à l'Académie contient les copies
de tous ces textes. Laissant de côté ceux qui sont déjà connus
ou publiés[3], j'ai extrait de ce travail tout ce qui était encore
inédit, en suivant l'ordre chronologique des découvertes.

Les fouilles ont été commencées au mois d'août 1883 et ont
continué pendant une année avec des interruptions fréquentes.
Le plan des ruines de Sufetula a été publié dans les *Comptes
rendus de l'Académie*[4] ; on pourra s'y reporter pour reconnaître

1. Les deux premiers rapports ont été publiés dans les *Comptes rendus des
séances de l'Académie des Inscriptions et Belles-Lettres*, 1884; p. 367-373.
2. Ce troisième rapport a été lu à l'Académie des Inscriptions et Belles-
Lettres, dans la séance du 3 juillet 1885.
3. Sur Sbeïtla, *Sufetula,* et les inscriptions qui y ont été découvertes,
voir V. Guérin, *Voyage en Tunisie,* t. I, p. 374 à 389. — *C. I. L.*, t VIII,
p. 40, n°s 228 à 252; cf. p. 926. — J. Schmidt, *Ephem. epigr.*, t. V, p. 271,
n°s 257 à 260; p. 567, n°s 1319 à 1322; p. 649, n°s 1472 à 1479. — Poinssot,
Bulletin trim. des Antiquités africaines, 1884, p. 303, 304 ; 353 à 361 ; 1885,
p. 48-49.— (C. Tissot), *Comptes rendus de l'Académie des Inscriptions et Belles-
Lettres,* 1884, p. 253 à 257, avec un plan des ruines.— Héron de Villefosse,
ibid., 1884, p. 369-376. — Cagnat et Saladin, *Bulletin monumental,* 1884, p.
148-123.
4. 1884, p. 256.

l'emplacement des différents monuments que j'ai l'occasion de citer dans ce rapport.

Je signalerai d'abord un certain nombre d'inscriptions, incomplètes ou frustes, découvertes en 1883 :

1. — Août 1883. A l'ouest des ruines, près de l'amphithéâtre, le lieutenant Boyé a découvert divers fragments que je crois pouvoir ainsi réunir :

N° 905. *a*   *b*   *c*   *d*   *e*   *f*

......*co* | NST | | ANTI | | VSCON | *sularis sex* | EAS | | CA | *l* | IS | ......

......*Constantius consularis sexfascalis*......

a) Long., 1ᵐ 50 ; haut. des lettres, 0ᵐ 20.
b) Long., 1ᵐ 32 ; haut. des lettres, 0ᵐ 18.
c) Long., 1ᵐ 45 ; haut. des lettres, 0ᵐ 18.
d) Long., 1ᵐ 24 ; haut. des lettres, 0ᵐ 17.
e) Long., 1ᵐ ; haut. des lettres, 0ᵐ 20.
f) Long., 0ᵐ 80 ; haut. des lettres, 0ᵐ 18.

La forme du F dans *sex*EASCA*l*IS et la mention de ce titre prouvent que l'inscription est de la fin du ivᵉ siècle, probablement du temps de Valentinien et de Théodose.

Au même point, cet officier a relevé quelques autres fragments que je n'ai pas pu utiliser :

N° 906.

g | M F | Long., 1ᵐ 40 ; haut. des lettres, 0ᵐ 20.

h | G V S | Long., 1ᵐ 35 ; haut. des lettres, 0ᵐ 20.

i | H E A | Long., 1ᵐ 26 ; haut. des lettres, 0ᵐ 18.

j | I S | Long., 0ᵐ 94 ; haut. des lettres, 0ᵐ 15.

2. — Août 1883. Fragments d'architrave portant une inscription sur une seule ligne. Le fragment *a* est déjà au *Corpus* (VIII, 242), mais moins complet ; les fragments *b* et *c* sont inédits.

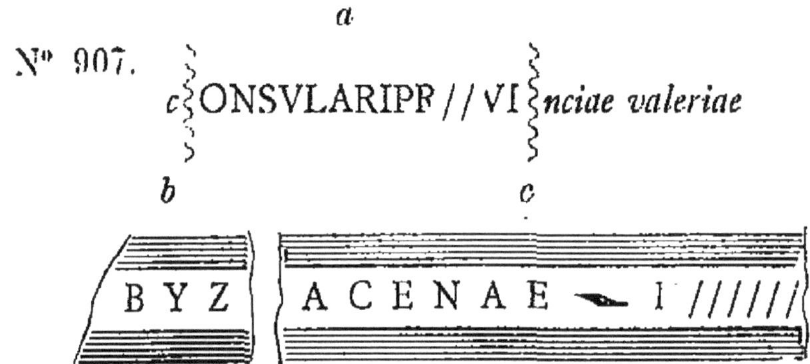

a) Long., 1ᵐ 53; haut. des lettres, 0ᵐ 19.
b) Long., 0ᵐ 67; haut. des lettres, 0ᵐ 19.
c) Long., 1ᵐ 60; haut. des lettres, 0ᵐ 19.

MM. Cagnat et Saladin, dans leurs *Notes d'archéologie tuni-sienne* (*Bulletin monumental*, 1884, p. 122), indiquent un quatrième fragment qui porterait une partie du mot *va*LERIA*e*, et qui doit, par conséquent, s'intercaler entre les fragments *a* et *b*.

3. — Août 1883. Derrière les temples, sur la gauche, le lieutenant Boyé a trouvé les inscriptions publiées par Wilmanns sous le n° 234 du t. VIII du *C. I. L.* Les dessins qu'il a relevés diffèrent tellement des fac-similés donnés par le *Corpus* et des copies prises plus tard par le docteur J. Schmidt, *Addit.*, n° 258, que nous croyons devoir les reproduire :

Nº 908. Fragment 234 *a* du *Corpus*.

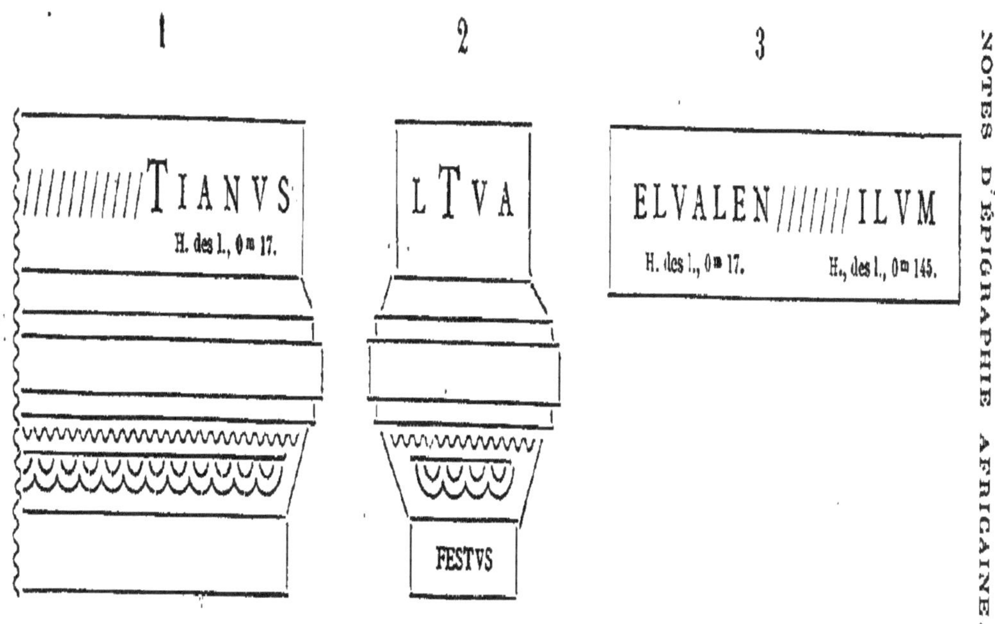

Sur la face 2 il faut lire sans doute ETVA. — Sur la face 3 les quatre dernières lettres sont moins hautes que les premières.

Nᵒ 909.   Fragment 234 *b* du *Corpus*.

1	2	3
ʂ P Lᴇ N D O R I S H. des l. 0ᵐ 17.	Long., 0ᵐ 26.	A D I V N N I N ı I //
Long., 0 ᵐ 70.	C I V I B V S H. des l., 0.08.	Long., 0 ᵐ 70.

Pour le fragment 234 *a*, cette nouvelle copie donne une inscription (celle de la face nᵒ 1) qui n'avait pas encore été relevée.

Pour le fragment 234 *b*, la lecture des faces 1 et 3 est absolument différente ; sur la première, le lieutenant Boyé lit ʂPLENDORIS.

Ces fragments ont dû appartenir à une inscription gravée sur l'architrave d'un monument carré avec les angles abattus, affectant à peu près cette forme :

de façon à présenter quatre grandes faces et quatre petites.

Le lieutenant Boyé a, en effet, retrouvé deux autres pierres pareilles gisant à côté des premières et présentant aussi chacune trois faces, deux grandes et une petite, ce qui complète les quatre angles du monument. Malheureusement, les inscriptions sont détruites ou effacées par le temps, de sorte qu'on peut à peine reconnaître quelques lettres.

Sur la face 3 de la première pierre, il a relevé ce qui suit :

Nᵒ 910.

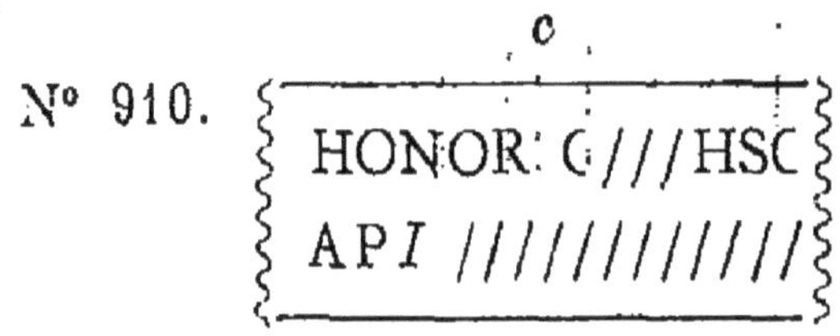

C'est le fragment publié par le docteur J. Schmidt, *Addit.*, n° 258 *a*.

Sur la face 1 de la seconde pierre il n'a pu distinguer que peu de chose :

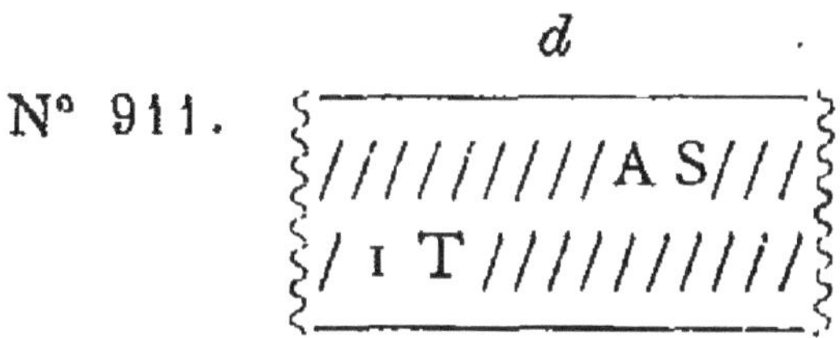

N° 911.

On voit que sur un des côtés du monument l'inscription avait deux lignes. Le docteur J. Schmidt, *Addit.*, n° 258 *b*, en constate également deux sur l'autre côté. L'édifice paraît avoir été construit pendant la seconde moitié du ive siècle, sous Valentinien Ier et Valens, et, peut-être le nom *Festus* appartient-il au proconsul de l'année 366, *Julius Festus Hymetius ?*

4. — Août 1883. A côté des fragments précédents se trouvait un petit débris de corniche sur lequel on lit :

N° 912.

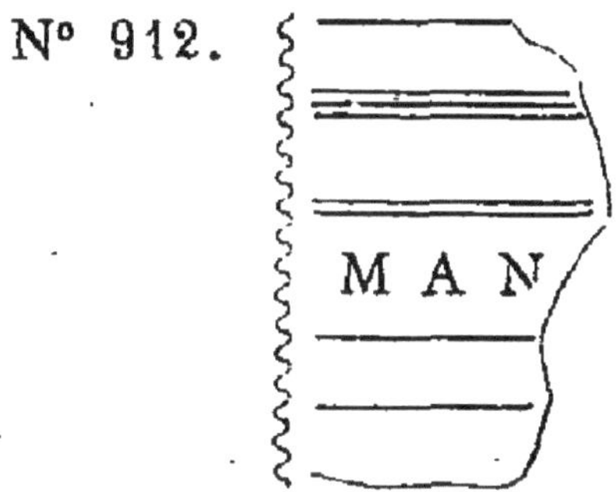

Il est difficile de dire s'il a appartenu au même édifice.

5. — Août 1883. En face les temples, on remarque les ruines d'une basilique au milieu desquelles gisent deux grands blocs, présentant comme les fragments dont il a été question précédemment sous le n° 3 (*C. I. L.*, t. VIII, n° 234), trois faces inscrites, deux grandes et une petite :

N° 913.   1   2   3

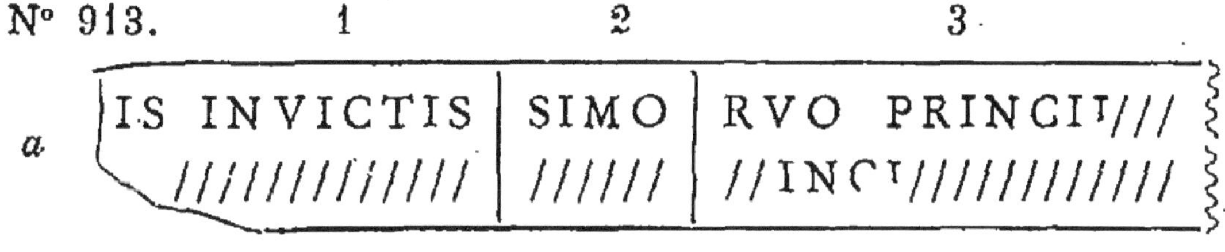

a

...*invictissimoru*[*m*] *princi*[*pum*]....

Long., n° 1, 0ᵐ 42; n° 2, 0ᵐ 33; n° 3, 0ᵐ 67; haut. des lettres, 0ᵐ 11.

N° 94.   1   2

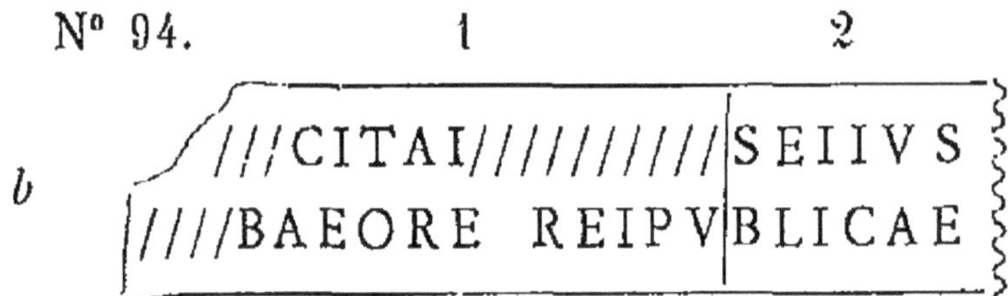

b

A la deuxième ligne, il faut lire probablement ....RATORE.

. . . .

...cu]*ratore reipublicae* ....

Long., n° 1, 0ᵐ 95; n° 2, 0ᵐ 35: haut. des lettres, 0ᵐ 12. La face n° 3 ne porte pas d'inscription.

6. — Août 1883. En face le grand temple, au milieu des décombres du portique, se trouve le fragment ci-dessous :

N° 915.

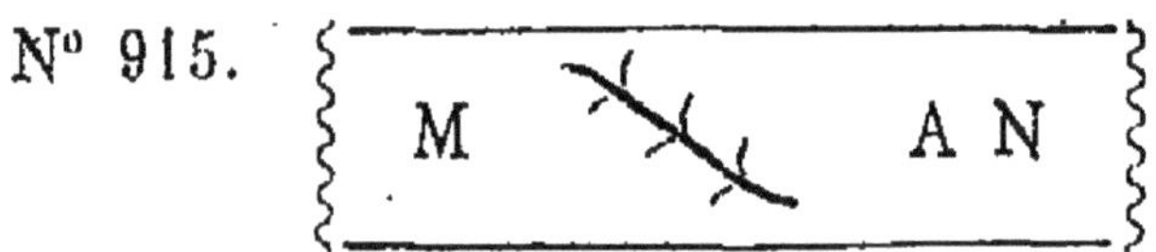

Long. du fragment, 1ᵐ 20; haut. des lettres, 0ᵐ 20

7. — Août 1883. En sortant des temples, à gauche, on remarque quatre piliers formés de gros blocs de pierre., auprès desquels on aperçoit l'épitaphe métrique du médecin Marcellus (*C. I. L.*, t. VIII, n° 241) et le fragment suivant :

N° 936.

Long., 1ᵐ 55; haut. des lettres, 0ᵐ 26.

8. — Août 1883. Près d'un édifice rectangulaire, à gauche de la partie postérieure des temples, on voit les fragments d'inscription ci-après :

N° 917.   *a*

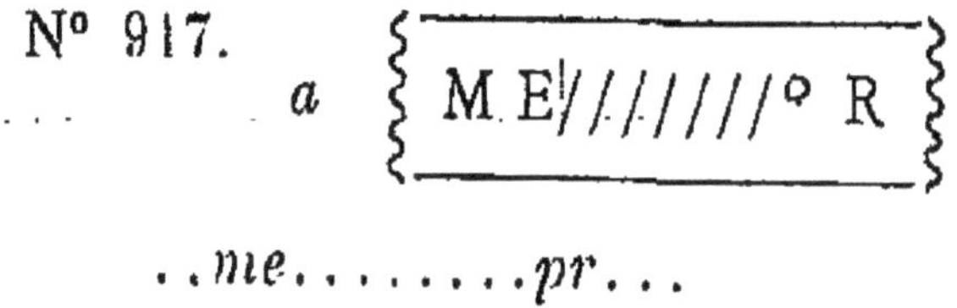

..*me*........*pr*...

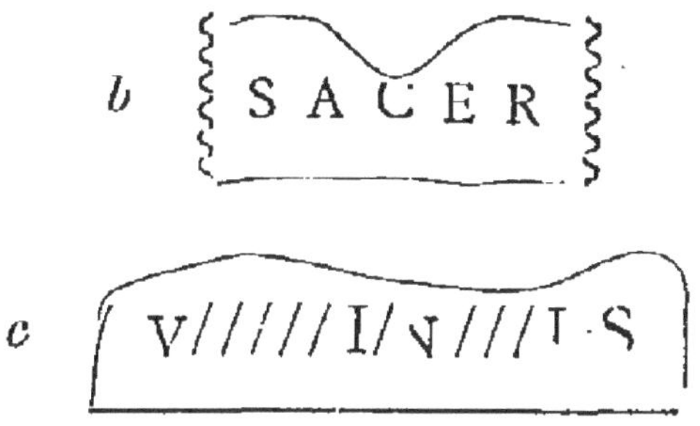

Les dimensions de ces blocs sont les suivantes :

a) Long., 1^m 20 ; haut. des lettres, 0^m 22.
b) Long., 0^m 97 ; haut. des lettres, 0^m 20.
c) Long., 1^m 08 ; haut. des lettres, 0^m 20.

9. — Août 1883. Près de l'amphithéâtre sur un fragment de colonne de 0^m 92 de hauteur, se trouve une inscription très fruste entourée d'un encadrement.

N° 918.

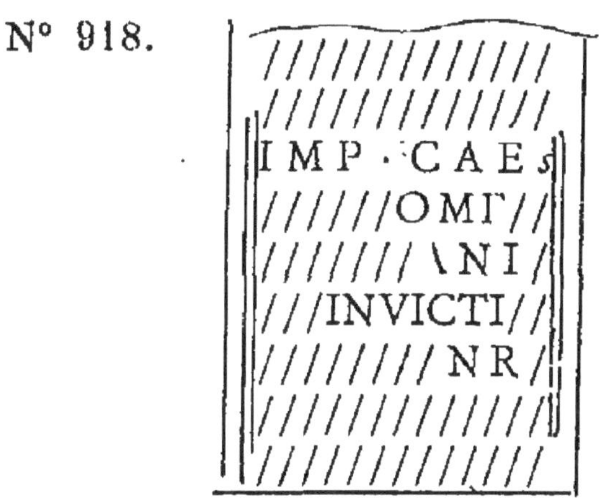

Les lettres ont 0^m 06 de hauteur. Il est évident que c'est une inscription impériale, *imp. Cae[s]*. Il est probable qu'elle se rapporte à Aurélien et qu'elle était conçue à peu près en ces termes : *Victoriæ aug. n.* IMP.CAE*s l.d*OMI*ti aureli*ANI *p. f.* INVICTI... etc. (Cf. plus bas le n° 24).

10. — Août 1883. Tout près de là, dans les ruines d'une petite basilique, se trouve un autre fragment de colonne portant également une inscription impériale qui ne paraît pas être en meilleur état que la précédente.

N° 919.

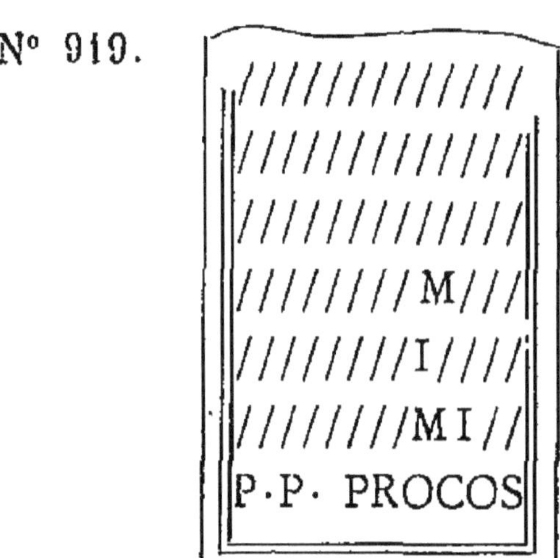

Les lettres ont 0^m 04 de hauteur. Ce fragment provient peut-être d'un milliaire ?

11. — Août 1883. Derrière la basilique, bloc de pierre inscrit sur deux faces.

Face principale.

N° 920.

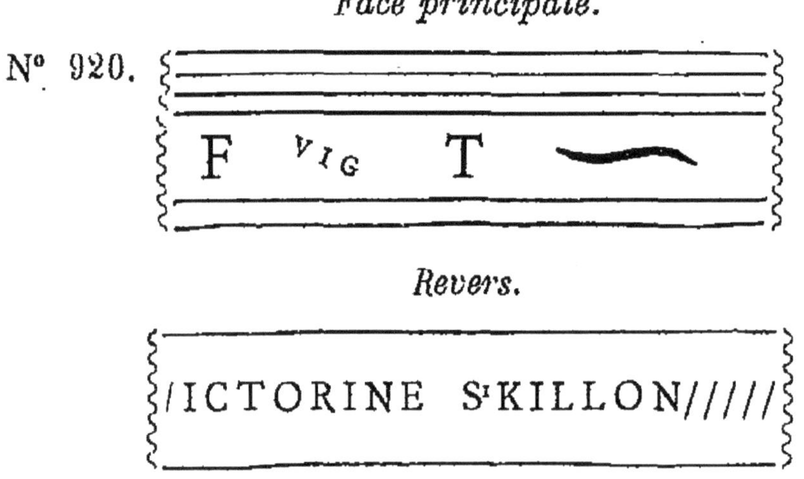

Revers.

La hauteur des lettres de la première face est de 0^m 16 ; celle des lettres de la seconde face est de 0^m 09.

12. — Août 1883. Sous le n° 244 (*C. I. L.*, t. VIII) Wilmanns a reproduit un certain nombre de fragments relevés par V. Guérin et par lui, soit dans les ruines de l'amphithéâtre, soit sur le mur d'enceinte des temples où ils étaient employés dans la construction. Le lieutenant Boyé les a trouvés aux mêmes endroits ; dans l'intérieur de l'enceinte il en a découvert d'autres analogues qui n'avaient pas encore été signalés ; ce sont les suivants :

N°921. *a*   *b*   *c*   *d*   *e*   *f*

MP   IM   A   ROP   ACTO   ATC⸮

13. — Août 1883. Au même lieu il a recueilli le fragment ci-dessous :

$$\{\ O\ P\ T\ A\ I\ o\ R$$

Optator[um]? Hauteur des lettres, 0 ᵐ 18.

14. — Août 1883. Sur le bord du canal d'irrigation, fragment mesurant en longueur 1ᵐ 75.

N° 922. SVI//////////

Les lettres ont 0ᵐ 18 de hauteur. Peut-être *Suf[etulenses]*?

15. — Août 1883. Dans les ruines d'une petite basilique :

N° 923.

a ⟦ L A ⟧   *b* ⟦ ˙C ⟧

Les lettres de ces deux fragments ont 0ᵐ 20 de hauteur.

16. — Août 1883. Sur le bord de la rivière, fragment d'inscription :

N° 924. ITALICO

Les lettres ont 0ᵐ 09 de haut. C'est peut-être le débris d'une inscription en l'honneur de *Ceionius Italicus ?*

17. — Août 1883. Près d'un mamelon couvert de ruines, deux fragments appartenant à la même inscription :

a   *b*

N° 925. METARBIO   TRPOVRBEIA

Les lettres ont 0ᵐ 15 de haut. Comme le précédent ces deux fragments sont les restes d'une inscription honorifique. Sur le second fragment, il y a probablement Q·VRB·

18. — Août 1883. Entre les temples et l'arc de triomphe, il existe un petit mamelon couvert de ruines où ont été découverts les trois fragments suivants :

a   *b*   *c*

N° 926. SRVST   ITAN   TROCI

La hauteur des lettres sur ces trois fragments est de 0^m 20.

19. — *C. I. L.*, t. VIII, n° 232 ; cf. p. 926. — Le lieutenant Boyé a vu quelques lettres de plus aux deux premières lignes qu'il lit ainsi :

N° 927. DDN/////////NIP/////////NII/////V/////////
INVICTIS AVG ITEM CONSTANTIO ET MAXIMIANO N*ob*

Les autres lignes sont conformes au texte du *Corpus*.

20. — *C. I. L.*, t. VIII, n° 236. — Sur la corniche supérieure du bloc, il existe les traces d'une inscription en grandes lettres qui n'a jamais été signalée :

N° 928.

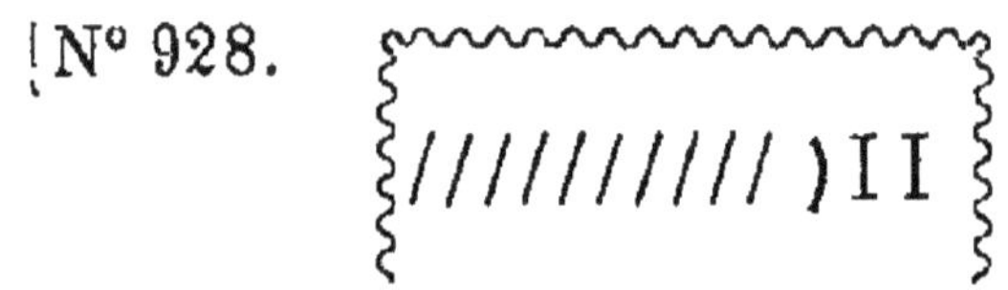

21. — *C. I. L.*, t. VIII, n° 237. — A la ligne 5, C·Ꝗ.

22. — Schmidt, *Addit.*, n° 1322. — La copie du lieutenant Boyé porte à la ligne 5, FRVMENTARIAE et à la ligne 10, AETERNITATE.

23. — Schmidt, *Addit.*, n° 1321. — Dans la copie donnée par M. Poinssot, une ligne a été omise ; il faut se reporter au texte publié dans les *Comptes rendus de l'Académie*[1], en complétant toutefois ainsi la ligne 3, IMP ꝑ CAESAR[18]. L'omission de la ligne 2, où on lit très nettement CAESARI a fait croire que cette inscription avait été gravée avant qu'Annius Verus eut reçu le titre de *Caesar*. L'inscription est, au contraire, postérieure à l'année 166.

24. — Avril 1884. Cette inscription est entourée d'un cadre de moulures.

---

1. 1884, p. 256. C'est, du reste, ce qui a été fait par J. Schmidt, *Mantissa Africanorum*, dans l'*Ephem. epigr.*, t. V, p. 649, n° 1472.

N° 929. VICTORIAE AVG·N̄
        IMP · C ÆS · DIVI
        A V R E L I A N I
        ⸬ PII FELICIS
        INVICTI
        D · D · P P·

D'après un estampage du lieutenant Boyé.

Ce texte a été publié plusieurs fois et toujours inexactement [1]. On a supposé des erreurs de transcription qui n'existent pas. L'examen d'un estampage envoyé à l'Académie le démontre de la manière la plus évidente.

Le texte primitif portait certainement *L. Domiti(i) Aureliani*, mais, après la mort de l'empereur, le flamine chargé de son culte a fait graver le mot *divi* à la place du prénom et du gentilicium. Ce changement a amené un petit remaniement dont les traces se reconnaissent sans peine sur l'estampage. Aux lignes 2 et 3, les mots que nous avons encadrés sont gravés dans une légère dépression, en caractères plus forts et plus creux que ceux du reste de l'inscription, ce qui démontre l'existence d'une surcharge. Une preuve plus évidente encore nous est fournie par les lettres NI, restes du mot AVRELIANI de la première inscription, très visibles en tête de la ligne 4, mais qui ont été barrées dans l'antiquité au moyen de trois traits horizontaux.

L'inscription était donc primitivement ainsi conçue :

N° 930. VICTORIAE AVG·N̄
        IMP·CÆS·L·DOM
        ITI·AVRELIA
        NI PII FELICIS
        INVICTI
        D·D · P P·

Il est vraisemblable que cette dédicace a été gravée en 274, à l'occasion de la pacification des Gaules, après la victoire sur

1. *Comptes rendus de l'Acad. des Inscr. et Belles-Lettres*, 1884, p. 257; *Bulletin trim. des Antiquités africaines*, 1884, p. 304 ; J. Schmidt, *Suppl. au Corpus d'Afrique*, n° 1319.

Tétricus. La mort de l'empereur survint peu de temps après et c'est dans l'intervalle de six mois qui s'écoula entre cet évènement et la proclamation de Tacite (avril à octobre 275) que l'inscription fut modifiée, Aurélien ayant reçu les honneurs de l'apothéose.

Vopiscus nous a conservé le texte d'une lettre adressée par l'armée au Sénat, après la mort du prince pour demander qu'il fût mis au rang des dieux : « *Hunc inter deos referte, sancti domini p. c.*[1] » Eutrope nous apprend qu'il reçut cet honneur : « *Meruit quoque inter divos referri*[2]. » Le fait est absolument confirmé par l'inscription des Natales Caesarum qui indique le 5 des ides de septembre comme le jour où on honorait officiellement sa mémoire[3].

25. — Juin 1884. Large corniche provenant du couronnement d'un piédestal ; les lettres ont 0^{m}15 de hauteur :

N° 931.

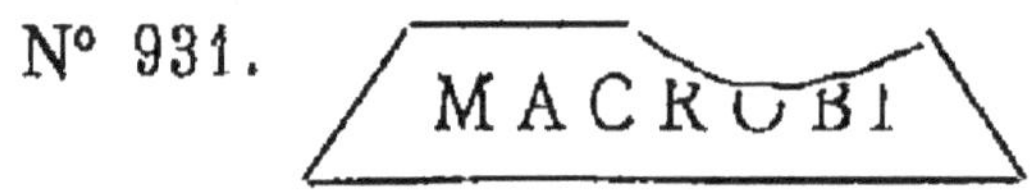

Macrobi(i).

C'est le nom du personnage dont la statue surmontait le piédestal. Il s'agit évidemment ici de *Macrobius*, proconsul d'Afrique en 409-410, sous Honorius et Théodose II. Son nom apparaît plusieurs fois dans le Code Théodosien, mais ce proconsul n'était encore connu par aucun document épigraphique[4]. Il est très regrettable qu'on n'ait pas retrouvé le piédestal lui-même, sur la face antérieure duquel devait être gravée une inscription qui nous eût fait connaître toute la carrière de Macrobius.

Une corniche analogue portant le mot ITALICII a été trouvée à Constantine. M. de la Mare en a publié un dessin[5] ; à la

<hr>

1. In *Aureliano*, c. 41.

2. *Breviar.*, IX, 15.

3. Marini, *Arval.*, t. II, p. 387. — Il existe cependant à Brescia, *C. I. L.*, t. V, n° 4319, une inscription sur laquelle les noms d'Aurélien ont été martelés ; il est difficile de deviner la cause de ce fait.

4. Cf. Tissot, *Fastes de la province romaine d'Afrique*, n° ccxiii.

5. *Exploration de l'Algérie; Archéologie*, pl. 127, n° 3.

partie supérieure on remarque l'empreinte de deux pieds d'une statue en bronze. M. Léon Renier avait conjecturé que la statue surmontant cette corniche devait être celle de *Ceionius Italicus*[1], consulaire de Numidie au milieu du IVe siècle (340 à 350)[2].

Il existe, du reste, un certain nombre de bases de statues portant ainsi un nom écrit en gros caractères sur la corniche supérieure, au-dessus de l'inscription dans laquelle sont relatés les titres et les fonctions du personnage honoré. Ce nom en vedette est celui par lequel on désignait habituellement le personnage. On conçoit que, dans l'usage ordinaire, on ne prenait pas la peine de répéter les cinq ou six noms (et même quelquefois davantage) portés par les membres de l'aristocratie; on désignait un individu par un seul de ses noms, et c'est ce nom qu'on prit l'habitude d'inscrire en gros caractères à la partie supérieure des piédestaux des statues. Cet usage devint très fréquent au IVe et au Ve siècle[3].

26. — Juin 1884. Colonne découverte par le sous-lieutenant indigène Ismaïl-ben Batcharzi. Long., 2^{m}10; diam., 0^{m}31.

L'inscription très mutilée est entourée d'un cadre de moulures :

N° 932. *imper*ATORI
*bus · d*D · NN
*con*STANTINO
*et · l*ICINIO

A V G G

*[Imper]atori[bus d(ominis) n(ostris) [Con]stantino [et L]icinio
. . . . Aug(ustis)*
Le nom de Licinius ne paraît pas avoir été effacé comme sur le milliaire trouvé près d'El-Outhaya[4].

27. — Juin 1884. Piédestal, haut., 1^{m}30; larg., 0^{m}58.

1. *Bullettino dell' Instituto di corr. arch.*, 1859, p. 227.
2. Cf. Renier, *Inscr. rom. de l'Algérie*, n° 1857; *C. I. L.*, t. VIII, n° 7047.
3. Cf. *C. I. L.*, t. VI, n°[s] 1675 et sv., passim.
4. *C. I. L.*, t. VIII, n° 10246.

N° 933.

```
L · RASINIO · L · FIL · QVIR · SATVRNINO
MAXIMIANO·AEDIL·IIVIR·QQ
OB  SINGVLAREM  MORVM  EIVS
EXEMPLVM·ET  IN  VTROQVE  HONO
RIS  GRADV FIDAM  CLEMENTIAM
FILIORVMQVE  EIVS  SACERDOTI·I·EDI
TIONEM·LVDORVM·ET ADSIDVAM
ERGA  SINGVLOS  CIVES  SVOS  ꝗ
LIBERALITATEM  VNIVERSVS  PO
PVLVS · CVRIARVM  TESTIMO
NIVM  GRATIARVM  SVARVM·
PERPETVVM  POSVIT  IDEMQVE
DEDICAVIT
```

L(ucio) Rasinio, L(ucii) fil(io), Quir(ina tribu), Saturnino Maximiano, aedil(icio), duumvir(alicio) q(uin)q(uennali), ob singularem morum ejus exemplum et in utroque honoris gradu fidam clementiam filiorumque ejus sacerdotii editionem ludorum et adsiduam erga singulos cives suos liberalitatem, universus populus curiarum testimonium gratiarum suarum perpetuum posuit idemque dedicavit.

28. — Juin 1884. Piédestal portant une inscription en l'honneur de Gordien III, gravée en l'année 239 ; le texte est entouré d'un encadrement de moulures. Haut., 1ᵐ 20 ; larg., 0ᵐ 54 ; haut. des lettres, 0ᵐ 09.

N° 934.

```
IMP · CAES
M·ANTONO
GORDIANO
INVICTO·PIO
FELICI·AVG
TRIB·P·II CoS·PP
D·D·P·P
```

Imp(eratori) Caes(ari) M. Antonio Gordiano invicto pio felici Aug(usto), trib(unicia) p(otestate) II, co(n)s(uli), p(atri) p(atriae). D(ecreto) d(ecurionum) p(ecunia) p(ublica).

29. — Juin 1884. Piédestal portant une dédicace en l'honneur de *Magnius Severus*; le texte est entouré d'un cadre de moulures. Haut., 1ᵐ 20; larg., 0ᵐ 60; haut. des lettres, 0ᵐ 05.

N° 935.

```
        M · M A G N I O·
        SEVERO · FL · P · P ·
        C I V I  I N C O M
        P A R A B I L I
        O B · M E R I T A
        S P L E N D I D I S S I
        M V S · O R D O
        SVFETVLENSIS
        D · D · P · P
```

M. Magnio Severo, fl(amini) p(er)p(etuo), civi incomparabili, ob merita splendidissimus ordo Sufetulensis. D(ecreto) d(ecurionum) p(ecunia) p(ublica).

La famille *Magnia* était assez répandue en Afrique[1].

30. — Août 1884. Trois fragments découverts au pied d'un monument ruiné, tout près de l'arc de triomphe, au milieu de débris provenant de blocs brisés par les Arabes,

Longueur du bloc principal, 0ᵐ 90; larg., 0ᵐ 30; haut. des lettres variant entre 0ᵐ 045 et 0ᵐ 050.

Il est très regrettable que l'estampage annoncé par M. Boyé ne soit pas parvenu à l'Académie.

---

1. Cf. l'inscr. de Sbîba, *C. I. L.*, VIII, n° 252; le lieutenant Boyé envoie la copie d'un fragment qui renferme les lignes 14 à 17 de cette inscription et qu'il dit provenir de Kasrin. Ce fragment a été publié par Poinssot, *Bulletin trim. des Antiquités africaines*, 1884, p. 360, n° 630. — Nous avons vainement cherché dans le t. VIII du *Corpus* latin un fragment d'inscription grecque relevé à Sbîba par Guérin et qui, dans son ouvrage, porte le n° 147.

N° 937.

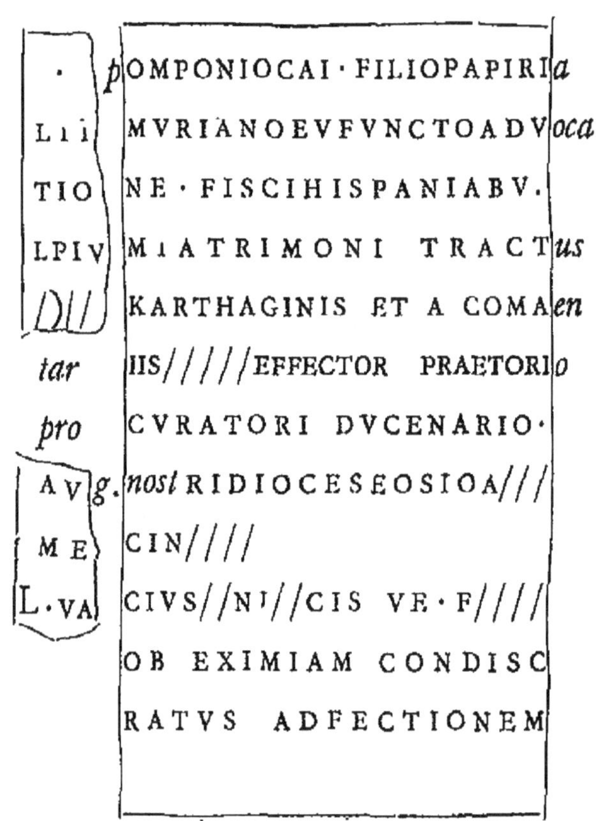

La copie de cette inscription est évidemment incomplète et
défectueuse sur plusieurs points, mais il est facile de rétablir
quelques-uns des passages altérés. Il s'agit d'un chevalier
romain, *M. Pomponius.... murianus, e(gregius) v(ir)*, dont la
carrière est assez intéressante.

Ce personnage remplit d'abord les fonctions d'avocat du fisc
dans la province de Bétique, FVNCTO ADV*oca*TIONE·FISCI
HISPANIA *Baetica*. Une inscription des environs d'Alger nous
fournit une autre mention du même emploi, *ad causas fiscales
tuendas in provinciam Ba(et)icam*[1]. L'avocat du fisc chargé de
défendre les intérêts de l'empereur en matière financière avait
été institué par Hadrien[2]. Les monuments épigraphiques nous
prouvent qu'un avocat de ce genre était attaché à chaque
circonscription financière du fisc. Une ville de la province
proconsulaire d'Afrique, Turca, éleva un monument à C. Attius
Alcimus Felicianus, qui, avant de parvenir aux plus hautes
fonctions de l'ordre équestre, avait débuté comme avocat du

1. *C. I. L.*, t. VIII, n° 9249.
2. « Fisci advocatum primus instituit », Spartian. in *Hadriano*, c. 20.

fisc dans plusieurs provinces, *advocatus fisci provinciar(um)* XI [1].

M. Pomponius passa ensuite dans l'administration du patrimoine impérial, c'est-à-dire du domaine privé de l'empereur, sans doute en qualité de procurateur. Il exerça cette fonction en Afrique dans une région déterminée, appelée le *tractus Karthaginiensis*, et connue par un certain nombre d'autres inscriptions. Je m'abstiens de corriger et de compléter les lignes 4 et 5, mais les mots *p*ATRIMONI TRACT*us*.... KARTHAGINIS ne sont pas douteux.

Après l'exercice de cette procuratèle, il devint A COMM*entar*IIS *prae*EFFECTOR*(um)* PRAETORIo, sorte de secrétaire des préfets du prétoire qui occupe un rang plus élevé que les autres employés *a commentariis*, et qui est ordinairement recruté parmi les procurateurs [2].

Enfin, au moment où l'inscription a été gravée, il était procurateur impérial du district financier d'Hadrumète, avec les appointements de 200 mille sesterces, *pro*CVRATORI DVCENARIO·AV*g*·*nost*RI DIOCESEOS *h*A*dru*MET*IN*ae. On connaît trois autres procurateurs de cette circonscription, dont les appointements ont varié [3].

Le gentilicium du dédicant est douteux. Il faut probablement lire L·VA*l*GIVS, nom qui se retrouve dans une autre inscription de Sbeïtla; l'espace ferait défaut pour VM*bri*CIVS. Le cognomen est difficile à déterminer. C'était également un chevalier romain, V(*ir*) E(*gregius*).

Il est vraisemblable qu'il faut lire aux deux dernières lignes : OB EXIMIAM CONDISC*ipu*LATVS ADFECTIONEM.

1. *C. I. L.*, t. VIII, n° 822. — Sur l'avocat du fisc, voy. O. Hirschfeld, *Untersuchungen*, p. 49 et suiv.; cf. Mommsen, *De C. Caelii Saturnini titulo*, (dans les *Memorie dell'.Instituto archeol.*; vol. II, p. 52).

2. C'est ce que prouvent les inscriptions qui nous ont conservé les *cursus* de quelques-uns de ces fonctionnaires. *C. I. L.*, t. VI, 1564; t. VIII, n°s 8328, 9368; t. X, n° 7585. — Cf. H. Thédenat, dans le *Dictionnaire des antiquités grecques et romaines* de Saglio, au mot A COMMENTARIIS, II.

3. Inscription de Constantine, *C. I. L.*, t. VIII, n° 7039; inscription de Lyon, Boissieu, p. 166; inscription de l'Henchir Harrat, l'antique Segermes, R. Cagnat, dans le *Bulletin archéol. du Comité des Trav. hist.*, 1885, p. 163. — Au sujet de ces procurateurs, voy. Mommsen, dans l'*Hermes*, t. XV, p. 398.

31. — Août 1884. Piédestal trouvé dans les fouilles de l'amphithéâtre. Haut., 1ᵐ 45; larg., 0ᵐ 53.

N° 937.   L · CAECILIO   L · F · ATHE
           NAEO AEDILICO IIVIRAL
           IVVENI MVNERARIO FL·PP
           E · Q · R ·/////////////////////////
           ///////////////////////////////////
           OB INSIGNEM MORVM
           CLEMENTIAM ET ERGA SINGVLOS
           VNIVERSOSQVE CIVES LIBERALITATEM
           ET ADMINISTRATIONEM IIVIRATVS
           INNOCVAM ET SINGVLAREM VO
           LVPTATVM EDITIONEM·OBQVE
           FILI·EIVS·CAECILI DONATI AVFIDIA
           NI · FL · PP·HONOREM·SPLENDIDIS
           SIMVS ORDO ET VNIVERSVS POPVL·
           CVRIARVM·COL·SVFETVLENSIS
           AETERNVM·GRATIARVM
           SVARVM TESTIMONIVM PO
           SVIT·IDEMQVE DEDICAVIT

L(ucio) Caecilio, L(ucii) f(ilio), Athenaeo, aedilicio, duumvirali(cio), juveni munerario, fl(amini) p(er)p(etuo), eq(uiti) r(omano)................ ob insignem morum clementiam, et erga singulos universosque cives liberalitatem, et administrationem duumviratus innocuam, et singularem voluptatum editionem, obque fili(i) ejus Caecili(i) Donati Aufidiani fl(aminis) p(er)p(etui) honorem, splendidissimus ordo et universus popul(us) curiarum col(oniae) Sufetulensis aeternum gratiarum suarum testimonium posuit idemque dedicavit.

L. Caecilius Athenaeus, chevalier romain, faisait donc partie du sénat de Sufetula en qualité d'ancien duumvir. L'expression *juvenis munerarius*, qui se lit à la suite de ces deux titres, peut être rapprochée de la mention insérée dans une inscription attribuée à Leptis Magna : *in parvulis annis exhibenti aequaliter voluptatum genera*[1], et d'une autre mention qni se lit

____

1. *C. I. L.* t. VIII, n° 14.

dans une inscription d'Aeclanum : « *hic cum ageret aetat(is)
ann(um) vigesimum in colonia Aeclan(ensium) munus edidit,
impetrata editione ab imp(eratore) Antonino Aug(usto) Pio*[1].
Je ne crois pas que le terme *juvenis* puisse se rapporter à un
membre d'un *collegium juvenum* comme il en existait un à
Brescia[2].

Caecilius Donatus Aufidianus, fils d'Athenaeus, devint comme
lui *flamen perpetuus*, ce qui ajoute deux noms à la liste déjà
importante des flamines perpétuels de Sufetula.

Cette inscription est la première qui donne à Sufetula le titre
de *colonie*. Il faut remarquer aussi la formule finale emphatique
qui revient, sous cette forme ou sous une autre, dans plusieurs
textes de la même localité, *aeternum* ou *perpetuum gratiarum
testimonium*.

Dans l'énumération des motifs qui ont déterminé le sénat et
le peuple de Sufetula à élever une statue à L. Caecilius Athenaeus est mentionnée une *singularis voluptatum editio*. Le
mot *voluptates* désigne des jeux, des spectacles[3]. Ciceron[4]
l'emploie déjà dans ce sens, mais c'est surtout au iiie siècle
qu'il devint d'un usage fréquent. Vopiscus raconte que l'empereur Aurélien, après son grand triomphe dans lequel parurent
Zénobie et Tétricus, donna des jeux au peuple : « sequentibus
» diebus datae sunt populo *voluptates* ludorum scaenicorum,
» ludorum circensium, venationum, gladiatorum, nauma-
» chiae[5]. » A. Rome il existait une *statio voluptatum*[6] ou
bureau du service des jeux. Au ve et au vi[e] siècle, on trouve un
tribunus voluptatum[7] qui avait la haute main sur ce service ;
la formule de son office nous a été conservée par Cassiodore[8].

32. — Août 1884. Piédestal trouvé dans les fouilles de
l'amphithéâtre. Haut., 1[m] 15 ; larg., 0[m] 44.

1. *C. I. L.*, t. IX, n° 1156.
2. *C. I. L.*, t. V, n°ˢ 4355, 4416, 4459.
3. Cf. *C. I. L.*, t. VIII, n° 14.
4. *Pro Murena*, c. 35.
5. In *Aureliano*, c. 34; cf. In *Probo*, c. 19; Trebell. in *Gallieno*, c. 9.
6. *C. I. L.*, t. VI, n° 8619.
7. *Cod. Theod.*, liv. XV, tit. VII, l. 13; G. B. de Rossi, *Inscr. christ. urbis
Romae*, vol. I, n° 989; *C. I. L.*, t. VI, n°ˢ 8565, 8566.
8. *Variar.*, 40.

N° 938.

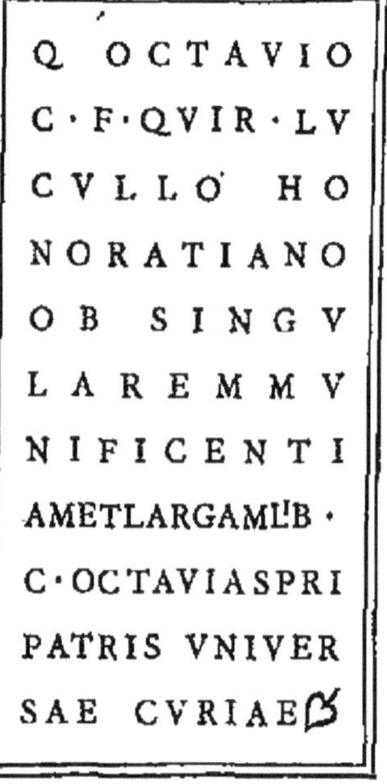

L · D · D · D

Q(uinto) Octavio, G(aii) f(ilio), Quir(ina tribu), Lucullo Honoratiano ob singularem munificentiam et largam lib(eralitatem) G(aii) Octavi(i) Aspri patris, universae curiae. L(ocus) d(atus) d(ecurionum) d(ecreto).

La dernière ligne est gravée en plus gros caractères et en dehors de l'encadrement.

33. — Août 1884. Sur le mur extérieur du temple, au nord-est, sont encastrés deux blocs de 0ᵐ 45 de hauteur :

N° 939.   *a* | ORNO | *b* | OLLS |

Haut. des lettres : *a*, 0ᵐ 20 ; *b*, 0ᵐ 28.

INSCRIPTIONS FUNÉRAIRES.

34. — En se dirigeant vers l'arc de triomphe, on passe tout près d'un petit monument carré dont quelques pans de mur sont encore debout. A l'intérieur, on trouve, sur un gros bloc, l'épitaphe suivante :

D M S

N° 940.

> VLPIVSATIE
> NAEVSVIXIT
> ANNISLXXVI
> MENSIBVSIII
> DIEBVSXXVI
> H S EST

D(iis) m(anibus) s(acrum). M. Ulpius Athenaeus vixit annis LXXVI, mensibus III, diebus XXVI. H(ic) s(itus) est.

35. — Au milieu des ruines qui couvrent un petit mamelon, entre le temple et l'arc de triomphe :

N° 941.

DIS MANI
BVS SACRIS
EM DOM
TA VIXIT
A LXXX[1]

Copie probablement défectueuse à la ligne 3.

Dans la nécropole, la plupart des pierres tumulaires ont été brisées. Voici celles que le lieutenant Boyé a pu relever.

36.

N° 942.

D M S
..*a*EMILIVS DONATVS
*pi*VS VIXIT·ANN///IOMDI
eb II H·S·E

(Cf. le n° 246 du *C. I. L.*, t. VIII.)

37.

N° 943.

D M S
AELIA FE
LICITAS
VIXIT AN II
M·VIII

38.

N° 944.

D *m s*
CAELIA SEC*un*
DA VIXIT M·X..

39.

N° 945.

D M S
*ca*ELIA HON
ORATA/////

1. Cf. Poinssot, *Bulletin trim. des Antiquités africaines*, 1884, p. 360, n° 625.

<table>
<tr><td>

40.

N° 946. D M S

A R R V N T *i*

*ae*TECVSAE

V · A · TRIB

</td><td>

41.

N° 947. *(Buste humain)*

DIS MANIBVS SACRIS

BLVT VIXIT ANNIS

LXV · H · S ·

</td></tr>
<tr><td>

42.

N° 948. *(Buste de femme)*

DIS MANIBVS

CORNELIA SATVRNI

NACAN/////NIMIS

///////VIX · XXXII

</td><td>

43.

N° 949. D M S

CAECILIVS

V//////

/////VI

</td></tr>
<tr><td>

44.

N° 950.

IVL · LVCINIANVS

VIX · AN · III · M · V · D · XVIII

IVL · BVRICVS PA

TER FILIO CARIS

SIMO FECIT

</td><td>

45.

N° 951. D M S

I V L I V S

LAVM///////

/////VS VIXI

ANN · II D · VI

H · S · E

</td></tr>
<tr><td>

46.

N° 952. D M S

VICTORIA VI///////

FESTVS FORTVNATVS

V · AN · L · M · VI

</td><td>

47.

N° 953. D · S · M · S. . . . . .

VS CALEN*dio · v*

AN · LIII

</td></tr>
</table>

48. — Juillet 1884. Sur la rive gauche de la rivière, sur un petit mamelon et tout près du pont, tombeau en forme de caisson :

D M S

N° 954. I V R T I V S

I V N I V S

I I V V A R I V S

V I X I T

AN ꝑ XXXX

H ꝑ S ꝑ

Les noms sont probablement mal copiés ; à la ligne 2 il y a sans doute TeRTIVS et à la ligne 4 *jan*VARIVS.

49. — Juillet 1884. Au milieu des ruines situées sur la rive droite de l'oued-Marqueba, près de son confluent, stèle funéraire :

N° 955. FILIA RVFI
NVA RVFI
NA VIRGO
ANN DA
D XV

Copie défectueuse.

50. — Au même endroit, tombeau en forme de caisson :

N° 956. D M S
IVLIA SATVR
NINA VIXIT
ANIS XXIII
D IIII[1]

51. — Débris trouvé en remuant des terres :

N° 957. D M
*cos*GON*ius*
..*f·*DON*atus*

52. — Sur le mur N.-O. du grand mausolée :

N° 958. *diis·*MANIB
......GRI

53. — Sur un tombeau en forme de caisson :

D M S
N° 959. L SEPTIMI SATVRNI
VIXIT AN V M VI
D · XVII

54. — Ruines de Kasrin (Cillium). Inscription relevée sur une pierre creuse dans le lit de la rivière. Elle paraît brisée au moins à droite ; peut-être même des deux côtés[2].

1. Cf. Poinssot, *Bulletin trim. des Antiquités africaines,* 1884, p. 360, n° 627,
2. Cf. le texte qui en a été déjà donné par Poinssot, *Bulletin trim. des Antiquités africaines,* 1884, p. 361, n° 631.

N° 960.
```
I///////AMOR
IONA//////AMM
N A D I D I S S I M
MA  MOTA/////
DREVE///////./
Q V O N I A M A I
IS  CRVDATA  D//
T V N C T V M V L Vm
C V M  C O N I V G e
HONESTVM·////
O S   A N N O S
E S   A D I V N X it
//NS/////N///
```

A l'avant dernière ligne, peut-être *(her)es adjunx(it)* ?

Tels sont les résultats obtenus par le lieutenant Boyé,
pendant sa campagne de fouilles. Comme on le voit ; les inscriptions qu'il a recueillies fournissent non seulement une importante
contribution de documents à l'histoire d'une des colonies
romaines de l'Afrique, mais plusieurs d'entre elles ont même
un intérêt particulier pour l'histoire de la province proconsulaire. La position de Sufetula, placée au point de jonction des
routes venant d'Hadrumète, de Thysdrus, de Thenae et de
Macomades-minores, faisait de cette ville un passage très
fréquenté pour aller de la province proconsulaire en Numidie
et réciproquement[1]. C'était évidemment un centre commercial
important ; les ruines considérables qui se trouvent à Sbeïtla
sont une preuve du développement et de la richesse de la ville
antique. Wilmanns écrivait en 1880 : « De fortuna civitatis
» cujus ruinae et magnae et pulchrae jure ab omnibus qui eas
» viderunt celebrantur, nihil scimus. » Au lieutenant Boyé
appartient l'honneur d'avoir retrouvé quelques feuillets de
cette histoire.

1. Cf. *Itiner. Antonini,* n°⁵ 46, 48, 49, 51, 53, 54, 55.

XXII

(Inscription du moissonneur).
(Musée du Louvre).

L'inscription célèbre, dite du moissonneur, découverte à Macteur par M. J. Letaille, est arrivée au Musée du Louvre ; elle est actuellement exposée au dessous du grand escalier, dans la salle des prisonniers barbares.

Je me propose d'en parler ailleurs plus longuement. Je veux seulement indiquer aujourd'hui quelques corrections qu'un examen attentif de la pierre m'a permis de faire au texte publié et quelques lignes nouvelles dont je suis parvenu à constater l'existence à la partie supérieure de la pierre.

Au lieu de 26 vers il faut en compter au moins 28. L'inscription débute, en outre, par deux ou trois lignes écrites en caractères un peu plus gros que ceux des lignes suivantes. Ces premières lignes ne font pas partie du poème. Elles renferment deux épitaphes ; à gauche celle d'une femme et, à droite, celle d'un homme auquel la partie métrique de l'inscription se rapporte certainement.

Voici ce que j'ai pu déchiffrer dans la portion dégradée de la pierre, dont l'étude n'avait pas été abordée par les précédents éditeurs [1] :

<pre>
        CAESELIANAMINA/////////////////
                       LIANVS PIVS *vixit*
N° 961. PIAVIXITANNIS
                       ANNIS
      ////////////////////////////////////
      VE///////////////////////////////////
   5 FAVSTEPROGENITVSLA//V//SPARV///*ser*ENIS
      CVIVSNECGENIVSNEQVEDOMVSFVERAT
      EXQVOSVMGENITVSRVRIMEAVIXICOLENDO
      NECRVRIPAVSANECMIHISEMPERERAT [2]
      ETCVMMATVRASSEGETES.... *etc.*
</pre>

On voit que, par suite de cette nouvelle constatation, l'an-

<hr>

1. Cf. C. Tissot, *Comptes rendus de l'Acad. des Inscr. et B.-L.*, 1884, p. 64 ; *Archives des missions scientifiques,* 3° série, t. XI, p. 253, avec une planche en héliogravure ; J. Schmidt, *Ephem. epigr.* t. V, *addit.* n° 279.

2. La lecture PAVSA appartient à M. Th. Mommsen ; j'avais d'abord lu FAMA.

cienne ligne 5 du texte donné par J. Schmidt devient la ligne 9. C'est en même temps le vers 7 du poème.

A la ligne 1, le nom NAMINA est très incertain, surtout pour les trois dernières lettres.

A la ligne 6 du texte donné dans l'*Ephemeris*, au dessus de TVC il y a un petit N gravé dans l'interligne : TV$\overset{N}{C}$

A la ligne 10, au lieu de LINGVENS, lisez : LINQUENS.

A la ligne 22, au lieu de CREV*is*SE NEPOTES, lisez : CARO SQNEPOTES. Un défaut de la pierre a forcé le graveur à reculer le S à une certaine distance du O.

Malheureusement la pierre est arrivée au Louvre brisée en deux morceaux à la hauteur de la l. 22 ; un éclat avait même enlevé le mot NEPOTES en entier. Mais cette ligne 22 est visible sur l'héliogravure publiée par C. Tissot et sur un estampage exécuté par M. J. Letaille avant l'accident. Je puis garantir l'exactitude de ma correction.

On a déjà fait remarquer que la face portant l'inscription était réglée comme la page d'un manuscrit. Mais personne, je crois, n'a indiqué que les faces latérales de la pierre présentaient chacune une inscription funéraire se rapportant probablement à des parents placés dans la même sépulture. Pour alléger le poids de la pierre, on a eu la malencontreuse idée d'en diminuer l'épaisseur, ce qui a fait disparaître quelques lettres de ces deux textes. Voici ce qu'on lit encore :

(Face latérale gauche.)	(Face latérale droite.)
N° 962. *d* M S	N° 963. *d* *m*
c MVLCEIVS	S////AV*reli*
*m*AXIMVS	VS ꟿ F*ortun*
vix.ANꟿXXX	ATVS ꟿ *vix*
	AN ꟿ *xl*

J'indique en italiques ce qui n'existe plus, mais j'ai sous les yeux une copie prise par M. Letaille avant la mutilation de la pierre, copie qui me fournit les compléments de toute la face gauche et ceux des lignes 4 et 5 de la face droite.

NOTA. — Dans le précédent fascicule, p. 189, n° 902, c'est par une erreur de l'imprimerie que les barres horizontales ont été placées au dessous des abréviations DI, XPI, DO; elles doivent être rétablies au dessus de ces mots : $\overline{\text{DI}}$, $\overline{\text{XPI}}$, $\overline{\text{DO}}$.

TUNISIE.

TOMBEAU PUNIQUE DE BYRSA — ÉTAT ACTUEL
(D'après un dessin de M. L'Alouette).

LE TOMBEAU PUNIQUE DE BYRSA

ET SON MOBILIER FUNÉRAIRE

En 1880, à l'occasion de la construction des nouveaux bâtiments de Saint-Louis, des fouilles ont fait découvrir sur le
plateau supérieur de Byrsa un tombeau punique fort curieux.

Cette découverte a été communiquée à l'Académie par S. Em.
le cardinal Lavigerie, au mois d'avril 1881 [1].

Le rapport du savant prélat était accompagné d'un plan
détaillé de cette intéressante sépulture. Mais, faute d'un bon
dessinateur, on n'avait pu donner la reproduction des divers
objets fournis par cet important tombeau, et c'est cette lacune
que je viens combler aujourd'hui.

Grâce à l'obligeance d'un artiste de vrai talent, M. l'abbé
L'Allouette, je puis joindre à cette courte notice les dessins des
principales pièces constitutives du mobilier funéraire des plus
anciennes sépultures de Carthage. Ces quelques lignes, et surtout les planches qui les accompagnent, intéresseront, je n'en
doute pas, les amis de l'histoire de l'art dans l'antiquité.

Le tombeau punique de Byrsa, que l'on pourrait, avec raison, à cause de ses proportions monumentales [2], appeler un
mausolée, était construit en grandes pierres de tuf disposées
par assises horizontales. Aucun ciment ni mortier n'entrait
dans la construction du tombeau. Il se composait d'une
chambre rectangulaire surmontée d'un toit à double pente.

La chambre rectangulaire avait comme dimensions intérieures :

Longueur, 2.^{m} 68 ;

Largeur, 1^m 58 ;

Hauteur, 1^m 80.

1. Lettre à M. le Secrétaire perpétuel. *De l'utilité d'une mission archéologique permanente à Carthage*, p. 26-28.

2. Hauteur totale, 4^m 40 ; largeur, 3^m 20, longueur, 3^m 70.

Une ouverture large de 0^m 60, ménagée à droite dans la façade, et fermée par une grande pierre épaisse de 0^m 25, était l'entrée du caveau funéraire. De grands blocs de tuf, longs de 3^m 20 et 3^m 30, équarris sur 3 côtés, et juxtaposés l'un à l'autre, formaient le plafond de la chambre et portaient le couronnement de l'édifice qui, en forme de toit à double pente, se composait de deux rangées de blocs, longs de 1^m 50 environ, et se faisant équilibre deux à deux. C'est sous ce faîte qu'a été trouvé le collier punique dont nous donnons le dessin.

Ce collier est formé de 51 petites perles et de 7 amulettes en pâte, tantôt blanche, tantôt verdâtre, qui imite la faïence égyptienne. Parmi ces amulettes, on remarque deux fois l'*uræus*, sous la forme d'une vipère qui, repliée sur elle-même, dresse la tête, et enfle la gorge; l'*oudja*, ou l'œil mystique d'Osiris, et des figures qui, malgré leurs proportions minuscules (13 millimètres,) rappellent la pose et les formes du colosse d'Amathonte, conservé au musée impérial de Constantinople [1]. Nul doute que ce ne soit là une de ces représentations égypto-phéniciennes du dieu Bes, qui, d'après M. Heuzey, est peut-être la plus antique des caricatures populaires et qu'on se plaisait à déposer dans les sépultures. Dans notre collier punique, les amulettes qui représentent cette divinité, sont à double face identique.

Le style égyptien de notre collier punique n'a rien qui doive surprendre. Jusqu'à cette heure, les pièces archéologiques de notre collection de Carthage, qui remontent incontestablement à la période primitive de l'histoire de cette ville fameuse, ont toutes le cachet égyptien si prononcé, qu'en présence d'une analogie aussi frappante, on se demande si les terres cuites les plus anciennes que produisent nos fouilles, n'ont pas été fabriquées par les colons phéniciens à l'aide de moules achetés aux Egyptiens.

Le collier punico-égyptien fut la pièce unique trouvée sous le toit à double pente qui formait le fronton de ce monument funéraire. Au dessous était la chambre sépulcrale, qu'il était surtout intéressant de visiter. Quand la grosse pierre qui en fermait l'entrée put être écartée, on aperçut deux squelettes

---

1. Cf. *Histoire de l'art dans l'antiquité*, par M. G. Perrot, t. III, p. 566.

TUNISIE.

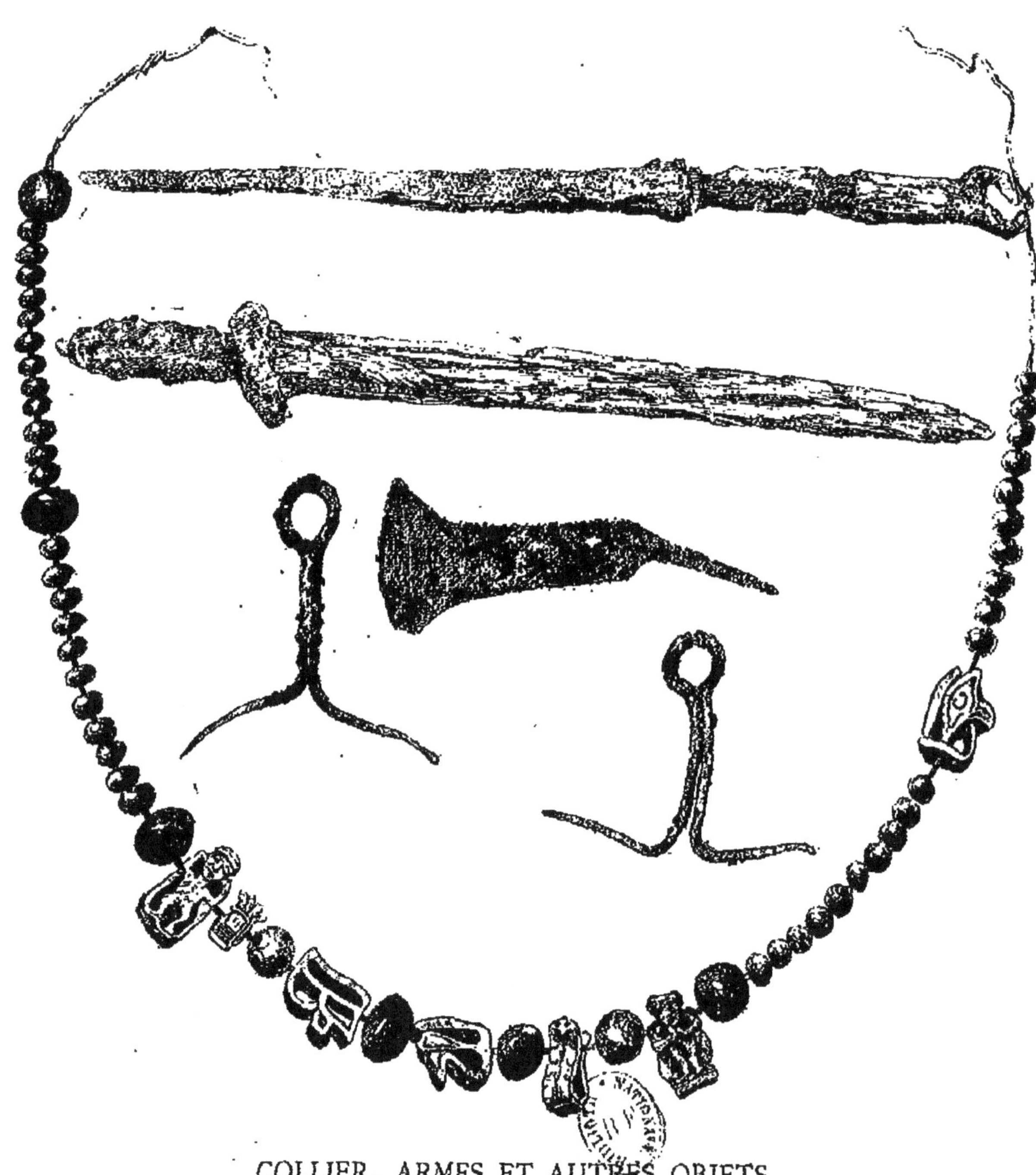

COLLIER, ARMES ET AUTRES OBJETS

TROUVÉS DANS LE TOMBEAU PUNIQUE DE BYRSA

(D'après une aquarelle de M. L'Alouette.)

reposant au milieu de diverses poteries, lampes et vases. Au fond du caveau, dans deux niches profondes de $0^m 30$, il y en avait de différentes formes et de diverses grandeurs, encore debout à leur place primitive.

Voici d'ailleurs le nombre et la description de ces vases, tels que je les retrouve dans l'inventaire du mobilier funéraire de notre monument carthaginois :

1° Un grand vase de terre cuite, rougeâtre et non vernie. Il mesure 48 centimètres de hauteur.

2° Dix vases de même terre et de même fabrication que le précédent. Leur hauteur n'est que de 24 centimètres.

3° Dix petites fioles, de même terre, à corps renflé et à col étroit. Leur bec est légèrement étranglé et leur hauteur varie de 8 à 10 centimètres.

4° Quatre patères semblables pour la forme et les proportions, à des soucoupes plates.

5° Neuf lampes puniques, en forme de coquilles, ou patères dont le bord est replié an dedans, en trois endroits, de façon à former deux becs pour retenir l'huile et les mèches.

Parmi les vases de moyenne dimension, l'un semblait conserver des traces de lait. Le liquide en s'évaporant avait laissé subsister à sa surface une croute blanche et fragile, qui demeurait comme une toile d'araignée tendue dans l'intérieur du vase. On sait d'ailleurs que les phéniciens avaient coutume de déposer des aliments dans les sépultures de leurs morts.

Quant aux squelettes, quoique assez bien conservés, à première vue, ils se réduisaient en pâte humide dès qu'on les touchait. Ils reposaient chacun sur deux grandes dalles, qui fermaient elles-mêmes un sarcophage. Un intervalle de plusieurs centimètres existait entre deux dalles et permettait d'y passer la main et le bras. J'y introduisis une bougie allumée et alors j'aperçus un autre squelette dans sa position primitive.

Après avoir constaté la présence d'autres sépultures, je fis soigneusement dégager le sol du compartiment supérieur. Il était recouvert d'une couche de sable épaisse de plusieurs centimètres. En la faisant enlever, on trouva, avec les ossements du squelette, de petits objets de cuivre et des morceaux de bois qui tombaient en poussière sous les doigts. Ce sont là, sans doute,

les vestiges d'un cercueil, et cette particularité a déjà été signalée dans des sépultures phéniciennes. Dans beaucoup d'endroits,
ces peuples avaient la coutume d'ensevelir léurs morts dans un
cercueil de bois de cèdre ou de cyprès.

Quand les dalles qui formaient le sol du caveau supérieur, en
même temps qu'elles servaient de couvercle à un double sarcophage placé au dessous, furent entièrement débarrassées de la
couche de sable qui les recouvrait, on put les lever sans incon-
vénient et visiter à loisir les deux autres tombes.

L'auge funéraire de gauche renfermait un squelette dont la
tête était tournée à droite. Le crâne semblait avoir assez de
consistance pour être recueilli et conservé, mais quand je vou-
lus le saisir, il s'émietta entre mes doigts. Je réussis cependant
à mesurer un fémur. Sa longueur était de 0 ^{m} 475. Mais on ne
trouva dans cette tombe aucun objet, pas même une poterie. On
referma donc cette auge funéraire pour ouvrir et examiner le
contenu de l'auge voisine. Là aussi, comme il y avait lieu de
s'y attendre, le squelette fut trouvé en place, mais dans un tel
degré de décomposition, que les restes des ossements ressem-
blaient à du papier calciné, de couleur grisâtre, qu'il suffisait de
vouloir toucher pour en compléter la destruction. Ce squelette,
comme le précedent, reposait à plus de 7 mètres de profondeur
au dessous du sol actuel de la colline de Byrsa. Mais contrairement à son voisin, il était accompagné d'une lampe punique de
la forme déjà indiquée, d'une patère brisée, d'une petite boule
en os et d'une hachette de cuivre longue de 10 centimètres, y
compris la partie qui entrait dans le bois du manche. A la
hauteur des reins et sur les traces du bassin, je recueillis huit
petits objets de cuivre, composés d'un anneau et d'une double
lame longue de 0 ^{m} 04, qui se bifurque en forme d'Y et de T.
Ces pièces entraient sans doute dans la façon d'un ceinturon
militaire, car à côté, ont été trouvées les deux armes dont nous
donnons le dessin. La lame de l'une est plate et conserve des
traces du bois dont se composait le fourreau qui la renfermait.
Sa forme est celle d'un poignard. L'autre ressemble plutôt à un
dard, et se termine, du côté opposé à la pointe, par un appendice
qui a la forme d'antennes. La première mesure 0 ^{m} 40 de longueur
et la seconde 0 ^{m} 42.

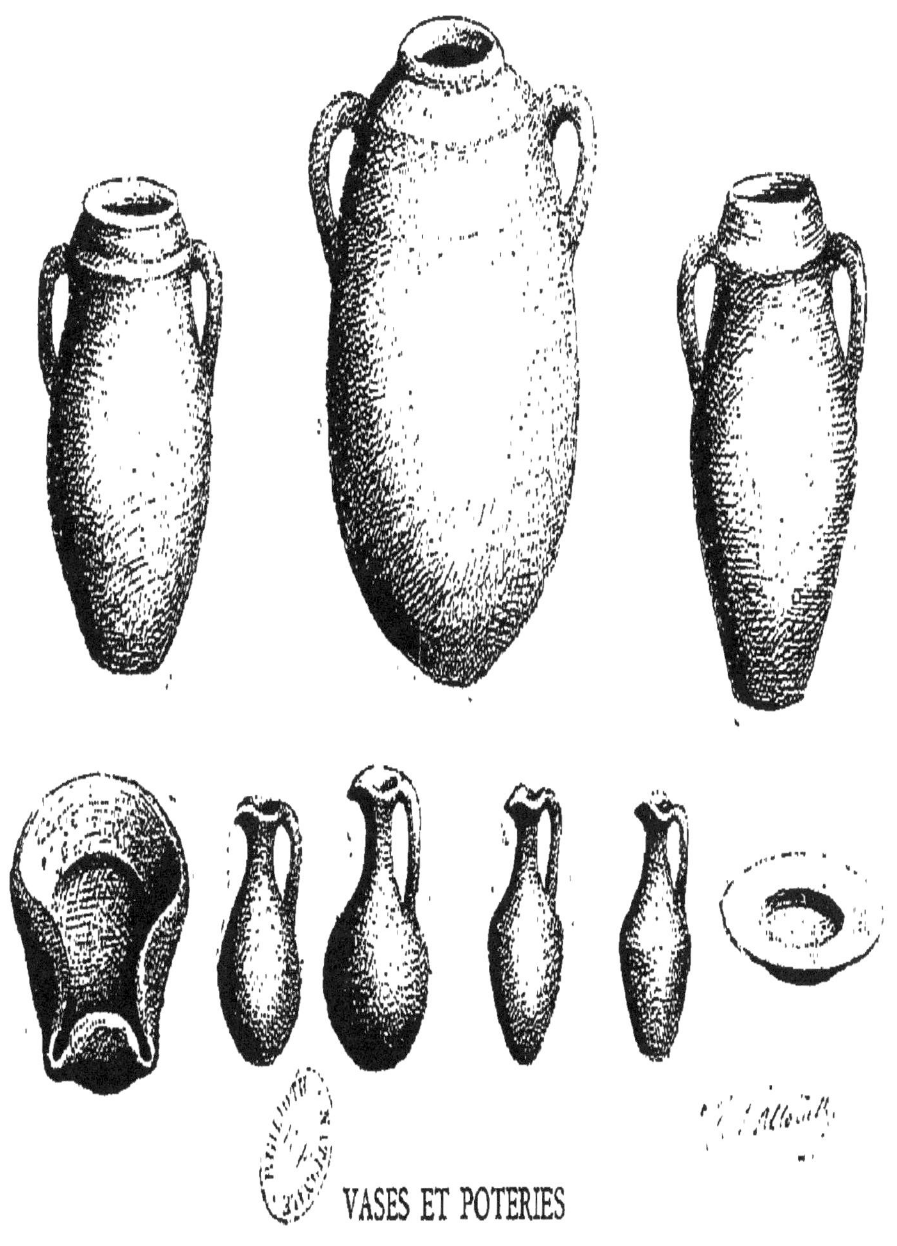

VASES ET POTERIES

TROUVÉS DANS LE TOMBEAU PUNIQUE DE BYRSA

(D'après un dessin de M. L'Alouette.)

Jusqu'à ce jour les nécropoles phéniciennes ont rarement fourni des armes, et M. Perrot signale ce fait dans son *Histoire de l'art dans l'antiquité*[1] où il s'exprime ainsi :

« Trait curieux ; dans l'inventaire soigneusement dressé de tous les objets recueillis pendant deux années de fouilles dans la nécropole sidonienne, on ne voit pas figurer un seul fragment d'*arme*. Chez tous les autres peuples qui ont confié de semblables dépôts à la tombe, épées et lances, casques et boucliers s'y rencontrent à chaque instant. Cette singularité ne peut guère s'expliquer que par le caractère et les habitudes des Phéniciens ; ce peuple de marchands n'était pas guerrier ; il fabriquait de belles armes ; mais c'était surtout pour les exporter et pour les vendre ; lui-même ne s'en servait qu'à son corps défendant et n'en tirait pas vanité ; ce n'était pas à la pointe du glaive qu'il conquérait cette richssse et cette puissance dont il était si fier. »

Nous voilà cependant en présence d'une sépulture punique, plus ancienne que l'acropole elle-même de Byrsa, et qui paraît renfermer les restes d'un des premiers chefs de la puissance carthaginoise, des membres de sa famille ou de ses compagnons d'armes.

A quel âge remonte notre mausolée ? N'appartient-il pas à cette époque reculée de l'histoire où de hardis commerçants tyriens vinrent fonder un *emporium* sur notre péninsule? Ce ne dût pas être sans peine que ces premiers colons de la future Carthage s'implantèrent dans le pays. Peut-être même eurent-ils parfois à défendre par les armes contre le peuple autochtone leur comptoir menacé.

Cette découverte d'un tombeau punique sur Byrsa doit être rapprochée d'autres sépultures du même genre trouvées sur la colline voisine, à laquelle on a donné le nom de colline de Junon, et de la série de puits funéraires et de caveaux souterrains creusés dans le roc, que les travaux de M. Jean Vernaz ont fait découvrir récemment dans le quartier de Dermèche[2].

---

1. T. III, p. 205.

2. L'étymologie de cette dénomination que je soupçonnais venir du mot *Thermae* (*Bull. Epigr.*, mai-juin 1884, p. 106, note 2) vient d'être confirmée par le résultat des fouilles de M. Jean Vernaz. On a en effet trouvé dans ce

Ces divers tombeaux doivent appartenir à la même époque. Les lampes funéraires qu'on y trouve ont la même forme. Les vases sont de même terre et de même fabrication. Toutes ces sépultures, comme on l'a déjà remarqué généralement dans les nécropoles phéniciennes, sont dépourvues d'inscriptions. Les terres cuites elles-mêmes ne portent pas la marque du potier qui les a fabriquées, et paraissent antérieures à ces poteries puniques qui portent l'empreinte de plusieurs lettres, et dont notre Musée possède déjà une collection unique en son genre.

Le tombeau de Byrsa ne devait pas être, dès l'origine, entièrement caché sous le sol. Bâti dans le flanc de la colline, non loin de l'arète du plateau supérieur, il devait être apparent en dehors du sol. Je le crois au moins pour le faîte du monument et pour la majeure partie de la façade. Les diverses transformations qu'a subies le sommet de la colline ont abaissé sensiblement le niveau primitif du plateau supérieur, et les décombres se sont sans cesse déversés sur les pentes [1]. « Il est certain, dit Beulé [2], que les crêtes de Byrsa ont été réduites et déplacées par les dévastations des différents âges et les éboulements. » Cela explique comment le tombeau de Byrsa, après sa construction, ne tarda pas à disparaître sous les nouvelles couches de terre et de débris, produit constant des remaniements successifs de la colline.

Saint-Louis de Carthage, 25 juillet 1885.

A.-L. DELATTRE.

---

quartier une inscription monumentale qui se rapporte à des *thermes* et qui fixe ainsi la désignation que l'on doit donner aux grandes ruines du bord de la mer que l'on avait prises à tort pour les restes d'un théâtre, d'un gymnase et d'une basilique.

1. Détail curieux, et que j'aurai encore l'occasion de noter pour d'autres fouilles dans une prochaine notice, les terres qui recouvrent le tombeau punique de Byrsa renferment des urnes funéraires pleines d'ossements calcinés et diverses poteries, les unes en terre fine recouvertes d'un beau vernis noir, et les autres, en terre commune. Parmi ces dernières, se rencontre fréquemment un vase dont la panse porte un goulot à petit bec, espèce de biberon auquel les ouvriers arabes donnent le nom caractéristique de *bazzoula* (sein, mamelle).

2. *Fouilles à Carthage*, p. 33.

INSCRIPTIONS CHRÉTIENNES

SUR DIFFÉRENTS POINTS DE L'ANCIENNE VILLE DE CARTHAGE

Ceux qui s'intéressent à l'épigraphie chrétienne de Carthage savent le grand nombre d'inscriptions sorties depuis quelques années du sol de cette ancienne ville, si riche autrefois en basiliques et rendue si illustre par ses glorieux pontifes et ses courageux martyrs. On peut aujourd'hui compter par milliers les morceaux d'épitaphes trouvés sur l'emplacement d'un seul cimetière chrétien et dans les ruines d'une basilique. Parmi tant de textes brisés, on en remarque qui se rapportent à des tombeaux d'*évêques*, de *prêtres* et de *diacres*. Sur l'un, se lit le nom d'un *acolyte*, sur un autre, celui d'un *lecteur*.

Ces fouilles se poursuivent à mesure que nos ressources le permettent. Elles ont déjà fait l'objet d'une étude spéciale qui se continue au fur et à mesure des nouvelles découvertes [1].

Mais ce point privilégié de nos recherches n'est pas le seul, à Carthage, qui produise des inscriptions chrétiennes. Il est facile de s'en convaincre en parcourant la liste de nos textes chrétiens publiés dans le *Bulletin des Missions catholiques*, en 1882 [1] et 1883 [2].

Depuis cette époque, des travaux de terrassement exécutés sur divers points de l'ancienne ville, en ont fait découvrir plusieurs dont je donne ici la liste avec l'indication précise de l'endroit où elles ont été trouvées.

Quelques-unes de ces inscriptions ont été, il est vrai, empruntées aux cimetières de la banlieue, pour être employées

---

1. Cardinal Lavigerie. *De l'utilité d'une Mission archéologique permanente à Carthage*, p. 41. *Les Missions Catholiques*, 1873, 20 et 27 juillet; 3, 10, 17 et 24 août.

1. 10 mars.

2. 23 février; 2, 9, 23 et 30 mars; 6 et 13 juillet, et 30 novembre.

dans des constructions de l'intérieur de la ville, soit par les Vandales, soit par les Byzantins ou les Arabes, mais il en est un bon nombre qui, groupées avec d'autres déjà trouvées sur les mêmes terrains, permettent de suivre pas à pas les différents quartiers des faubourgs de la ville chrétienne consacrés jadis à la sépulture des fidèles. Cette méthode, je l'espère, nous conduira un jour à pouvoir fixer d'une manière indubitable l'emplacement de plusieurs églises de Carthage et assurera le succès des fouilles qu'on pourra y entreprendre.

N° 964. Sur le plateau de *Byrsa* (colline de Saint-Louis), on a trouvé, en creusant les fondations de la cathédrale, une plaque de marbre numidique sur laquelle on lit :

MEMORIA / / / / / / /

SVRA ET B / / / / / /

IN PACE / / / / / / / /

Hauteur des lettres, de 3 à 4 centimètres.

N° 965. Sur le même plateau, plaque ornée de strigiles, au revers de laquelle on lit cette inscription :

DORSI FIDELIS *in pace vixit*

ANNOC ✛ / / / / / / / /

Haut. des lettres; de 5 à 6 cent.

N° 966. Au pied de la colline de Saint-Louis, dans la cour d'une maison arabe, dalle de pierre longue de 1^m 57 et large de 0^m 58, servant de seuil à la zaouia de Sidi Abd-el-Aziz[1].

/ / / / / / INIVS PRESBYTER IN *pace* / / / / / / /

/ / / / INTVS DIACONVS IN PACE DPXIIIK / / /

Cy PRIANVS PRESBYTER IN PACE D*p* / / / / /

APRONIANVS DIACONVS IN P*ace* / / / / / / / /

/ / / / / / / / / / / III A / / / / / / / / / / / / / / / /

Haut. des lettres aux deux premières lignes, 0^m 09; à la troisième, 0^m 07 ; à la quatrième, 0^m 14, et à la dernière, 0^m 04 seulement.

1. Cette inscription est aujourd'hui au musée de Saint-Louis.

N° 967. !A *Douar-ech-chot*, près des anciens ports, plaque de marbre blanc longue de 0^m 50 et large de 0^m 25 :

DECENBRES

INDQVINTA

La haut. des lettres varie de 5 à 6 cent.

N.° 968. Au *Kram*, sur le terrain de l'hôpital militaire, plaque longue de 0^m 24 et large de 0^m 18, donnée à notre musée par M. Emery Desbrousses, médecin en chef.

VICTOR INN

OCENS IN PACE

⳨

Haut. des lettres, 0^m 45.

N° 969. Près du village de la *Malga*, sur le bord de la route, au pied du *Koudiet-Soussou*, plaque brisée large de 0^m 13 :

RESTV*tus* ou *ta* ///////

IN PAC*e*

✳

Haut. des lettres, 0^m 03.

N° 970. Près du même village, plaque de marbre jaune numidique, longue d'environ 0^m 80, trouvée en face du café maure, dans la construction de la route.

N° 971. Trouvée au même endroit, plaque de marbre longue de 0^m 33 et large de 0^m 22 :

RESTITVTVS

IN PACE VIC

XITANNVIN

(*sic*)   VENIV

Haut. des lettres, 0^m 04.

N° 972. Trouvée au même endroit, plaque de marbre blanc large de 0ᵐ 20 et longue de 0ᵐ 61, quoique brisée comme le prouve l'inscription qu'elle porte :

LAVR† *Une orante*///////

Haut. des lettres, 0ᵐ 09.

N° 973. Au revers de la même plaque, on lit cette épitaphe :

EMERITA FIDE
LIS IN PACE BICX
*it an*NOS XXXIII

Haut. des lettres, 0ᵐ 05.

N° 974. Près du même village, partie d'épitaphe sur une plaque de marbre haute de 0ᵐ 18 et large de 0ᵐ 11.

SAPIDA *fidelis*
in PACE *vixit*////

Haut. des lettres, 0ᵐ 04.

N° 975. Encore près du village de la *Malga*, partie d'une plaque de marbre blanc :

FLORIDA *fidelis*
IN PACE *vixit*////

N° 976. Sur un terrain appelé *Bir-es-Sour*, inscription gravée entre deux palmes recourbées de façon à former une couronne. La moitié de droite manque :

FORTVN*ata*

₽
✶

VIXITA////////
N
PARENT*es*///

Haut. des lettres, 0ᵐ 02.

N° 977. Sur la route de la *Malga* à la *Marsa*, épitaphe trouvée près de plusieurs tombeaux chrétiens :

(*sic*)

FELICISSI//// *in*
PAC^vE VIXITA*n*
N L X M // ^v

Haut. des lettres, variant de 4 à 5 cent.

N° 978. Dans le jardin de *Bou-Khris*, où déjà, dans un puits, on a trouvé une inscription chrétienne, double épitaphe, sur une plaque longue de 0ᵐ 30 et large de 0ᵐ 27.

PAVLVS
IN PACE
AQVISA
IN PACE

Haut. des lettres, 0ᵐ 045.

N° 979. A *Sidi Bou-Saïd*, près de la résidence du général Bacouche, pierre épaisse, large de 0ᵐ 19, brisée à gauche.

///////OΠHHKAI
////// ☧ H N A
///////PωNOC

Haut. des lettres, de 4 à 5 cent. Avant le monogramme, amorce d'une lettre qui indique un A ou un M.

A.-L. DELATTRE.

MARQUES DE POTERIES
TROUVÉES A HADRUMÈTE.

Les fragments de poteries qui portent ces marques ont été recueillis sur l'emplacement du cimetière romain, dans une couche de cendres riche en débris de terre cuite, en vases de terre ayant la forme de lacrymatoires et en fragments de lampes. Ce terrain se trouve près du rempart nord de la ville, entre celui-ci et le cimetière arabe, à environ 100 mètres du Cothon de la ville phénicienne.

I. Marque en forme de pied (terre vernissée rouge) :

$$IHVX$$

II. Marque en forme de pied (terre vernissée rouge) :

$$C \cdot V\!\!\backslash A I \qquad V\!\!\backslash \quad (sic)$$

III. Fond de vase (terre vernissée rouge) :

$$V \ I \ B \ \text{I}$$
$$VIV\!\!\backslash IC \qquad V\!\!\backslash \quad (sic)$$

IV. Sur le pourtour d'un fragment de coupe en terre rouge vernissée décorée de rosaces :

$$\frac{C \ N}{E \ V}$$

V. En creux sur un fragment de poterie épaisse et grossière, de teinte grise. Caractères soignés et de bonne époque : peut-être HADR, *commencement d'HADRVMETVM :*

$$HAD$$

VI. Un fond de lampe romaine d'une terre rouge jaune, mais luisante :

$$\odot \ \odot$$
$$CMSVPO \qquad (en creux)$$

Cette dernière doit probablement se lire : OPVS·M·C· Il est intéressant de voir ce mot écrit à rebours, comme les textes puniques.

Sousse, 6 juin 1885.   Dr COLLIGNON.

Ces marques donnent lieu à quelques observations :

I. Les marques en forme d'empreinte de pied se lisent d'ordinaire en *commençant du côté du talon. Je crois donc qu'il faut* retourner cette marque et la lire ainsi : XAHI.

Parmi les estampilles du Dr Vercoutre, il y en a une qu'il a lue de cette manière : XANTHI.

Je crois cette marque la même que celle du Dr Collignon, *surtout si l'une et l'autre renferment des lettres liées.*

II. Notre collection d'estampilles du musée de Saint-Louis possède, sous le n° 17, une marque semblable [1].

Mais la lettre N n'est pas renversée comme dans l'exemplaire du Dr Collignon, et sur une marque dont le Dr Vercoutre m'a communiqué l'original.

III. Le *C. I. L.*, VIII, 10478, 46, donne une marque de lampe au nom de : IVIBIA, et notre collection possède une estampille de poterie rouge dans laquelle on lit deux fois le nom : VIBIO [2]. Ces diverses marques paraissent avoir quelque analogie avec celle du Dr Collignon.

V. On a déjà trouvé à Sousse et même à Rome des marques d'amphores provenant d'Hadrumète [3].

A.-L. DELATTRE.

1. *Bull. de l'Académie d'Hippone*, n° XVII, p. 80.
2. *Bull. de l'Académie d'Hippone*, n° XX, 1er fasc.
3. *C. I. L.*, VIII, 10477, 2.

INSCRIPTIONS INÉDITES

DU PONT ROMAIN ET DE LA RÉGION DU KEF

1° *Inscriptions du Pont romain.*

N° 979. Hauteur de la pierre,   ; largeur, 0 ᵐ 40; hauteur des caractères, 0 ᵐ 053.

```
M E R I I O M I
/////SECVND
/////LIANO
/////II VIRO
//////·/IIDI
////////·SP
//////////
////ORD///
////////B
//////V///
//E///////
////D D////
```

N° 980 ¹. Hauteur, 1 ᵐ 80; largeur, 0 ᵐ 50.

```
//////O///////
///R////EN////
//////M//////
//II///////////
NIC////////CV
RITAN aerE CoN
LATO  POSVERVNT
METIVS  SECVNDVS
MEMMIANVS  PIARC
VS NVMIDICVS II VIR
Q Q DEDICAVERVNT
      D D
```

1. Nous avons déjà publié cette inscription sous le n° 865 ; mais la copie de M. Roy est plus complète que la nôtre.

N° 981.

I O V I

A V G

*S*ACRV*m*

N° 982. Lettres de 0 ^m 07.

M I N E R V A

VS FELIX ARMII\I

IVS FVSCVS PRO

D M S

*a*EMILIA

A 1,500 mètres du Pont romain.

N° 983.   D M S   N° 984.   D M S

IVLIA SEX · FIL.   Q ANTONIVS

FLORIDA EX   V R B//C I A N V S

EMPLA FEM1   VIXIT AN XVIII

NA PIA VIXIT   H S E

ANNIS XVIII DXXVIIII

H S E

N° 985. Hauteur de la pierre, 0 ^m 30 ; largeur, 0 ^m 35 ; hauteur des lettres, 0 ^m 04.

D M S

SALLVSTIA

VICTORIA

PIA VIXIT

ANNIS XXIII

N° 986. Le long d'une voie romaine partant du pont romain et se dirigeant vers Lorbes :

2° *Sidi Amor* (*Henchir*).

N° 987. Hauteur de la pierre, 0^m 39; largeur, 0^m 22; hauteur des lettres, 0 ^m 02.

D M S

CESSIAM

AMONIA

VIXIT AN

NIS XXIII

H S E

N° 988. Hauteur, 0 ^{m} 35 ; largeur, 0 ^{m} 15 ; lettres, 0 ^{m} 03.

```
        D  M  S
        CARTII·
        CIIIOV
        //VR///
        PIA VIXIT
        AN////
        H  S  E
```

N° 989. Hauteur, 0 ^{m} 60 ; largeur, 0 ^{m} 40 ; lettres, 0 ^{m} 04.

D M S	D M S
I V L I A	C T A N N
S A T V R	O N I V S
N I N A	C E L E R
PIA VI	P I V S
XIT AN	V I X I T
N I S	A N N
L X V	IS LXXXXI
H S E	H S E

N° 990. Hauteur, 0 ^{m} 70 ; largeur, 0 ^{m} 35 ; lettres de 0 ^{m} 04.

DMS	D M S
IV	CIVLIVS
	M A X I
	MVS VI
	XIT AN
	N I S
	XXXVII

N° 991. Hauteur de la pierre, 0^m 45 ; largeur, 0^m 40 ; hauteur des caractères, 0^m 05.

```
        D  M  S
      MANILIA P FIL
      H O N O R A T A
      PIA VIXIT ANN
        XLVII  HSE
```

N° 992. Hauteur de la pierre, 0 ^{m} 10 ; largeur, 0 ^{m} 33 ; hauteur des lettres, 0 ^{m} 04.

```
        D  M  S
        CORNELI
```

N° 993. Hauteur de la pierre,   ; largeur,   ; haut. des caractères, 0 ᵐ 55.

Henchir Meyala.

A 2 kilom. environ , au delà de Sidi Amor.

N° 994. Hauteur de la pierre, 0 ᵐ 30; largeur, 0 ᵐ 35; hauteur des caractères, 0 ᵐ 02.

D M S
QLVSIVS FORTV
NATVS VIXIT AN
NIS LXXXV
H S E

A 600 mètres du pont romain, sur la voie romaine (direction de Messaoudi).

N° 995. Borne milliaire. Hauteur du cadre, 0 ᵐ 42; largeur, 0 ᵐ 35; lettres, 0 ᵐ 05.

D N
FLAVIO C
LAVDIO C
ONSTANTIO
NOB·CAES

N° 996. Hauteur du cadre, 0 ᵐ 54; largeur, 0 ᵐ 17; hauteur des lettres, 0 ᵐ 04.

D M S
M AE
MILIVS
SEMP
RONIVS
VIXIT
ANNIS
XIII

partie non gravée

N° 997. Hauteur du cadre, 0 ^{m} 32; largeur, 0 ^{m} 47; hauteur des lettres, 0 ^{m} 05.

D M S
ANNIVS LF Q
FAVSTVS · VIXIT
ANNIS LXXI
H S E

N° 998. Les caractères de la seconde ligne sont recouverts d'un lichen qui en rend la lecture à peu près impossible.

C ANNIVS
..N.. R//IS
PIVS VIXIT
ANNIS XXX
H S E

N° 999. A 3 kil. du pont romain, direction de Messaoudi, borne milliaire. Haut. du cadre, 0 ^{m} 82; largeur, 0 ^{m} 41; haut. des lettres, 0 ^{m} 065.

MAGNO ET INVICTO
IMP CAES C VALE
RIO DIOCLETIANO
PIO FELICI AVG
PP II COS II
P R O C O S
P M E T
//////////////
//////////////
//////////////
//////////////

N° 1000. Même endroit, borne milliaire. Hauteur du cadre, 0 ^{m} 80; largeur, 0 ^{m} 45; hauteur des lettres 0 ^{m} 05.

D N
VIO V////
COS //////
////////
////////
////////
////////
I N V I C T
A V G

N° 1001. Largeur du cadre, 0ᵐ 30; hauteur, 0ᵐ 46; hauteur des lettres, 0ᵐ 04.

Khanguet et Kédime.

```
         D · M · S
       L · I V N I V S :
       Q V I R I N A ·
       M   A   R   C   E   L
       L I N V S · P I V S ·
       VIXIT · ANN · IXXI
          A · S · E ·
```

Kacer el Hotiba.

N° 1002.
```
   D⍰  M⍰  S⍰
   P⍰C A C I V S
   O P T A T V S
   V I X I T A N
   N I S⍰L X I⍰
```

N° 1003.
```
   V L / / V S
   C A L V E N
   T I V S
   V I X A N
   L V H
   S E
```

N° 1004.
```
     M     S
   M C E S T I V S
   O P T A T V S
   VIXIT ANNIS
      L I I ·
```

N° 1005.
```
   M · L V C C E I V S
   ROGATVS PIVS
```

N° 1006. *Sra Ouertan.*

D · M · S	D M S
O M I D I A S	L I C I N I V S
A T V R N I N	P V B L I V S
A VIXIT HAN	VIXIT HAN
is L X X X V	IS L X X X X V
H S E	H S E

N° 1007. *Sidi Asatrer (Ouertan).*

D M	
· G E M I	/ / / V I V S M
N I A V I C T	ARCELLVS
O R I A	V I X A N
VALXXX	X X X X I
H S E	H E S

N° 1008. *Henchir el Blida.*
```
   ⊄  M · S
   · TONNEIA
   FAVSTINA
   · V I X I T
   L X · H · S · E
```

N° 1009. *Sidi Amor.*
```
     D M S
   K · SKACIVS
   N A M F A M
   O · VIXITAN
   IXXX · O
```

N° 1010. *Sidi Amor*.

```
, MANILIA P FIL
  HONORATA
PIA · VIXIT ANN
   XVII HSE
```

N° 1011. *Dar Mansour ben Salah*.

Lettres de 0 ᵐ 10.

```
Qᵣ POM | PONIVS
```

N° 1012. *Henchir Oueregh*.

```
M S        | · D M S
IVSDO      | SEX IVLIV
VSMIL      | RVFINVSMI
P/RB       | LEG III AVG P
IAIINS     | VIX ANN X
VIX ANNIS  | HSE  SEC V
///VIHSE   | AMATER
```

N° 1013. *Henchir Oueregh*.

```
   D M S
 LICINIVS
SATVRNINVS
 P   VIXIT
ANIS LXXXV
```

N° 1014. *Medina*.

```
 D M S
POETRONI
A SPES IM
VIXITANI
S L X X I I
```

N° 1015. *Aïn Djezza*.

```
IVLIA · M · FIL
MARCELLA ·
VIX · ANN · XII
    H S E
```

N° 1016. *Kacer bou Khen, à Djezza*.

```
   D M S
CORNELIVS
 R V F V S
VIXIT. ANN
 · LIIII · HSE
```

N° 1017. *Zouarin*.

```
VIA REGIN
```

N° 1018. *Djebel Azza* (Meleigne).

```
  D M S
M GEMINIVS
ROMVLVS V
IXITANNIS
LXXV · HSE
```

N° 1019. *Ksour, Djama Sidi Tidjani*.

```
D · M · S ·
L · CANI
NIVS · C · F
FORTVNA
Γ V S  PI
V S  V I
XIT AN ·
N I S
LXXXVI ·
H S E
```

N° 1020. *Foum el Afrit.*

```
        D    M    S
M  ANTONIVS  FAVSTIA
NVS NEPOS PRINCIPINVS
INSIGNI PIAETATE PRAEBITVS
MORIBVS ET INGENIO CLARVS
ACCEPTVS PATRIE DICEN
DI PERITVS HIS CVM SVM
MO  HONORE  PARENTIVM
DILECTVS · P · V · A XVIII D VI
```

N° 1021. *Ibid.*

```
    D · M · S
  M  CONSI
  DIVS · HO
  NORINVS PV
  AN XLVIIII
    H S E
```

N° 1022. *Ibid.*

```
    D · M · S
  AEMILIVS
  SECVNDVS
  MESTRIA
  NVS PV
  A  XXXX
  D V H S E
```

N° 1023. *Ibid.*

```
    D M S
CONSIDI  DO
NATVS VICTO
RINVS  PVAN
NISXXVII·MENI
```
DXVII · H · S · E

N° 1024. *Ibid.*

```
   D M S
  M · LORE
  VIVS · P
  VA ·
```

N° 1025. *Ibid.*

```
   D M S
 GERMAN
 VS · IVLZIS
 FIL · PV · XL
   H S E
```

N° 1026. *Ibid.*

```
   D M S
 CRANIAMA
 XIMAPVA
 IIII MVIII DXIII
   H S E
```

N° 1027. *Ibid.*

```
   D M S
 FESSENIA
 VICTORI
 APVANN
 XVIIII
   H E S
```

Nº 1028. *Ibid.*

```
D · M · S
M · C A L I
D I V S · D O
N A T I A
N V S · P ·
V · A · LXVIII
M · VIII · DXI
H · S · E  ʚ
ʚ  ʚ  ʚ
```

Provenance incertaine.

Nº 1029.
```
//VTICIMIVS INNO
CENS VIXIT IN PA
CAE DIES NVMERO
TRIGINTA
```

Nº 1030.
```
BITORINA INPR//
BICANS + + U RF
M p̄ S U
```

Nº 1031.
```
D M
LICINIASA
TVRNINAVIXIT
ANNIS LXIII HSE
```

Nº 1032.
```
D M
QVETANIVS
RVFINIANVS
VAXXXIMI
DVHSE
```

·Nº 1033.
```
M
PONPONI / S
CREMENTIVS
VIXIT ANIS
XIIII
H S E
```

Nº 1034.
```
M        S
ETIA   VIBIV
CTOR   AARTIA
/PIA   LISPIV
X A/   VIX · NS
XVII   LXXIII
SE     H S E
```

Nº 1035.
```
ÆMILIASIS
OL VIX AN
XXVII HSE
```

Nº 1036.
```
D · M · S
OCTAVIASIRA
VIXIT///L//
```

Nº 1037.
```
D M S
IVLIVS
VICTOR
VIXAN
LXXV
```

Nº 1038.
```
COR · VII//
VSFELIX
VIXI
```

N° 1039. L FVRIANVS
BASVS VIX
ANN·LXXV
H S E

N° 1040. D·M·S
OCTAVIA
SPESPIA
VIXIT ANNIS
XXX·H·S

N° 1041. D M S
IANVAR
IVSSECVN
DEFILI*us*
VIXIT
ANNIS
LIIII

B. ROY.

Marques d'appareillage recueillies sur l'aqueduc de Zaghouan, à Carthage.

Au dela et à partir de l'oued Melian, une trentaine d'arches en pierres de taille de l'aqueduc antique de Zaghouan subsistent encore. J'ai relevé sur leurs pierres soixante-six marques d'appareillages dont voici les principales :

I∧	⋜
PC	Ŧ
CP	R
S (3 fois)	XLIIII
T	C (2 fois)
M	VI
WT	HE
✕L V̄	LE
	CE
	XLVIII
H	B
E	HV
Ⅎ⊣	ⅢⅡ
	ⅡS
	VV
	ADE
	EL
	N (16 fois)
CA	NA (3 fois)
⊠	VIIA
✕	L ⅂,
CV	IN

B. ROY.

TUNISIE.

HENCHIR KASBAT ES SOUAR. — Ruines d'un temple.
(Dessin de M. Cuisinier, d'après une photographie de l'auteur.)

HENCHIR KASBAT ES SOUAR. — Ruines d'une porte.
(Dessin de M. Boquié, d'après une photographie de l'auteur.)

VOYAGE ARCHÉOLOGIQUE

EN TUNISIE

Exécuté en 1882-1883,
sur l'ordre de S. E. le Ministre de l'instruction publique,

Par M. J. POINSSOT[1]

De Kérouan au Fahs er Riah.

Nous allons indiquer ici les ruines que nous avons rencontrées en nous rendant de Kérouan à Tunis, vers la fin de notre voyage. Laissant à notre droite la route habituelle qui traverse par le milieu les immenses plaines de Kérouan et de l'Enfida des Ouled Saïd, nous avons suivi le pied de la haute chaîne de montagnes qui les borde à l'ouest. A ses dernières pentes s'appuient de vastes plateaux, très fertiles, bien arrosés et sillonnés de riantes vallées. Leur exposition, leur élévation au dessus de la plaine, leur richesse et leur salubrité devaient y attirer une population très dense. Les vestiges d'établissements antiques y sont très nombreux et quelques-uns, par l'étendue de leurs ruines et l'importance des monuments dont on voit les restes, révèlent l'existence de villes assez considérables.

A trois heures de marche de Kérouan et à environ 4 kil. de l'extrémité sud-est de Djebel Ousselet, se trouve un petit camp retranché de forme rectangulaire, mesurant environ cent mètres sur sa plus grande longueur. Il est entouré d'un fossé profond d'environ 1^m 60 et large de 3 à 4 mètres, dont le bord intérieur est défendu par un revêtement en pierres taillées. Nous avons eu l'occasion de signaler un camp analogue, mais de moindres dimensions, entre Teboursouk et Messaoudi, près d'Ain Ghars Allah.

---

1. Voir *Bulletin des Antiquités africaines*, t. Ier, pp. 289, 291 et suiv. — T. II, pp. 68, 150, 226. — T. III, pp. 16, 89 et 174.

A une lieue de là, un peu avant d'arriver à l'Oued Sidi
Mahmoud, une construction carrée en blocs de grès rouge
s'élève à 4 ou 5 mètres de hauteur, au milieu des restes d'un
établissement antique. C'est le Kesseur el Ahmar près duquel
j'ai constaté l'existence d'une voie romaine et recueilli l'inscription ci-dessous :

N° 1042.

```
//////////
//////////
E///////PV
ANNIS LXX
IIII HSE
AEMILII SA
TVRVS FELIX
MAXIMVS
FILI OB MERI
TA EIVS FECE
RVNT
```

Après une heure de marche, on rencontre, près d'une belle et
abondante fontaine appelée Aïn el Ouahichi, des ruines assez
vastes et un camp retranché semblable à celui dont nous venons
de parler.

A Medjez el Djidiane, défilé dans le massif montagneux
qui sépare la vallée de l'oued Marouf de celle de Sous, on voit
les restes d'une chaussée romaine se dirigeant de Foum el
Guefel vers Kérouan. Dans le cirque qui se trouve à l'issue, il
existe un assez grand nombre de petites ruines, et, sur le versant oriental des montagnes, près de l'Aïn es Sif, les restes d'un
fortin, d'un village, et d'un cimetière où j'ai copié l'inscription
suivante :

N° 1043.

```
DMS
FLAVIA VICTO
RINA VA
XXXVI HSE
```

Nous avons déjà décrit la vallée qu'arrose l'oued Marouf.
Après avoir reçu l'oued Bargou, cette rivière, resserrée entre la
chaîne de montagnes qui se prolonge presque sans interruption

du pic de Zaghouan au plateau de Kessera, traverse un défilé d'environ 4 kil. de longueur et prend le nom d'oued Nebhâna.

Elle est côtoyée sur sa rive gauche par une voie romaine assez bien conservée et jalonnée par les ruines de petits postes fortifiés.

A l'issue du défilé, on rencontre de vastes ruines. Un plateau qui domine la rive droite de l'oued Nebhâna porte les restes d'une cité importante, c'est l'Henchir el Hammam. Un magnifique aqueduc, encore en partie debout sur une longueur de cinq cents mètres, y conduisait les eaux de l'Aïn Mabrouka.

En face, sur la rive droite de la rivière et dans le delta formé par son confluent avec l'oued Belasoui, un vaste champ de ruines couvre plusieurs mamelons. Quittant la vallée du Nebhâna pour suivre, dans la direction du nord-est, le pied de la chaîne dont nous avons parlé précédemment, on rencontre à 2 kil. 1/2 une petite ruine appelée Henchir Souhras; puis un peu plus loin, sur la rive de l'oued Aïn el Frass, les restes d'une cité importante, parmi lesquels on remarque quelques tronçons de colonnes, couvrent un plateau incliné au levant qui domine les sinuosités de la rivière.

A une lieue et demie de là, une colline isolée, de forme conique, s'élève entre l'oued Saïdine et l'oued Sidi Ahmed el Bâhari dominant la vallée de l'oued Saïdine de ses parois perpendiculaires. Une citadelle, construite en pierres de gros appareil et dont les murs s'élèvent encore à 3 ou 4 mètres de hauteur, en couronne le sommet. Les pentes exposées au sud et à l'ouest sont couvertes de vastes ruines où l'on distingue les restes de plusieurs édifices importants.

Après une heure de marche, on rencontre les vestiges d'une voie romaine allant du sud-est au nord-ouest, qui, sans doute, reliait Hadrumète à Thuburbo Majus et à Carthage. Elle longe un plateau adossé aux pentes du Djebel Sidi Ahmeur sur lequel on voit les ruines d'une ville importante, à en juger du moins par leur étendue et par les monuments qu'elles ont conservé. Ces ruines portent le nom d'Henchir Kasbate es Souar. Un fragment d'inscription, recueilli par Guérin et enregistré au *Corpus inscriptionum*, t. VIII, sous le n° 929, montre que cette ville était un municipe. Wilmanns, croyant retrouver dans leur nom actuel celui de Sua, dont les évêques assistèrent aux conciles de l'an 411 et de l'an 649, émet l'hypothèse que ces ruines pourraient bien être celles du municipe de Sua. Je ne pense pas qu'il faille tenir compte de cette analogie toute fortuite; Souar n'est autre chose qu'un mot arabe qui veut dire « les murailles ».

Dans le haut de la ville, s'élevaient trois temples, dont l'un, orné de pilastres, est encore debout; c'est celui que représente la figure 1 de notre planche XXVII. Les deux autres sont détruits jusqu'au ras du sol, mais leur enceinte est parfaitement dessinée par les restes de leurs murailles. Un peu plus bas se trouve un vaste édifice auquel des portes voûtées en plein cintre donnent entrée. La figure 2 de la planche XXVII représente l'une d'elles. Un peu plus haut, un vaste bassin en pierres de taille, de forme rectangulaire, et dans lequel on peut descendre par un escalier d'une vingtaine de marches, recueille les eaux d'une source. Notons encore de nombreux mausolées aux alentours de la ville, et de vastes carrières qui ont dû fournir les matériaux de la ville. Elles se trouvent dans une vallée qui s'enfonce dans les montagnes et à laquelle conduit une gorge qui s'ouvre derrière l'Henchir Kasbate es Souar.

Je n'ai pu m'arrêter que quelques heures dans ces ruines qui mériteraient une étude spéciale et où des fouilles pratiquées à l'est des temples pourraient amener d'intéressantes découvertes.

N° 1044.

```
        D M S
INGENVVS CĪIO
NIANVS PVA
LXXVI M IIII
```

J. POINSSOT.

LES PROVINCES AFRICAINES [1]

CHAPITRE EXTRAIT DU T. V. DE L'HISTOIRE ROMAINE DE TH. MOMMSEN

TRADUIT PAR CL. PALLU DE LESSERT

(*Suite.*)

POLITIQUE DE CÉSAR EN AFRIQUE. — A la suite de cette décision des armes, l'état des choses dut donc se modifier presque nécessairement en Afrique. Dans les autres provinces, ce fut le maître seulement qui changea; ici, ce fut le système.

Déjà l'occupation par les Phéniciens n'avait pas abouti à une véritable domination ; elle pouvait être comparée à celle de l'Asie Mineure par les Hellènes avant Alexandre. Les Romains n'avaient ensuite gardé qu'une petite portion du pays en se contentant de lui prendre la feuille du cœur. — Maintenant Carthage se relève et comme si le sol n'avait attendu que la semence, elle se trouve bientôt en pleine efflorescence. Tout le territoire situé derrière elle, le vaste royaume de Numidie, est converti en province et les légionnaires romains prennent la défense de ses frontières contre les barbares. Le royaume de Numidie devient d'abord une dépendance, puis bientôt après une province de l'Empire. Avec César le dictateur, la civilisation et la latinisation du nord de l'Afrique entre dans la tâche du gouvernement romain.

Nous exposerons ici comment cela fut accompli ; nous commencerons par l'organisation externe et nous indiquerons ensuite pour chaque province les arrangements pris et les résultats obtenus.

EXTENSION DE LA DOMINATION ROMAINE. — La République avait déjà nettement revendiqué la suzeraineté sur le nord de l'Afrique; peut être comme portion de l'héritage de Carthage, peut être parce que « notre mer » fut de très bonne heure un des principes fondamentaux de l'Etat romain, en ce sens que

1. Les Μάζυες d'Hérodote. Cf. Tissot. *Géog. comparée de la prov. rom. d'Afrique*, I, pp. 104 et 438. (Note du T.)

toutes les côtes de la Méditerranée furent, lorsque la République eut atteint un certain degré de développement, considérées *comme sa propriété juridique.* Bien plus, cette prétention de Rome ne fut jamais, depuis la destruction de Carthage, contestée sérieusement par les grands états de l'Afrique du Nord. Si dans beaucoup d'endroits, les habitants ne se plièrent pas à la *domination romaine,* c'est qu'ils n'obéissaient pas davantage à leurs maîtres locaux. Les monnaies d'argent du roi Juba I de Numidie et du roi Bogud de Maurétanie frappées avec des coins romains, les légendes latines, peu en rapport cependant avec la langue et les relations commerciales et que l'on retrouve presque toujours sur ces monnaies, tout cela impliquait la reconnaissance de la suprématie romaine ; c'est vraisemblablement la conséquence d'une nouvelle organisation de l'Afrique opérée par Pompée, en l'année 674 de R. (80 av. J.-C.)

Le · peu de résistance que les Africains, abstraction faite de Carthage, opposèrent aux Romains vint des successeurs de Massinissa. Après que le roi Jugurtha et, plus tard, le roi Juba eurent été vaincus, les princes des régions de l'ouest se trouvèrent immédiatement dans la dépendance qu'ils avaient cherchée. Les arrangements que firent les empereurs s'exécutèrent de la même façon dans leur domaine immédiat et dans ceux des princes feudataires. C'est le gouvernement romain qui dans toute l'Afrique du Nord régularisa les frontières et constitua dans le royaume de Maurétanie, tout comme dans la province de Numidie, des communes d'après les règles romaines. Il ne peut pas, pour cela, être question d'une véritable conquête de l'Afrique du Nord par Rome. Les Romains ne se sont pas emparés de ces Etats comme les Phéniciens ou les Français, mais ils ont commandé la Numidie et la Maurétanie comme suzerains d'abord, puis comme successeurs des gouvernements indigènes.

Une question beaucoup plus délicate est de savoir si l'idée de frontière, prise . avec son sens habituel, peut s'appliquer aux nouvelles provinces d'Afrique. Les Etats de Massinissa, de Bocchus, de Bogud partaient du rivage septentrional et toute la civilisation de l'Afrique reposait principalement sur ces côtes. Mais, autant que nous pouvons en juger, toutes les races fixes ou nomades du sud sont considérées comme soumises, et si elles essayent de se soustraire à cette domination, on les traite comme des révoltés à moins que l'éloignement et le désert, en supprimant toute relation, n'écarte la domination. Les Etats voisins avec lesquels ces princes avaient des rapports de droit ou de fait se laissent entrevoir difficilement dans le sud; quand on en rencontre un, comme était notamment le royaume des Garamantes, sa place ne se distingue pas nettement des principautés placées à l'intérieur du territoire civilisé.

Il en est de même pour l'Afrique romaine proprement dite. — Il en est pour la civilisation romaine comme pour celle qui l'a précédée; on trouve avec peine les limites de sa suzeraineté du côté du sud. Il n'est jamais expressément question d'une extension ou d'un rétrécissement de ses limites. Les insurrections sur son domaine et les invasions des peuples voisins se ressemblent d'autant plus que, même sur le territoire possédé sans conteste par Rome, il y avait des districts éloignés et isolés, beaucoup plus nombreux encore qu'en Syrie et en Espagne, qui restaient en dehors des impositions et du recrutement romains. Il paraît donc convenable de rassembler, en suivant chaque province l'une après l'autre, les rares documents touchant les rapports d'amitié ou d'hostilité des Romains avec les habitants du Sud, qui nous ont été conservés par les récits des historiens ou par les monuments échappés à la destruction.

La province d'Afrique et la Numidie. — L'ancien domaine de Carthage et la plus grande partie du premier royaume de Numidie qui y fut annexée sous la dictature de César, ou, comme on les appelait aussi, la vieille et la nouvelle Afrique, représentèrent jusqu'à la fin du règne de Tibère la province de ce nom. Elle s'étendait des frontières de Cyrène au fleuve Ampsagas, embrassant tout le pays qui correspond aujourd'hui à l'Etat de Tripoli, à la Tunisie et à la province française de Constantine. Mais sous l'empereur Gaius Caligula, on revint, en principe, pour ce domaine immense et qui exigeait une défense étendue des frontières, à la division en deux parties de l'époque républicaine. On assigna au régime civil les districts qui n'avaient pas besoin d'une défense spéciale des frontières; le reste du pays avec sa garnison fut confié à un commandant militaire qui ne relevait plus du précédent. La cause de cette réforme était que l'Afrique, dans la répartition des provinces entre l'empereur et le Sénat, avait été attribuée à ce dernier. Or, étant données les conditions locales, la présence d'un grand commandement n'était pas nécessaire; l'existence côte à côte d'un gouverneur nommé par le Sénat et d'un commandant militaire désigné par l'empereur, celui-ci étant d'après la hiérarchie existante placé sous les ordres de celui-là, devait provoquer et provoqua effectivement des conflits entre les deux fonctionnaires, et au dessus d'eux, entre l'empereur et le sénat.

On mit donc fin à cet état de choses en l'an 37, en ce sens que la côte depuis Hippone jusqu'aux limites de la Cyrénaïque garda l'ancien nom d'Afrique et resta au proconsul, tandis que la partie occidentale de la province avec Cirta (Constantine) comme capitale et de grands camps militaires au nord de l'Aurès, en un mot tout le territoire occupé par des troupes fut placé sous les ordres du commandant de la Légion d'Afrique. Celui-ci était de rang sénatorial, mais n'appartenait pas aux consulaires; il était seulement prétorien.

Les deux royaumes de Maurétanie. — La partie ouest de l'Afrique du Nord était divisée, au temps du dictateur César, en deux royaumes : celui de Tingi (Tanger) appartenant au roi Bogud, et celui d'Iol, la future Cæsarea (Cherchel) au roi Bocchus. Les deux princes avaient pris part à la guerre de César contre les républicains et s'étaient rangés du côté du dictateur, tandis que le roi Juba de Numidie embrassait le parti opposé. Ils avaient, pendant la guerre d'Afrique et pendant celle d'Espagne, rendu des services éminents, c'est pourquoi non seulement ils demeurèrent en possession de leurs royaumes, mais encore le domaine de Bocchus et sans doute aussi celui de Bogud fut augmenté par le vainqueur[1].

----

1. Dion (XLI-42) assigne à cet évènement pour tous les deux l'année 705 (cf. Suet. *Cæsar*, 54). En 707, Bocchus procure à César un secours en Espagne (*Bell. alex.*, 59-60) et repousse une attaque du jeune Gnaeus Pompée (*Bell. afric.*, 23). Bocchus opère, de concert avec P. Sittius, une heureuse diversion

Lorsque les hostilités commencèrent entre Antoine et le fils de César (Octave), Bogud à l'occident se plaça du côté d'Antoine et, à l'instigation du frère et de la femme de celui-ci, il envahit l'Espagne pendant la guerre de Pérouze (714 de R.). Au contraire, sa propre capitale Tingi et Bocchus son voisin prirent parti pour César. Quand on conclut la paix, Antoine sacrifia Bogud et Octave donna le reste de son domaine à Bocchus tandis qu'il faisait de Tingi une cité de droit romain. Quelques années plus tard, quand les deux princes revinrent aux prises, l'ex-roi se mêla énergiquement à la lutte espérant y trouver l'occasion de regagner son royaume, mais il fut, lors de la prise de la ville messénienne de Mettone, fait prisonnier et mis à mort par Agrippa.

Le roi Bocchus lui-même était mort déjà depuis quelques années (721 de R., 33 av. J.-C.). Son royaume, c'est-à-dire toute l'Afrique occidentale fut donnée peu après (729 de R., 25 av. J.-C.) à Juba II, fils du dernier roi de Numidie, qui avait épousé Cléopâtre, fille d'Antoine et de la reine d'Egypte[1]. Tous les

contre Juba dans la guerre d'Afrique et s'empare brusquement de l'importante Cirta (*Bell. afric.*, 23. — Appien, II, 96. — Dion, XLIII-3). — Pendant la seconde guerre d'Espagne, Bogud figure dans l'armée de César (Dion, XLIII-36-38). Pour ce qui est du service que Bocchus le Jeune aurait pris parmi les Pompéiens (Dion, *loc. cit.*), il y a vraisemblablement confusion avec Arabion, fils de Massinissa, qui se rallia certainement aux fils de Pompée (Appien, *loc. cit.*). Après le meurtre de César, Arabion s'empare de nouveau de son royaume (Appien, *loc. cit.*); mais lorsqu'il mourut à son tour en 714 (Dion, XLIII-22), l'autorité de César (Octave) dut se rétablir sur tout le territoire. Le présent fait à Bocchus et à Sittius doit être compris en ce sens que, dans la partie occidentale de l'ancien royaume de Numidie concédée à Bocchus, la future colonie de Cirta, abandonnée à Sittius, devait être considérée comme cité romaine indépendante, ainsi qu'il advint plus tard de Tingi dans le royaume de Maurétanie.

1. Dion (XLIX-43) nous dit que, Bocchus étant mort en l'année 724, Octave ne lui nomme aucun successeur, mais convertit la Maurétanie en province; que (LI-15), dans l'année 724, à l'occasion de la mort de la reine d'Egypte, il est question du mariage de la fille de celle-ci avec Juba et de l'investiture du royaume paternel donné à ce prince; — enfin (LIII-26) que, pendant l'année 729, Juba reçoit, en échange de son premier royaume, une partie de la Gétulie et les royaumes de Bocchus et de Bogud. — Or, la dernière de ces assertions, confirmée par Strabon (XVII-37), paraît seule correcte. La première est tout au moins inexacte, car la Maurétanie n'était certainement pas convertie en province dans l'année 724; seulement Auguste en suspendit provisoirement l'investiture. La seconde est en partie prématurée parce que

deux avaient été dans leur jeunesse exposés comme captifs de sang royal aux regards du peuple romain , Juba au triomphe de César le père , Cléopâtre à celui du fils. C'était une conjoncture surprenante que , partis de là , ils fussent placés maintenant , comme roi et comme reine , à la tête de l'Etat tributaire le plus important de l'Empire. Mais cela s'explique par les circonstances. Tous deux avaient grandi dans la famille de César. Cléopâtre avait été élevée par l'épouse légitime de son père comme sa propre fille et à l'égal des autres enfants ; Juba avait servi dans l'armée de César. La jeunesse des maisons royales soumises, qui était nombreuse à la cour impériale et jouait un rôle important dans l'entourage des princes , était ainsi , aux premiers temps de l'Empire, destinée au gouvernement des principautés vassales , en vertu d'un libre choix du souverain , comme la première classe du Sénat l'était au poste de gouverneur en Syrie et en Germanie.

Pendant près de cinquante ans (729-775 de R., 25 av., 23 ap. J.-C.), Juba garda le pouvoir sur l'Afrique occidentale qu'il transmit à son fils Ptolémée. Il est vrai qu'indépendamment de Tingi, déjà prise à son prédécesseur, un nombre notable de lieux des plus importants, particulièrement sur les côtes, lui étaient enlevés et annexés à l'Etat romain. Il est vrai aussi que , à part leur capitale, ces rois de Maurétanie n'avaient presque aucune autorité comme princes de la race Berbère.

ÉRECTION DES PROVINCES DE CAESAREA ET DE TINGI. — Cet état de choses se maintint jusqu'à l'année 40. L'empereur Caius jugea bon alors , surtout à cause des riches trésors que possédait son parent, d'appeler celui-ci à Rome, de le livrer au bourreau et de rattacher ses possessions à l'administration romaine.

Les deux princes n'avaient rien de belliqueux. Le père était

Cléopatre étant née avant le triomphe, vers 719 (*Ephem. epigraph.* I, p. 276), il lui était impossible de se marier en 724 ; elle est en partie erronée parce que Juba n'a certainement pas recouvré les biens paternels à titre de royaume. S'il avait été roi de Numidie avant 729 et s'il n'avait fait alors que changer de royaume, ses années seraient comptées à partir de sa première investiture et non à partir de 729.

versé dans la littérature grecque, suivant la mode du temps, compilant dans des livres sans fin de soi-disantes curiosités historiques, géographiques ou relatives à l'histoire de l'art. Remarquable par une activité littéraire qu'on peut qualifier d'internationale, versé dans les littératures phénicienne et syrienne, il s'efforce surtout de répandre parmi les Grecs la connaissance des mœurs romaines et d'une soi-disant histoire de Rome. C'était, en outre, un enthousiaste de l'art et un amateur de théâtre. Le fils était un prince fort ordinaire élevé dans la vie des cours et d'un luxe princier.

Ils avaient peu de prestige sur leurs sujets aussi bien à cause de leur caractère personnel qu'à cause de leur condition de vassaux des Romains. Le roi Juba dut plusieurs fois demander le secours du gouverneur romain contre les Gétules, dans le sud, et lorsque, dans l'Afrique romaine, Tacfarinas, le prince des Numides, se souleva contre Rome, les Maures accoururent en foule sous ses étendards. Néanmoins, la fin de cette monarchie et l'établissement du régime provincial romain dans le pays fit une profonde impression. Les Maures s'étaient adonnés fidèlement à leur maison royale ; des autels en l'honneur des princes de la race de Massinissa, nous l'avons vu, sont encore dressés à l'époque de la domination romaine. Ptolémée était, du reste, l'héritier légitime de Massinissa au 6ᵉ degré et le dernier de cette antique race de rois. Un de ses fidèles serviteurs Ædemon, appela, après la catastrophe, les montagnards de l'Atlas sous les armes, et le gouverneur Suetonius Paullinus, qui plus tard lutta contre les Bretons, ne put se rendre maître de l'insurrection qu'après une campagne difficile (an 42).

Dans l'organisation de ce nouveau domaine, on en revint à la première division du pays en région de l'Est et région de l'Ouest, qui portèrent désormais le nom de leurs capitales Cesarea et Tingi, ou, ce qui est plus probable, qui conservèrent ces noms. Cette division était en effet, comme nous allons le montrer, imposée nécessairement par les conditions physiques et politiques du pays ; le même gouvernement devait leur être donné, quelle que fût sa forme. Chacune de ces provinces fut garnie de troupes de second ordre et placée sous le commandement d'un gouverneur impérial n'appartenant pas au Sénat.

Le sort et les conditions de cette grande et à proprement
·parler nouvelle terre de civilisation sont indiqués par la situation
physique de l'Afrique du Nord. Celle-ci est représentée par deux
grandes chaines de montagnes dont une, celle placée au nord,
descend brusquement dans la Méditerranée, tandis que l'autre,
au sud, l'Atlas, s'incline doucement, à travers la steppe du
Sahara parsemée d'oasis nombreuses, jusqu'au désert proprement
dit. Une steppe saharienne, aussi pauvre dans son ensemble et
remplie de lacs salés, sépare par le milieu, dans l'Algérie
actuelle, les chaînes de montagnes de la côte septentrionale et
celles du sud. Il n'y a pas dans l'Afrique du Nord de plaines
étendues susceptibles de culture. La côte méditerranéenne n'a
qu'une petite surface de rivages plats. La terre cultivable, le
Tell, suivant l'expression moderne, se compose essentiellement
de vallées nombreuses, de coteaux situés entre chaque massif
de montagnes et s'étendant au loin. Mais, comme dans le Maroc
actuel· et en Tunisie, il ne se glisse aucune steppe entre leur
extrémité nord et leur limite au sud.

La Tripolitaine. — Le territoire de la Tripolitaine, qui constitue politiquement une partie de la province d'Afrique, en est
isolée au point de vue physique et ne s'y rattache que comme
une sorte de presqu'île. La chaîne de montagnes qui s'aplatit
sur les bords de la Méditerranée se dirige vers le golfe de Tacape
(Gabes), qu'un rivage de steppes et de lacs salés entourent
immédiatement. Au sud de Tacape, l'étroite île habitée de Tripolitaine s'étend le long de la côte jusqu'à la grande Syrte. Elle
est bornée du côté de la steppe par une petite chaîne de collines,
au delà desquelles commence le désert avec ses nombreuses oasis.

La défense de la côte contre les habitants du désert est d'une
difficulté particulière parce qu'il n'y a de ce côté aucune ceinture de hautes montagnes. Il nous en est resté la preuve dans
les récits arrivés jusqu'à nous des expéditions et de l'occupation
militaires dans cette contrée.

C'est le théâtre de la guerre des Garamantes. Lucius Cornelius
Balbus, qui, dans sa jeunesse, avait combattu et administré
avec le courage le plus intrépide, comme avec la sévérité la plus

impitoyable, fut choisi par Auguste pour ramener à la tranquillité ces voisins incommodes. Pendant son proconsulat, il soumit encore le pays intérieur jusqu'à Cidamus (Ghadamès), à 12 journées de marches, en s'éloignant de Tripoli et jusqu'à Garama (Djerma) dans le Fezzan. A son triomphe (il fut le dernier citoyen qui en obtint un pareil), on exposa aux regards, parmi les vaincus, une longue suite de villes et de peuples dont le nom même était inconnu jusque-là. Cette expédition fut appelée une conquête. Le pays intérieur dut donc tomber, grâce à cela, dans la possession des Romains [1].

Par la suite, on combattit encore plusieurs fois sur ce territoire. Peu après, encore sous Auguste, Publius Sulpicius Quirinus fit une expédition contre les populations de la Marmarique, c'est-à-dire les déserts Libyques au dessus de Cyrène et également contre les Garamantes. La guerre contre Tacfarinas sous Tibère se fit dans ces mêmes contrées, nous le dirons plus loin. A la fin de celle-ci, le roi des Garamantes envoya des ambassadeurs à Rome afin d'obtenir pardon pour la part qu'il y avait prise.

En 70, il y eut une incursion des Garamantes sur le territoire pacifié. Elle était occasionnée par un différend que la ville d'Œa en Tripolitaine (auj. Tripoli) avait eu avec sa voisine Leptis la Grande. Ce conflit avait dégénéré en guerre et Œa avait appelé les barbares à son secours. Le gouverneur d'Afrique repoussa ceux-ci et les poursuivit jusque dans leur propre pays. Sous Domitien, sur les côtes de la Grande Syrte qui, depuis l'antiquité, était habitée par les Nasamons, éclata une révolte des indigènes provoquée par le poids écrasant des impôts. Il fallut, pour vaincre l'insurrection le gouverneur de Numidie et son

---

1. Que Balbus ait conduit cette expédition comme proconsul d'Afrique, les fastes triomphaux le disent expressément ; mais le consul L. Cornelius de l'année 722 doit être un autre, parce que Balbus, d'après Velleius Paterculus (II-51), fut *ex privato consularis*, c'est-à-dire reçut ce gouvernement consulaire sans avoir jamais revêtu aucune fonction curule. Sa nomination ne put donc pas résulter, suivant l'usage ordinaire, du tirage au sort. Selon toute apparence, il tomba près d'Auguste dans une disgrâce méritée à cause de sa questure en Espagne (Drumann, II, 609), et ce fut seulement après vingt années, en raison de sa capacité incontestable, qu'il fut envoyé d'une manière extraordinaire pour accomplir en Afrique cette tâche particulièrement difficile.

armée. Le pays, qui avait déjà peu d'habitants, fut complètement dépeuplé par cette guerre conduite avec cruauté.

L'empereur Sévère eut tout particulièrement soin de sa province natale (il était de Leptis la Grande) et il lui donna une garnison militaire puissante contre les barbares voisins. Telle est la raison de ce fait que, depuis Sévère jusqu'à Alexandre, les oasis voisines de Cidamus (Ghadamès) Gharia el Ghardia, Boudjem, étaient munies de détachements de la légion d'Afrique qui ne pouvaient, sans doute, en raison de leur éloignement du quartier général, être autre chose qu'un noyau pour les contingents vraisemblablement importants des peuples soumis au service des Romains. En fait, la possession de ces oasis était importante non seulement pour la garde des côtes, mais aussi pour le commerce qui de tous temps a passé par elles pour aller de l'intérieur de l'Afrique aux ports de la Tripolitaine. Dès le commencement de la période de décadence, ces possessions avancées seront abandonnées. Dans les descriptions des guerres de l'Afrique, sous Valentinien et sous Justinien, nous trouvons les villes de la côte pressées immédiatement par les indigènes.

(A suivre.)

TUNISIE.

OSCILLUM TROUVÉ A EL DJEM (THYSDRUS).
(Dessin de M. Bouquié, d'après une photographie.)

CHRONIQUE

Tunis, le 1er juillet 1885.

Cher Monsieur,

Le monument dont vous voulez bien me communiquer une photographie et qui appartient à M. Duportal, directeur de la Cie Bône-Guelma, résidant à Bône, ressemble tout à fait à un *oscillum*. Si vraiment il a été trouvé à El Djem, il tire une réelle valeur de la rareté des objets d'art provenant de ce point. Tous les vestiges qui peuvent rappeler les constructions dont l'amphithéâtre a certainement été entouré, sont précieux.

Les dimensions du monument, environ un pied romain, rappellent tout à fait celles des *oscilla* que l'on connaît. Celui-ci est un disque de marbre, d'autres sont des rectangles ; on en trouve à peu près autant d'une forme que de l'autre.

Une particularité moins commune est d'être sculpté sur une seule face. Dans la nombreuse série d'*oscilla* qui existe au Musée de Naples, je ne me rappelle pas en avoir vu qui présente cette disposition.

Les ouvrages de ce genre, en effet, étaient destinés à être suspendus, ils sont cause qu'un verbe dérivé de *os* exprime, dans les langues latines, une idée de balancement. Les *oscilla* primitifs, qui étaient réellement des visages de Bacchus, se suspendaient aux branches des arbres par un anneau qui existait à la partie supérieure du masque. Les disques qui leur succédèrent, et qui furent décorés de sujets très variés et de scènes, durent être pendus par quelque autre moyen, peut-être à l'aide d'un cercle de bois, d'un cadre, qui aura disparu ; car il ne me semble pas qu'aucun de ceux que j'ai vus porte un anneau ou la trace d'un anneau dans sa partie supérieure. Toujours est-il que cette suspension entre les supports d'une construction, d'un portique, devait amener tout naturellement à décorer sur ses deux faces un objet destiné à être vu aussi bien du dedans que du dehors et d'ailleurs souvent retourné par le vent ou pour toute autre cause.

Il se pourrait donc que les disques de marbre semblables aux *oscilla* connus, mais sculptés sur une face, n'eussent pas servi au même usage. Ils seraient de simples médaillons et auraient été enchâssés dans la paroi d'un édifice, comme motif de décoration. Tel a pu être l'usage de celui trouvé à El Djem.

Je le rapprocherai tout à fait de deux monuments tout semblables qui furent trouvés, pendant que j'étais à Rome, par mon collègue, M. Maurice Albon, dans les environs de Tusculum. Les dimensions sont analogues, il n'y a de sculpture que sur une face, la matière est en marbre blanc. Ces disques ont été publiés par l'auteur de la découverte dans sa thèse sur Castor et Pollux.

Le disque de M. Duportal représente un guerrier nu assis, le manteau drapé sur le bras gauche, lequel tient une espèce de poupée portant un bouclier; la main droite tient une épée. Il ne peut y avoir nul doute : c'est, comme vous l'avez fort bien vu, Diomède tenant le palladium.

Mais ce qui est intéressant, c'est la différence entre la composition et l'exécution de ce motif. L'exécution est fort médiocre. Le modelé des nus est lourd et pâteux; l'épée est mal en main ; la draperie surtout est mauvaise, les plis en boudins concentriques, la manière maladroite dont est figurée la partie sur laquelle est assis le héros, auquel on ne voit qu'une jambe, tout dénote une main assez grossière et une époque d'art corrompu.

En revanche, la silhouette générale est bonne ; les proportions sont justes, la pose parfaite, le sujet est bien composé. Il est évident que nous avons là une copie médiocre d'une œuvre d'époque meilleure, d'un excellent modèle grec. Je ne puis rechercher ici quel a pu être cet original et je finis en vous remerciant d'avoir bien voulu me faire connaître cet intéressant monument.

Une grosse moulure qui l'entoure semble corroborer l'hypothèse que ce serait, non un objet destiné à être suspendu, mais un médaillon préparé pour être encaissé dans un mur.

Agréez, cher Monsieur, l'expression de mes sentiments les meilleurs.

M. R. DE LA BLANCHÈRE.

NOTIZIE DEGLI SCAVI DI ANTICHITA COMUNICATE ALLA R. ACCADEMIA DEI LINCEI PER ORDINE DI S. E. IL MINISTRO DELLA PUBB. ISTRUZIONE. Septembre, 1885, in-4º.

Ce nouveau fascicule contient les copies de quelques inscriptions trouvées à Brescia ou aux environs, des rapports sur des découvertes faites dans différentes localités, une note du professeur Lanciani sur les fouilles exécutées à Rome au mois de septembre, des détails sur les fouilles de Nenci, d'Alfedena : dans cette dernière localité, depuis l'année 1881, on a exploré une importante nécropole ; plusieurs centaines de tombes ont été examinées et ont fourni un matériel très abondant. Le fascicule se termine par le compte rendu d'une découverte faite récemment à Pouzzoles et qui présente un certain intérêt pour l'Afrique. En voici le résumé :

En exécutant des travaux dans un jardin appartenant à M. Paolo Masino, à l'ouest de l'hôpital de la Charité, on a mis au jour, à une profondeur de deux mètres, une statue d'homme, en marbre blanc, dont la tête manque malheureusement ainsi que les deux avant-bras. Cet homme était représenté en pied, vêtu de la toge et chaussé du *calceus patricius*. Un peu plus tard, au même endroit, mais à trois mètres de profondeur, on a retiré du sol une base en marbre, inscrite, qui paraît avoir servi de piédestal à la statue précédemment découverte. L'inscription de cette base est ainsi conçue :

```
                MAVORTII✠
Nº 1045.    Q FLAVIO MAESIO EGNATIO·LOLLIANO
            C·V·Q·K·PRAETORI VRBANO AVGVRIPV
            BLICO  POPVLI  ROMANI  QVIRITIVM  CONS ·
            ALBEI  TIBERIS · ET · CLOACARVM  CONSOPERVM
            PVBLICVM CONS AQVARVM·CONS·CAMP·
            COMITI·FLAVIALI COMITI ORIENTIS COMITI PRIMI
            ORDINIS  ET  PROCONSVLI  PROVINCIAE  AFRICAE
            REGIO CLIVI VITRIARI·SIVE VICI TVRARI
            PATRONO  DIGNISSIMO
```

Ce personnage est connu par d'autres inscriptions de Suessa, de Rome et de Pouzzoles (Tissot, *Fastes*, p. 226). On sait qu'il fut préfet de Rome en 342. Comme sa préfecture urbaine n'est pas mentionnée dans les inscriptions de Pouzzoles qui indiquent son proconsulat d'Afrique, il en résulte qu'il fut proconsul avant d'être préfet et que son gouvernement de l'Afrique est antérieur à l'année 342.

H. DE V.

M. Pechmarty, administrateur de la commune mixte de Soukahras, veut bien nous communiquer l'inscription suivante qu'il a relevée à Hammam Zeid, à douze kilomètres de Soukahras, sur la route de la Calle. Elle se |trouvait au milieu d'un fort antique qui semblait défendre l'établissement thermal.

Nᵒ 1046.

```
   D M S
 Q·FL FE
 LIX FA
   VSTI
   NIAN
  VS PI
  VS VI
  X·AN
  Lˣ V
    ‾
   HSR
```

cours d'épigraphie latine par r. cagnat, docteur ès lettres. Vienne, Savigné, imprimeur-éditeur, in-8° de 66 pp.

M. Cagnat, professeur d'épigraphie à la Faculté des lettres de Douai, vient de réunir dans une brochure peu volumineuse, les règles les plus indispensables pour la lecture et l'interprétation des monuments épigraphiques. Cet ouvrage comble une lacune très regrettable, car il n'existait aucun traité élémentaire écrit dans notre langue sur ce sujet. Grâce à M. C., les personnes qui n'ont pu recueillir les principes de la science aux leçons du Collège de France ou de l'école des Hautes Etudes auront un guide qui leur enseignera les usages, les formules et les abréviations usités dans le langage des inscriptions, et leur donnera la clef de ces documents si précieux et si riches en informations sur l'histoire, la géographie et l'organisation sociale politique et religieuse du pays. Ajoutons que la plupart des exemples choisis par M. C. ont été empruntés aux textes africains, et qu'il semble spécialement destiné aux personnes qui s'intéressent à l'étude des monuments de l'Afrique romaine.

les droits· de la france sur madagascar par h. castonnet des fosses, avocat à la Cour d'appel de Paris.

M. Castonnet des Fosses, vice-président de la section de colonisation de la Société de géographie commerciale de Paris, vient de publier une très intéressante et très substantielle brochure sur la question de Madagascar qui passionne en ce moment l'opinion. Il présente, avec sa compétence accoutumée, un tableau des productions de l'île et des avantages que notre commerce pourrait en tirer, puis il retrace l'histoire des droits de la France sur ce pays depuis l'année 1643, où notre souveraineté sur la grande île africaine fut affirmée par des lettres-patentes de Louis XIII et par sa concession à une compagnie appelée Société de l'Orient ou de Madagascar, qui en prit possession effective , jusqu'aux derniers évènements. La longue suite presque ininterrompue de nos entreprises commerciales et militaires aussi bien que l'examen des documents diplomatiques montrent jusqu'à l'évidence que nos droits ne sont point périmés, et qu'il est de notre intérêt de fonder des établissements maritimes à Passandava et à Diego Suarez.

O. MAC CARTHY. — *Les Antiquités algériennes*, brochure, 18 pages, Alger, Jourdan, 1885. — Après avoir montré l'intérêt qui s'attache à la conservation des antiquités algériennes, l'auteur arrive à la conclusion suivante : « On devra.... grouper en un même endroit toutes les antiquités trouvées sur le territoire de chaque commune, en dresser le bilan et en faire une propriété communale à la conservation et au développement de laquelle chacun serait intéressé. Puis on pourrait en confier la surveillance à quelque personne instruite, de bonne volonté qui, avec le concours moral du Ministère de l'Instruction publique et l'appui de l'administration locale aurait assez d'autorité pour agir efficacement dans toutes les questions du genre de celles où elle serait obligée d'intervenir. »

« Il ne s'agit pas, comme on l'a demandé, de créer, sous le titre fastueux d'*Inspection générale*, des fonctions dont le titulaire aurait peu de choses à faire, mais d'avoir dans chacun des départements algériens une personne à laquelle on attribuerait que des frais de tournée très limités et qui, tous les deux ans, serait chargé officiellement de s'assurer de l'état des collections formées sur les différents points soumis à son inspection. »

Nous adhérons presque sans réserve aux conclusions du savant bibliothécaire d'Alger. Comme lui, nous croyons que la création d'une inspection générale serait la pire des choses comme résultats et comme économie.

Toutesfois nous ferons quelques restrictions quant à la dernière partie du vœu. Au lieu de désigner par département une sorte d'inspecteur gratuit, nous préférerions qu'il y eut tous les ans une personne chargée de visiter une région exactement déterminée ou telle catégorie des monuments d'un territoire. En créant une sorte de roulement entre les diverses parties de la science archéologique qui seraient représentées tour à tour dans ces tournées annuelles d'inspection, on ne s'exposerait pas à voir un inspecteur titulaire qui, voué exclusivement à la numismatique, négligerait tout le reste, ou un architecte qui affecterait un profond dédain pour les monuments épigraphiques, ou un artiste plein de mépris pour des œuvres de décadence parfois très précieuses au point de vue historique.

En ne donnant que des missions isolées et spéciales, on stimulera le zèle de ceux qui en seront chargés; ils s'attacheront à mériter d'être investis à nouveau d'une tâche dont ils ont su se montrer dignes une première fois. Un titulaire, au contraire, se console de ne rien faire une année en se rappelant ses œuvres de l'année précédente, ou en rêvant aux travaux qu'il compte entreprendre plus tard.

Enfin, en se contentant d'allouer des frais de tournée, on aura de grandes chances d'écarter ceux que ne pousse pas un esprit uniquement scientifique.

Nous nous réservons de revenir sur cette question. Pour le moment, remercions M. Mac Carthy des idées fort sages qu'il vient d'émettre.

P. L.

Onésime Reclus.— *La Terre à vol d'oiseau*, 1 vol. gr. in-8°, Hachette, éditeur.— M. O. Reclus vient de refondre entièrement, en l'augmentant au point d'en faire un ouvrage nouveau, la *Terre à vol d'oiseau*, livre excellent qui est si vite devenu populaire. La nouvelle édition, format grand in-8°, est admirablement illustrée; près de mille gravures ou cartes, d'un choix et d'une exécution irréprochables, viennent compléter l'œuvre de l'écrivain, en mettant sous les yeux des lecteurs les sites, les races, les monuments qu'il décrit. La verve, la concision, la couleur, sont les qualités caractéristiques de son talent. Aussi, comme il sait mettre en relief la physionomie des divers pays et celle des races qui les peuplent, leurs intérêts, leurs destinées futures, et faire de ce tableau abrégé du monde une œuvre puissante et de haute philosophie. Nous recommandons aux lecteurs la description de la France, qui est un vrai chef-d'œuvre dans sa brièveté.

Le 11e volume de la *Géographie universelle* de M. E. Reclus est consacré à l'Afrique française et aux deux pays qui l'encadrent et font partie du même ensemble géographique, le Maroc et la Tripolitaine. Le grand géographe me semble s'être surpassé dans le livre qu'il consacre à l'Afrique du Nord. Il sait que l'avenir de notre race est là, il prévoit les grandes destinées d'un pays dont la prospérité future est illimitée, et en songeant qu'il est appelé à rendre à la France, dont il n'est que le prolongement, le rang qu'elle doit occuper parmi les nations, son patriotisme lui fournit des pages éloquentes pour décrire cette terre de salut.

J. POINSSOT.

TABLE DES MATIÈRES

DU TROISIÈME VOLUME DES *ANTIQUITÉS AFRICAINES*

A. Héron de Villefosse. La petite mosaïque de Saint-Leu.....   1

L. Demaeght. Inscriptions inédites de la province d'Oran.......   3

R. P. Delattre. Mosaïques chrétiennes de Tabarca...........   7

— Sceaux et chatons de bagues...............   12

L. Piesse. Sarcophage antique de Constantine...............   14

J. Poinssot. Voyage archéologique en Tunisie....   16, 89, 174, 265

Clément Pallu de Lessert. Les gouverneurs des Maurétanies.   65, 141

A. Winkler. Notes sur les ruines de Bulla Regia............   112

H. Ferrero. Inscription de Vulcacius Rufinus...............   137

J. Poinssot. Inscriptions inédites découvertes par M. Winkler...   187

A. Héron de Villefosse. Notes d'épigraphie africaine......   189, 201

Th. Mommsen. Les Provinces africaines, chapitre extrait du t. V
de l'*Histoire romaine*, traduit par C. Pallu de Lessert....   193, 269

A. Héron de Villefosse. Nécrologie (Léon Renier)..........   197

R. P. Delattre. Le tombeau punique de Byrsa...............   241

— Inscriptions chrétiennes de Carthage..........   247

— Marques de poteries trouvées à Hadrumète.....   252

B. Roy. Inscriptions inédites du Kef......................   254

— Marque d'appareillage de l'aqueduc de Zaghouan......   264

L. Demaeght. Musée archéologique d'Oran..............   45, 123

J. Poinssot. Chronique, Comptes rendus de Sociétés savantes,
Correspondance, Bibliographie.................   49, 135, 275

MACON, IMPRIMERIE PROTAT FRÈRES.

M. DE FOULQUES

Au moment du tirage du présent Bulletin, notre Société vient d'être bien cruellement éprouvée. Son dévoué Secrétaire général, Monsieur DE FOULQUES, a été enlevé en quelques jours par la maladie qui le minait depuis la mort de son affectionnée compagne.

Nous comptons payer à cet homme de bien le juste tribut de reconnaissance que la Société de Géographie et d'Archéologie d'Oran doit à son zèle et à son dévouement à notre œuvre, mais dès aujourd'hui nous croyons devoir dire à nos lecteurs et à nos sociétaires combien est douloureux le deuil de notre Société.

LE COMITÉ.